Rechtsruck

Michael Lösch

Impressum:

© 2024, Michael Lösch, edition fuehrwort (fuehrwort.de)
Coverdesign und Buchlayout: Book Designs, Heidesee
Herstellung und Verlag: BoD – Books on Demand,
Norderstedt
ISBN: 9783759721822

**Bibliografische Information
der Deutschen Nationalbibliothek:**
Die Deutsche Nationalbibliothek verzeichnet diese Publikation
in der Deutschen Nationalbibliografie, detaillierte bibliografische
Daten sind im Internet über http://dnb.dnb.de abrufbar.

Michael Lösch

Rechtsruck

• ein politischer Roman •

fuehrwort.de

1.

Brigitte Erlenwein und ihr Mann Hubert saßen beim Abendessen. Es gab nur kalte Sachen. Das Stillleben aus Brot- und Käsesorten, Schinken, Tafelwein, Gurken und Salat verteilte sich gleichmäßig über den Tisch und wirkte harmonisch. Der Verlauf des Abendessens hingegen war es nicht. Davon zeugten ein leerer Platz, ein unsauberer Teller und eine noch halbvolle Flasche Bier. Patrick, ihr Sohn, hatte es vorgezogen, die Tischgesellschaft vorzeitig zu verlassen. Die Aussprache – oder vielmehr der Versuch einer solchen – hatte gerade einmal zwei Brotscheiben gedauert. Danach war Patrick in seine Kellerwohnung verschwunden und hatte ein Luftloch aus Rat- und Sprachlosigkeit zurückgelassen. Eine Zeit lang waren nur Besteckklänge zu hören. Brigitte empfand sie als außergewöhnlich grell. Sie kratzten und schabten regelrecht an ihrem Gemüt herum.

„Jetzt fall doch nicht immer gleich aus allen Wolken, du weißt doch allmählich, wie er tickt. Tu doch nicht jedes Mal so, als ob das eine Riesenüberraschung wäre."

Um seine Worte zu bekräftigen, deutete Hubert mit dem Messer auf den leeren Platz, bevor er weiterkaute und sein Blick sich auf dem Tisch verlor.

Brigitte belegte ihr Brot mit Wurst und Käse zugleich. Wie konnte es sein, dass ihr eigen Fleisch und Blut so redete und dachte? Gerade nahm sie in der Zehnten im Deutschunterricht Brechts *Furcht und Elend des Dritten Reiches* durch. Engagiert und mit Elan waren ihr erst heute

1

wieder die Finger entgegengeschnellt, hatten den braunen Ungeist jener Tage regelrecht in der Luft aufgespießt und zerrissen, und dann das hier, vom eigenen Sohn.

Brigitte sah ihrem Mann beim Kauen zu. Seine fast schon stoische Ruhe wirkte regelrecht provokativ.

„Sag mal, findest du das in Ordnung, was er da gerade abgelassen hat? Hast du überhaupt zugehört?"

„Ja, ich habe zugehört, und ich denke, dass wir das nicht überbewerten sollten. Außerdem, was sollen wir tun? Er steht ja mit seiner Meinung weiß Gott nicht allein."

„Das ist ja das Schlimme."

„Dann rede doch nochmal mit ihm."

Hubert kaute jetzt um eine Spur trotziger. Er neigte zum hörbaren Kauen. Damit stapfte er gerne in der Akustik herum. Das war so seine Art und es gehörte zu einem guten ehelichen Abendessen mit Schweigepausen dazu. Jetzt aber klang es so, als marschierten seine Gedanken von dem, was ihr auf den Nägeln brannte, einfach fort.

Mit Patrick reden? Das stellte sich ihr Mann offenbar recht einfach vor, aber das, worum es ging, war nicht einfach. Im Gegenteil, es war hochbrisant. Toleranz und Offenheit, die Fundamente des menschlichen Miteinanders, waren gefährdet, ja sie standen regelrecht auf dem Spiel. Was sich gerade in Deutschland zusammenbraute, machte Brigitte Angst, erst recht wenn es am Abendtisch Einzug hielt, und dann auch noch auf eine Weise, wie es Patrick soeben getan hatte.

„Du bist gleich noch unterwegs?" Hubert goss sich zur Abwechslung puren Wein ins Glas, ohne ihn mit Mineralwasser zu verdünnen.

„Ja, der Lesekreis, hab ich dir doch erzählt."

„Ach so, ja, dann lest mal schön."

Brigitte lag eine spitze Antwort schon auf der Zunge, aber sie sagte nichts.

„Ich habe mit meinen Bauvorschriften schon genug Lesestoff, sonst würde ich gerne mitkommen." Mit diesem überflüssigen Hinweis auf seine Stellung als Gruppenleiter in der Bezirksbauverwaltung popelte Hubert sich einen kleinen Speiserest aus dem bartgerahmten Gesicht.

Das Thema Lesen hatten sie zur Genüge durch. Wie gern hätte Brigitte auch ihre Ehe zu einem Lesekreis gemacht, wie oft hatte sie es schon mit Lektürevorschlägen versucht. Zuletzt mit *Taxi* von Karen Duwe, war es doch einfach geschrieben und gut zu lesen. Wochenlang hatte der Roman aufgeklappt auf Huberts Nachttisch gelegen. Der Anteil an gelesenen Seiten hatte schnell stagniert, ganz so, als habe er von sich aus die Gewichtszunahme verweigert. Dann war das Buch wieder im Regal gelandet, ein Bücherrücken unter vielen. Wann es wieder einmal hervorgezogen werden würde, war ungewiss. Mittlerweile hatte sie ihrem Mann den literarischen Hungerstreik verziehen. Romane waren einfach nicht sein Ding. Hubert war nun einmal ein Freund des Faktischen. Mit Fakten kam man gut durch Diskussionen und durchs Leben. Fakten waren Vorfahrtsschilder für den Verstand und für die Meinung.

Aber immerhin, die Suche nach Menschen, die wie Brigitte zwischen Gedrucktem und Literatur zu unterscheiden wussten, schien von Erfolg gekrönt. Auf „Neighbour-Hut", einem Portal für Nachbarschaftskontakte, war sie auf eine vielversprechende Anzeige gestoßen. Heute Abend sollte das erste, wenn man so wollte, konstituierende Treffen stattfinden.

Hubert begann den Tisch abzuräumen. „Weißt du, ich würde das mit Patrick wirklich nicht so dramatisch sehen. Er hat es eben nicht leicht, jetzt, wo er seine Beine wieder unter unseren Tisch strecken muss, und das mit Anfang dreißig."

Brigitte seufzte. Da war und blieb etwas dran. Ihr Sohn hatte bis vor kurzem in einer WG gelebt. Seine beiden Mitbewohner waren ausgezogen, und für ihn allein war die Miete nicht zu stemmen. Dafür hatte es immerhin mit der Umschulung zum Kfz-Mechatroniker geklappt. Patrick war mit seinem Job in der Welt des Schraubens und Ölens wohl ganz zufrieden.

Brigitte hatte noch ein paar Minuten Zeit, bis sie aufbrechen musste. Ihre Garderobe war leger, eine hellbeige Strickjacke zur Jeans und ein ganz klein wenig Makeup. Heute Abend würde es mehr um Inhalte als um Äußerlichkeiten gehen, das sollte man ihr auf Anhieb ansehen. Sie nahm die einreihige Perlenkette, tauschte sie aber wieder gegen die Kette aus kleinen Strandmuscheln, die ihr Sohn als Zehnjähriger bei einer Reise ans Schwarze Meer angefertigt hatte. Stundenlang und ganz vorsichtig hatte er mit einem dünnen Nagel kleine Löcher in die nicht einmal fingernagelgroßen Muscheln gemeißelt und sie an einer Nylonschnur aufgereiht. Brigitte liebte die Kette noch immer, so wie sie ihren Jungen geliebt hatte, als seine Gedankenwelt noch unschuldig gewesen war.

„Und … was machst du heute Abend noch?"

Brigitte musste laut rufen, wie immer, wenn Hubert den Abwasch von Hand tätigte. Die Spülmaschine benutzten sie nur zweimal die Woche, wegen der Nachhaltigkeit und der Umwelt.

„Mal sehen."

„Mal fernsehen, meinst du wohl."

„Vermutlich ja, vielleicht finde ich wieder einen alten *Tatort* auf YouTube, einen aus den siebziger Jahren", kam es zwischen Tellerklappern zurück, "angenehm langsam und mit längeren Momenten, so wie das Leben früher war."

Hubert klang auf einmal ein wenig müde. Sie wünschten sich noch einen schönen Abend.

2.

Lars Rudorf trat kräftig in die Pedale. Der Radweg war angenehm breit und er kam gut voran. Er würde sich leicht verspäten. Die Montage des neuen Fahrradsattels hatte länger gedauert als erwartet.

Heute Abend würde er einen, seinen Lesekreis aus der Taufe heben, zumindest das Fundament dazu legen. Bislang hatte Lars mit den Interessenten nur per E-Mail kommuniziert, heute Abend würde er ihnen persönlich begegnen und man würde sich austauschen, wie man sich das Für- und Miteinander so dachte.

Das letzte Mal hatte er sich vor drei Jahren in einem Lesekreis versucht. Zwei Platzhirsche hatten damals das Kommando geführt, ganz besonders, was die Auswahl der Themen und Autoren betraf. Wenn man es genau nahm, war es nur einer gewesen, der andere hatte sich als wandelnde Parallelmeinung entpuppt. Die restlichen Teilnehmer kamen nur wenig zu Wort, gefühlte siebzig Prozent der Debatten über Stil und Prosa wurden von den beiden bestritten.

Dieses Mal würde Lars die Zügel selbst in die Hand nehmen, zumindest für den Anfang, danach würde man sehen.

Von den insgesamt elf Interessenten, die sich auf seine Anzeige in Neighbour-Hut gemeldet hatten, hatte er vier in die engere Wahl gezogen, bei den anderen passte es nicht so richtig. Die Frage nach den Lieblingsautoren und –autorinnen hatte beträchtliche Geschmacksunterschiede bis hin zur Unüberbrückbarkeit zutage gebracht. Hinter seichten Geschmäckern verbargen sich meistens auch seichte Charaktere, und auf die hatte Lars keine allzu große Lust.

Einer hatte angefragt, ob er noch jemanden mitbringen dürfe. Dieser Jemand war eine jüngere Frau. Auch sie schien literarisch eher anspruchslos zu sein, sei aber für gute Anregungen immer dankbar, hatte sie Lars per E-Mail wissen lassen. Dass sie aus ihrem übersichtlichen Geschmack erst gar keinen Hehl machte, empfand Lars als ausgesprochen angenehm. Bescheidenheit und Demut zeugten von sozialer Kompetenz, waren ihr Rückgrat sogar. Mit ihren sechsunddreißig Jahren war sie die Jüngste von allen.

Die Idee vom eigenen Literaturkreis kam zum jetzigen Zeitpunkt nicht von ungefähr, war Lars doch in eine private Flaute geraten. Zwei gute Freunde hatten erst vor kurzem das Weite gesucht, einer, um mit seiner Hamburger Freundin zusammenzuziehen, der andere führte nach dem Tod seines Vaters in der Nähe von Augsburg den elterlichen Getränkegroßhandel weiter. Ihr Weggang hinterließ eine Riesenlücke. Zwei wichtige Zuhörer für fast alle großen und kleinen Themen waren fort, aber mit ein bisschen Glück würde der neue Lesekreis wenn schon nicht für Ersatz, so doch für Entschädigung sorgen. Stimmten literarische Vorlieben überein, so stimmte nicht selten auch so manches andere. Wer einen wachen Blick auf Themen und Charaktere zwischen Buchdeckeln pflegte, der tat dies nicht selten auch für das wirkliche Leben und die wirkliche Welt.

Am nettesten würde es natürlich werden, wenn er auf diesem Wege eine Frau kennenlernte. Von seiner letzten Beziehung, Britta, war er seit zwei Jahren getrennt. Sie lebte jetzt in Köln, und sie telefonierten zwei Mal im Jahr miteinander. Zuletzt hatten sie sich in Berlin in einer Kunstgalerie getroffen, die eine entfernte Freundin von ihr erst kurz zuvor eröffnet hatte. Die Erinnerung an die Skulpturen und Bilder, die das „Wie geht's denn noch so" eingerahmt hatten, waren in ihm längst verblasst. Dass sie in ihrer neuen Beziehung auch nicht so richtig glücklich zu sein schien, hatte sich ihm schon deutlicher eingebrannt, und ob sie es jemals werden würde, erschien ihm nach dem Treffen umso fraglicher.

Die Liebe zur Literatur war Lars schon in frühester Kindheit eingeimpft worden. Seine Eltern besaßen eine Apotheke in einem kleinen Eifelstädtchen. Anders als der Vater, zu dessen Lektüre eher Rezepte und die Rundbriefe der Apothekerkammer gehörten, las seine Mutter zu Hause viel, nach Feierabend und besonders an den Wochenenden. Wenn er, als er noch klein war, sich zu ihr setzte und sie ihn beim Lesen wie eine Katze kraulte, übertrugen sich ihre Ruhe und Entspanntheit sofort auf ihn. Noch bevor er selbst lesen konnte, hatte er gespürt, dass ein Buchdeckel eine Tür zu neuen geheimnisvollen Welten sein konnte. Immer wieder hatte er die Bücherrücken bestaunt, wenn er, was oft vorkam, allein zu Hause war. Manche Titel übten eine seltsame Faszination auf ihn aus, so dass sie ihn zu eigenen Phantasien animierten: *Früchte des Zorns, Der große Regen*. Da wuchs also der Zorn direkt aus dem Boden heraus. Er musste lange Stacheln und viele dicke und krautige Blätter haben, der Zorn. Oder rankten sich Blattwerk und Stiel zur bösartigen Fratze?

Die Bücher standen weit oben im Regal, waren im wahrsten Sinne des Wortes noch zu hoch für ihn. Dennoch begriff er schon als Kind intuitiv, dass hinter ihren Rücken mehr verborgen sein musste, als seine gleichaltrigen Mitschüler ihm geben konnten, wenn sie mit Cola-Dosen auf dem Schulhof herumkickten und die Rangordnung über die Körperkraft ausmachten.

Auch für seine MitschülerInnen war er als praktizierender Stubenhocker nicht gerade sexy gewesen. In den Pausen und in der Disco pflegten er und das weibliche Geschlecht einander in beiderseitigem Respekt in Ruhe zu lassen.

Die Ampel zeigte rot, ein Kinderwagen schob sich auf den Zebrastreifen. Lars' Blick zurück, ob nicht etwa ein Polizeiwagen hinter ihm war, geriet einen Augenblick zu lang. Er konnte noch im letzten Augenblick bremsen und nahm den Blick der jungen Mutter zum Anlass, doch etwas mehr auf das Spiel der Ampelfarben zu achten.

Letzten Endes hatte er dann doch Geschichte und nicht Literaturwissenschaften studiert. Auch das hatte natürlich mit Büchern zu tun, waren doch in den häuslichen Regalen nicht nur Romane, sondern auch historische Werke zu finden. Sein Großvater, an den Lars kaum noch Erinnerungen hatte, war Lehrer gewesen.

Ein Geschichtsbuch *Von der Urzeit und von alten Völkern* hatte es ihm als Kind besonders angetan. Es war im sogenannten historischen Präsens geschrieben, was sein kindliches Lesevergnügen enorm steigerte.

„Im ganzen Land ist er ruhelos unterwegs, kein Denkmal, keine Kulturstätte darf dem Kaiser entgehen", so war dort über Marc Aurel zu lesen. „Nur ein Ausruhen von der Mühsal des Daseins ist der Tod", so lauteten angeblich die letzten Worte des römischen Imperators. Dazu hatte das Buch mit spannenden Bildern aufgewartet, wodurch sich Lars auf eine fast spielerische Weise erschloss, welch ein gewaltiger Roman die Historie doch war.

Seine akademische Laufbahn war dennoch alles andere als geradlinig verlaufen. Zunächst hatte er ein paar Semester Geschichte und Englisch auf Lehramt studiert, bis ihm ein Filmdrama über eine sensible Junglehrerin jegliche Lust am Lehrerberuf verdarb. Die Bilder von aggressiv herumflegelnden Schülern gingen ihm nicht mehr aus dem Kopf und verdichteten sich zunehmend zu wahren Horrorszenarien. Am Ende konnte er sich beim besten Willen nicht mehr vorstellen, warum ausgerechnet er für nagellackierende Girlies und pubertierende Halbstarke so etwas wie eine Respekts-, geschweige denn Autoritätsperson abgeben sollte.

Er sattelte um auf Geschichte und promovierte über das Thema „Der Einfluss von Wahrsagerei auf den Ausgang von Schlachten in der frühen Neuzeit", was ihm aber kaum akademische Türen öffnete. Die Hochschule der Bundeswehr winkte ab. Ein historisches Forschungsinstitut schien zunächst interessiert, doch zu guter Letzt kam ihm die Quote in die Quere.

Einige Jahre hatte er an seiner alten Universität Vorlesungen über Möglichkeiten und Grenzen einer vergleichenden Geschichtsforschung gehalten, bis ihn der Lehrbetrieb mit all seinen Macht- und Selbstdarstellungskämpfen allmählich zu langweilen begann. Auch ein solides Auskommen konnte auf die Dauer nicht darüber hinwegtäuschen, dass die neue Studentengeneration so gänzlich anders tickte als er. Die Unlust auf Menschen, die in Vorlesungen und Seminaren auf ihren Smartphones herumtippten und damit sein Wirken praktisch zur wissenschaftlichen Hintergrundmusik degradierten, nahm mit der Zeit immer stärkere Ausmaße an. Eigentlich hatte es nur noch eines konkreten Anlasses bedurft, um sich mit ein paar Gläschen Abschiedssekt aus dem Staub zu machen.

Dieser kam gleich zweifach und nahezu zeitgleich daher.

Der erste war ein Fall von Mobbing. Es war um einen Fachartikel gegangen. Was unter Wissenschaftlern gang und gäbe war, nämlich einen Artikel in möglichst viele Einzelteile zu zerlegen, um so die Anzahl der Veröffentlichungen marketingwirksam zu steigern, tat auch er. Außergewöhnlich war nur, dass ihm das als Einzigem angekreidet wurde. „Salamitaktik" so lautete der Vorwurf, der alsbald in den Dozentenbüros und in den Cafeterien immer größere Runden machte.

Der zweite Anlass war der Tod von Lars′ Eltern. Sie starben kurz hintereinander, vielleicht, weil der eine ohne den anderen nicht mehr hatte leben wollen. In die anfängliche Trauer mischte sich schon bald Dankbarkeit.

Sie hatten ihm einen Mix aus kurzfristig abrufbaren Gelddepots und einer Beteiligung an einer großen Büroimmobilie hinterlassen.

Er erinnerte sich noch gut an den Tag, als er und sein Vater in Begleitung des Finanzmaklers mit windzerzausten Haaren das Grundstück am Stadtrand von Dresden besichtigten. Es verharrte noch im Dornröschenschlaf des Brachlandes und wartete darauf, von tüchtigen Menschen in einen florierenden Geschäftstempel umgewandelt zu werden. Makler und Prospekt sollten recht behalten. Es lief alles nach Plan. Lars würde für den Rest seines Lebens zwar nicht reich, aber frei von finanziellen Sorgen sein. Während seine Mutter ihm die Liebe zur Literatur eingepflanzt hatte, bescherte ihm sein Vater eine sorgenfreie Zukunft.

Eine Zeit lang reiste er viel, und bald begann er Reiseberichte zu schreiben. Dass sein Name es in angesehene Tagesblätter schaffte und seine Leser nunmehr nicht mehr nur Fachadressaten waren, bescherte ihm eine Befriedigung, wie er sie schon lange nicht mehr verspürt hatte. Mit der Zeit brachte er es sogar noch zu einem Presseausweis. Sein letzter Artikel über eine Wanderung in der Hohen Tatra war in einem konservativen Wochenmagazin erschienen.

Das war also Lars Rudorf, der sich durch den Lesekreis allerlei Neues und vielleicht auch ein wenig Spannendes erhoffte.

3.

Lars stellte sein Fahrrad direkt neben dem Eingang zur U-Bahnstation Viktoria-Luise-Platz ab. Er warf einen letzten Blick auf sich, die Garderobe stimmte: leichter Wolljanker, beige Hose und blank polierte Schuhe.

Das Lokal für das erste Treffen hatte er mit Bedacht gewählt. Im Innern prangten Werbeplakate aus vergangenen Zeiten. Dürkopp-Fahrräder, Birkin-Haarwasser und andere Markenartikel hatte es allem Anschein nach schon zur Kaiserzeit gegeben. Die Plakate schufen gewissermaßen eine Aura bleibender Werte, die von einer Holztäfelung behaglich abgerundet wurde. Es war wie ein ausgelagertes Wohnzimmer und somit für sein Anliegen praktisch und wie geschaffen.

Was für eine Funktion sollte er heute Abend ausüben, welche Rolle sollte er einnehmen? Er hatte es nicht mit Studenten zu tun, von daher wäre es ratsam, nicht allzu sehr zu dozieren, aber das hatte er ohnehin nicht vor. Sein Hang, Vorträge zu halten, hatte seit dem Abschied vom Lehrbetrieb ohnehin deutlich abgenommen, und das war auch gut so.

Als er den leeren Biergarten des Lokals durchquerte, konnte er durch die Glasscheibe eine Frau sehen. Sie schien älter zu sein als er. Ihre dunkelblonde kurz geschnittene Frisur wirkte jünger als ihr Gesicht und war demnach wohl gefärbt. Ihre perlmuttfarbene Strickbluse mit kleinen dunklen Punkten hatte etwas von Stracciatella. Ein

13

Stracciatella-Eis mit Kopf und Gliedmaßen, dieses Bild hatte Lars im Kopf, als die Frau prüfend zu ihm aufblickte. Die Augen hinter der Brille waren groß. Sie verrieten angespannte Wachsamkeit. Lars glaubte aber auch, eine Spur von Betrübnis darin zu entdecken, einen Schimmer von Weltschmerz, der oft und gerne auf Nahrungssuche ging. Die Nase war für ihre Gesichtsgröße um eine Spur zu wuchtig geraten und hatte etwas von einem Rammsporn.

„Brigitte, hallo.“

„Lars.“

Ihr Gesicht versuchte einen freundlichen Ausdruck zustande zu bringen, tat dies aber um eine Nuance zu angestrengt, wie Lars fand. Keine Frage, die erste Begegnung mit dem Lesekreis war ihm auf Anhieb nicht gerade sympathisch, und so konzentrierten sich seine Hoffnungen umso mehr auf den noch unbekannten Rest.

„Schönes Lokal hier, kannte ich noch gar nicht.“

Ja, fand Lars auch, richtig gemütlich, und auch das Essen sei gut.

Im redlichen Bemühen, sich vorzustellen, wie sich mit dieser Frau mehr als nur verkrampfte Gemeinplätze hin und her rangieren ließen, nahm Lars im rechten Winkel an der schmalen Tischseite Platz. Auch wenn er auf einen exponierten Sitzplatz keinen gesteigerten Wert legte, als Initiator des Lesekreises würde er heute dennoch zumindest anmoderieren müssen. Deshalb war die Platzwahl schon wichtig.

Wie ließ sich das Gespräch fortsetzen? Lars kam auf die Speisekarte zu sprechen, die er ganz gut kannte. Er empfahl zwei, drei Pasta- und Fischgerichte.

Mal sehen, vielleicht würde sie später auf seine Anregungen zurückkommen, im Moment eher noch nicht.

Lars bestellte ein Weizenbier und Brigitte orderte eine Weinschorle. Immerhin war es kein Kräutertee. Menschen, die sich den ganzen Abend an Kräutertee und Mineralwasser festhielten, gerieten bei Lars schnell unter Langeweilerverdacht.

„Warst du schon mal in einem Lesekreis?"

„Ach, weißt du, ich bin Lehrerin für Deutsch, unter anderem, da ist mein ganzes Berufsleben ein einziger Lesekreis."

„Ach so, na das passt doch. Dann ist das für dich ja fast ein Heimspiel."

„Sozusagen"

Die Frage nach den Lieblingsautoren drängte sich regelrecht auf. Brigitte mochte Honoré de Balzac, seinen Hang zum Melodramatischen, der niemals Selbstzweck sei, sondern hinter dem sich stets Mitgefühl für seine Figuren verberge. Und natürlich Bertolt Brecht. Bei kaum einem anderen Autor gingen die Kraft der Worte und der Mut zu politischen Aussagen eine so vitale Verbindung ein, aber das hatte sie Lars in ihrer E-Mail ja alles schon geschrieben.

Lars las sehr gerne Dieter Wellershoff, der, wie er fand, ebenfalls viel Empathie für seine Figuren übrig hatte, indem er sie schlichtweg der Gnadenlosigkeit aussetzte. Auch dies schuf Mitgefühl und Anteilnahme, quasi über die Bande hinweg, wie beim Billard.

Damit, fand Lars, war immerhin eine erste Schmierölung des Abends gelungen. Jedenfalls schien Brigitte mit seiner

Antwort ganz zufrieden zu sein. Sie blickte ihn um eine Spur neugieriger an, sagte aber nichts. Wäre er in ihrer Schulklasse, hätte er dafür bestimmt eine gute Note kassiert.

Als hätten sie sich abgesprochen, erschienen fast zeitgleich die restlichen vier. Den Anfang machte eine gut aussehende Lady in einem weinroten Kleid, das ohne weiteres zu einer Filmpremiere gepasst hätte, aber auch hier im wahrsten Sinne des Wortes eine gute Figur machte. Es passte einfach, wirkte wie ihre zweite Haut, fand Lars. Das Wesen in dem Kleid nannte sich Lara und rollte das R auf südosteuropäische Art, wie Lars es jedenfalls herauszuhören glaubte. Als sie neben Brigitte Platz nahm, strich sie sich mit streichelnder Hand das Kleid über den Oberschenkeln glatt.

Als Nächstes erschien ein strahlender Endsechziger, dem auf Anhieb anzumerken war, dass er sich mindestens zwanzig, wenn nicht gar dreißig Jahre jünger fühlte. Er trug eine hellgraue Jeans und einen graubraunen Kaschmir-Pulli mit V-Ausschnitt. Seine ergrauten Haare standen leicht ab, fügten sich aber dennoch zu einem stabilen Ensemble zusammen. Eine weinrote Fliege lockerte das Erscheinungsbild auf. Nachdem Lars ihm bescheinigt hatte, dass er hier richtig sei, begrüßte der Neuankömmling die Drei mit einem munteren „Richard" und schickte jedem Händeschütteln noch ein ausgesprochen melodiöses „Hallohoo" hinterher.

„Richard, ein schöner Name …"

Richard blickte Lara freundlich an. „Ja, setzt sich zusammen aus reich und hart, aber so hart bin ich eigentlich nicht, jedenfalls nicht immer."

Ein wohldosiertes, nunmehr schon dreistimmiges Lachen ertönte, dann kamen auch schon die letzten Zwei, ein zurückhaltend wirkender Mann Mitte vierzig und eine schätzungsweise zehn Jahre jüngere Frau mit Bubikopf-Frisur. Sie musste das Nesthäkchen mit dem eher überschaubaren literarischen Horizont sein.

„Michael."

„Hendrike."

Damit waren sie komplett. Lars begrüßte noch einmal alle, dann stellte er sich und sein Konzept für den Lesekreis vor: alle lasen ein Buch und diskutierten darüber. Außerdem sollten die Teilnehmer einander Autoren und Bücher vorstellen, etwa durch Inhaltseinführungen und kleine Lesungen, ganz so, als ob sie selbst der Autor beziehungsweise die Autorin und auf Lesereise wären und durch die Buchläden tingelten.

Damit, so fand Lars, hatte er seiner Pflicht als Initiator fürs Erste Genüge getan. Nun sollten die anderen von sich und ihren literarischen Vorlieben erzählen.

Lara lobte kurz Lars' gutes Konzept, bevor sie auf sich zu sprechen kam. Sie sei selbständige Kommunikationstrainerin und gebe nebenbei Coaching-Kurse. Während sie sprach, strich und zupfte sie mal ihre kupferbraunen Strähnchen, mal ihr Kleid zurecht. Wie es schien, hatte sie viel Übung darin, sich mit wenigen Handgriffen ihr optisches Gesamtkunstwerk zu bewahren. Einen speziellen Lieblingsautor habe sie nicht, meist lese sie Gegenwartsautoren und Neuerscheinungen, gelegentlich greife sie auch zu Reiseschilderungen, etwa von Heine. Sie sei oft unterwegs zu Firmen und Klienten, und wenn sie den ganzen Tag mit Menschen zu tun gehabt habe, freue sie sich abends aufs Lesen. Die Bücher gäben ihr Kraft und Energie. „Auch die kompliziertesten Bücher sind manchmal nicht so anstrengend wie Menschen."

„Was genau ist eigentlich Coaching? Ich habe das Wort schon oft gehört, aber nie so richtig verstanden." Natürlich wusste Lars, was sich hinter dem Begriff verbarg. Es war nur ein Reflex, der ihn zu dieser Frage animierte, der Versuch, noch eine kleine kommunikative Pointe zu setzen. Schließlich kam es ja nicht schlecht an, wenn man sich in Frageform für andere Menschen interessierte.

„Man unterstützt Menschen bei Veränderungsprozessen." Lara sah ihn überrascht an, ihr Lächeln wirkte eher professionell als herzlich. Für den Bruchteil einer Sekunde war Lars leicht irritiert, bis ihm klar wurde, dass seine Frage wohl etwas stichelnder als beabsichtigt geklungen hatte. Lara zwinkerte Lars themenbeendend zu, dann war Richard an der Reihe.

Als Rechtsanwalt und Notar, begann er, habe er sich mit so viel trockener Materie und öden Paragraphen herumzuschlagen, da seien literarische Texte ein nahezu zwingender Ausgleich. Er nannte zwei Autoren, die Lars nichts sagten, Michael aber ein leises „Oje" entlockten: Gerhardt Falkner und Ulrich Peltzer.

„Nicht dein Ding?"

Nein, sie waren absolut nicht Michaels Ding. Peltzers Stil sei ihm einfach zu verknotet, und Falkners *Appollokalypse* habe er gelesen, die Memoiren eines alternden Galans.

Richard beließ es dabei, dem Harmoniegebot des ersten gemeinsamen Abends zuliebe, wie Lars annahm.

„Du bist doch nicht nur Notar, sondern auch Anwalt. Ist das denn auch so trocken?" Damit hatte Lara Lars' Frage vorweggenommen. „Du könntest doch bestimmt ein Buch über deine Fälle schreiben."

„Na ja, kann schon sein, dass ich irgendwann einmal nicht nur juristisch, sondern auch literarisch schreiben werde. Ich hätte schon ein paar Ideen. Das ist aber alles noch nicht spruchreif."

„Aber das klingt doch interessant. Kannst gerne mehr davon erzählen", machte sich Hendrikes Bubikopf zum ersten Mal zwischen Wein- und Biergläsern hindurch bemerkbar.

„Ich könnte schon mit ein paar Anekdoten aufwarten, zum Beispiel als Hausbesetzer zu meinen Mandanten gehört haben. Zum Schirach von Charlottenburg dürfte es aber wohl nicht reichen."

Damit hatte sich Richard politisch geoutet. Ein alternder Rechtsanwalt, der mit Hausbesetzergeschichten aufwarten konnte, war mit Sicherheit ein Linker, aber warum auch nicht. Auch Lars war der Ansicht, dass nicht alles falsch war, was Linke so den lieben langen Tag von sich gaben.

Sein Blick wanderte zu Hendrike, die am entgegengesetzten Tischende eng wie ein siamesischer Zwilling neben Michael saß. In ihrem Gesicht war die Neugier heimisch. Gerade schien sie aufzublühen. Die ganz spezielle Mischung aus Lachen und Stimmlage begann Lars zu gefallen.

Michael war Kieferorthopäde, und das passte, wie Lars fand. Wenn er nicht gerade etwas sagte, dann schaute er wie ein Arzt, der sich eine Krankengeschichte anhörte. Michael las am liebsten deutsche Autoren, vor allem Wilhelm Genazino und Christoph Hein. Bei Genazino schätze er die Leichtigkeit der Melancholie und bei Hein die Lebensechtheit der Figuren, die sich nicht zuletzt in packenden Dialogen äußere.

Hendrike war Sachbearbeiterin in einem Institut, einer Art von Verband, von dem Lars bislang noch nichts gehört hatte. Auch sie las besonders gerne im Urlaub. Da seien die Bücher ihre ganz persönlichen Reisebegleiter, die jedes Reiseerlebnis abrundeten und vertieften. Manche Bücherrücken würden noch Jahre später von der Reise erzählen, direkt aus dem Regal heraus. „Geht mir ganz genauso", pflichtete ihr Brigitte bei, deren Gesichtszüge sich zusehends entspannten. Einen ausgesprochenen Lieblingsautor hatte Hendrike, wie Lars von den E-Mails her schon wusste, aber nicht.

„Ich bin ja so dankbar, dass ich mit eingeladen wurde. Ich möchte sehr gerne dazu beitragen, dass sich das Ganze zu einer Begegnung unter Freunden entwickelt", schloss Hendrike ihre Vorstellung ab.

„Das Wichtigste dafür hast du ja schon getan. Du hast dich auf die Anzeige gemeldet und hast dich auf den Weg gemacht. Dazu gehört auch Mut, das ist nicht selbstverständlich." Richard ließ seinem Kompliment noch ein dezentes Winken mit den Fingern folgen. Dadurch rutschte der Ärmel seines Pullovers nach unten und eine dem Anschein nach sehr teure Armbanduhr kam zum ersten Mal zur Geltung. Hatte sie beim Händeschütteln noch eher zaghaft unter dem Ärmelsaum hervor gelugt, so präsentierte sie sich jetzt glitzernd und edel, als wüsste sie selbst um ihren Wert.

Brigitte holte aus einem der Außenfächer ihrer Handtasche eine Pillendose hervor und warf sich eine rötliche Tablette in den Mund. Sie trank den kleinen Rest ihrer Weinschorle aus, dann war sie an der Reihe. Sie war nicht nur Gymnasiallehrerin für Deutsch, sondern auch für Geschichte.

Lars horchte interessiert auf. Vorhin hatte sie ihm nur von Deutsch erzählt. Aber Geschichte? Obwohl seine Passion dafür deutlich abgeklungen war, hatte es für ihn nach wie vor einen ganz persönlichen Stellenwert. Geschichte, das stand noch immer für die Faszination verbürgter Begebenheiten, für einen Fakten- und Mythenschatz, in dem er sich auskannte und in dem er noch immer gerne spazieren ging. Um ein Haar hätte Lars sein Geheimnis gelüftet, aber vielleicht war es besser, damit erst einmal nicht hausieren zu gehen. Akademische Duelle wie seinerzeit an der Uni brauchte er nicht mehr und heute Abend schon gar nicht. So war Lars auch nicht sonderlich böse, als Richard noch einmal das Wort ergriff.

„Oha, Deutsch und Geschichte, eine hochbrisante Mischung, wenn man so die jüngere Vergangenheit betrachtet."

Damit hatte Richard den Luftraum über der Tischgesellschaft für einen kurzen Augenblick zum Schweigen gebracht. Brigitte tauschte ihren entspannten Gesichtsausdruck wieder gegen eine bedenkliche Miene ein.

„Allerdings, eine brisante Mischung und eine Mischung, die verpflichtet, gerade jetzt, wo Rechtspopulisten schon wieder auf dem Vormarsch sind. Mit einem Populismus der Sprache fängt es an, und wie es aufhört, wissen wir ja." Brigitte bewegte die Lippen, als wollte sie das, was sie soeben gesagt hatte, noch einmal lautlos wiederholen, als befänden sich taubstumme Lippenableser am Tisch.

Ja, es sei wirklich kaum zu glauben, was sich zurzeit in unserem Land abspiele, er, Richard, verstehe Gott und die Welt und vor allen Dingen die Wähler auch nicht mehr. Aber er hoffe, dass zumindest hier kein neuer Rechter säße. „Rechte lesen doch keine Romane, zumindest keine guten, oder wie seht ihr das?" Richard schaute hellwach von einem Teilnehmer zum anderen. Auf Lars blieb sein Blick länger ruhen, den Bruchteil einer Sekunde nur, aber doch lange genug, dass er sich auf unangenehme Weise ertappt fühlte, wenn er auch nicht so genau wusste warum und wobei eigentlich.

Dann endlich kam das Essen. Es befand sich schon im Landeanflug: Salate, Pasta und Geschnetzeltes. Alle schienen es gut getroffen zu haben. Das Treffen begann zu schmecken.

Über das Procedere einigte man sich schnell. Einmal im Monat sollte ein Treffen stattfinden, privat. Alle zwei Monate wollten sie ein gemeinsames Buch lesen, bei den dazwischenliegenden Terminen durften Bücher individuell vorgestellt werden. Die Treffen sollten erst einmal bei Michael stattfinden. Er koche leidenschaftlich gerne. Als Arzt verstehe er was von Rezepten.

Der Rest des Abends gehörte Autoren, Preisträgern und Lesebühnen. Hendrike hatte ihre anfängliche Zurückhaltung abgestreift und kommunizierte genauso lebhaft wie die anderen. Sie erzählte von ihren nächsten Reisezielen, von Israel, von Albanien. Das Lokal war jetzt gut besucht. Deshalb konnte Lars Hendrike nur noch bruchstückhaft verstehen, aber auch ohne Text gefielen ihm ihre Lippenbewegungen gut.

Der Anfang war jedenfalls gemacht, und Lars fand, dass es ein guter Anfang war.

4.

Wie auch Richard war Lara mit öffentlichen Verkehrsmitteln gekommen. Wie sich auf dem Weg zur U-Bahn herausstellte, wohnten die beiden gar nicht weit voneinander, er in einer Altbauwohnung im Kiez rund um den Stuttgarter Platz, sie in Ku'dammnähe, in „Charlottengrad", wo die Russen in den teuren Boutiquen gerne mit Bargeld bezahlten.

Das Treffen war mit viel Händeschütteln zu Ende gegangen. Brigitte war noch geblieben, um ein wenig in der taz zu lesen. Michael und Hendrike hatten ein Taxi genommen und Lars war unter Fahrradgeklingel davongefahren.

Richard und Lara gingen entspannt nebeneinander her. Auch Lara war mit dem Ergebnis des Abends zufrieden. Die Leute schienen Horizont und ein Mindestmaß an Stil und Manieren zu haben. Jetzt lag es an jedem einzelnen, wie es weitergehen würde: ob man pünktlich und zuverlässig war, ob die Beiträge interessant waren, ob man andere ausreden ließ, ob der Umgangston wertschätzend war, ob man andere Meinungen aushalten wollte und konnte.

Dass es unterschiedliche politische Ansichten gab oder zumindest noch geben würde, das war schon während des Treffens unterschwellig spürbar gewesen. So hatte Richard bestimmt eine leichte bis mittellinke Schlagseite, da hatte sie eine Nase für. Sie, Lara, war eindeutig konservativ, zumindest etwas. Eigentlich war das mit dem Konservativsein keine große Sache. Es sollte jeder einfach nur sein Ding machen, sich um sich selbst und seine eigenen Angelegenheiten kümmern, bevor man anderer Leute Geld umverteilte. Konservativ zu sein bedeutete, selbst auswählen zu dürfen, zu wem man großzügig war und zu wem nicht. Es bedeutete auch, dass man nicht jedem zeitgeistigen Tinnef hinterherrannte. Wenn dann noch Bildung und Charakter dazukamen, dann war es das eigentlich auch schon. Wichtig war, dass man sich gepflegt austauschte und die Meinung seines Gegenübers respektierte. So sah Lara das. Jedenfalls schienen die allermeisten doch recht belesen zu sein. Es konnte sich also durchaus lohnen, wertvolle Zeit mit ihnen zu verbringen.

Lara warf einen kurzen Blick auf Richard, der gemütlich wie ein braver Boxerhund vor sich hin trottete. Sie scannte ihn vorsichtig ab, noch ganz dem Frühstadium des Kennenlernens angemessen.

„Wo kommst du her, ich meine aus welchem Land stammst du?", wollte Richard wissen. „Ich hoffe, ich darf das fragen. Eigentlich soll man das ja so auf die plumpe Tour nicht mehr tun."

Lara nahm ihm die Frage nicht übel, im Gegenteil, sie war dankbar, dass Richard das Gespräch anfing. „Ach wo, plump ist was anderes. Ich komme aus Rumänien, lebe aber seit gut fünfzehn Jahren in Deutschland."

„Immer in Berlin? Und wie gefällt es dir hier so?"

„Was soll ich sagen? Ich habe in Bukarest Philosophie und Psychologie und hier in Deutschland das Leben studiert, das Leben und die Menschen."

„Das Leben und die Menschen."

Richard kickte lässig eine Coladose fort. Sie rollte scheppernd über den Bürgersteig um unter der Schlange geparkter Autos zu verschwinden.

„Das Leben studiere ich auch. Irgendwann werde ich wohl meinen Abschluss machen, aber das hat noch Zeit."

Den restlichen Weg bis zur U-Bahnstation verbrachten sie schweigend. Erst auf dem Bahnsteig setzte sich die Unterhaltung fort.

„Und wie sind die Menschen hier so, in Deutschland?"

„Was soll ich darauf antworten? In meiner Heimat schlagen sich die Leute noch immer mit den Folgen des Sozialismus und der Mangelwirtschaft herum. Hier in Deutschland ist die Unzufriedenheit in höheren Sphären angesiedelt."

„Verstehe, du meinst wir jammern auf hohem Niveau."

„Ja, das Niveau ist wirklich sehr hoch in Deutschland." Das „sehr" betonte sie ausdrücklich. Die U-Bahn lief ein und sie nahmen einander gegenüber Platz.

Richard sah trotz seines fortgeschrittenen Alters noch immer sehr gut aus. Seine Frisur war leicht zerzaust und dennoch gepflegt. Auch der Drei-Tage-Bart wirkte auf der angebräunten Haut wie ein silbergrauer Zierrasen. Ein dauerhaft entspannter Gesichtsausdruck tat sein Übriges. Es war ein Männergesicht zum behaglichen Ausruhen darin.

Und er hatte ganz offensichtlich Geschmack. Das war nicht nur an seiner eleganten Garderobe zu erkennen. Auch seine Uhr sprach für sich. Das Armband schien aus Eidechsenleder zu sein. Die zierliche Maserung ging mit dem Ensemble aus Gravuren und großen und kleinen Zeigern eine ausgesprochen graziöse Verbindung ein.

So eine teure Uhr war schon praktisch. Sie verriet dem Besitzer die Zeit und anderen, dass er sich seinen erlesenen Geschmack auch leisten konnte. Solch eine Uhr kommunizierte gewissermaßen von ganz allein, ohne Unterlass und lautlos, so wie das Uhrwerk tickte.

Auch wenn Richard offensichtlich auf teure Statussymbole Wert legte, so war er anscheinend doch ziemlich weit links eingestellt. Das war das Problem, das latente Kollateralrisiko, gerade wenn man in Berlin auf Kontaktsuche ging, überall lauerten linke Einstellungen. Dabei war linkes Denken doch eigentlich nichts anderes als kleinkarierter Materialismus, der so ziemlich alles an oberflächlichen Verteilungsfragen festmachte. Es war der gegorene Weltschmerz, der ideologisierte Neid, und das mochte Lara nicht. Wer wie sie in einer Welt groß geworden war, in dem dies von Staats wegen verordnet wurde, der wusste sehr gut, warum.

Richard blickte für einen kurzen Moment zum Fenster hinaus. Es sah aus als scannte er die vorbeifliegenden Betonmaserungen ab, als enthielten sie verschlüsselte Botschaften.

„Was haben Sie zuletzt gelesen, Richard?"

„Sind wir schon beim Sie oder noch per Du?"

„Ach so, ja, entschuldigen Sie, entschuldige."

„Sich über Literatur zu unterhalten, verträgt sich doch nicht mit Sie … oder?"

Da hatte er wohl recht.

Richards letzte Lektüre war *Léon und Louise* von Alex Capus gewesen, eine Liebesgeschichte, die im Zweiten Weltkrieg im besetzten Frankreich spielte. Das Buch habe ihm gut gefallen. Ein bisschen kitschig zwar, aber doch mit einem wachen Blick für die kleinen Dramen des Lebens und die großen Dramen der Zeit.

„Meine Güte, das klingt ja feuilletonreif."

„Oh, vielen Dank, na ja, wenn man viel liest, dann bleibt das nicht mehr aus. Es färbt mit der Zeit ab. Dann redet man geschwollener als man will, fürchte ich."

Das Gespräch nahm eine kurze Verschnaufpause.

„Sag mal, wie fandst du eigentlich den Lars?"

Richards Themenwechsel kam abrupt, und Lara musste einen kurzen Augenblick überlegen, wem sie diesen Vornamen anheften sollte.

„Ich glaube, der sucht nicht nur die Begegnung mit Literatur."

„Tatsächlich, wie kann man das erkennen?"

„Eine Frau hat einen Blick dafür."

„Mir ist etwas anderes aufgefallen."

„Und was?"

„Als Brigitte und ich das Thema Rechtspopulismus ansprachen, da hat er komisch reagiert, richtig verlegen, fast ein wenig unsicher."

„Ja, das habe ich auch registriert, und, was sollen wir daraus schließen?"

Richard rückte sich gerade und schlug die Beine übereinander.

„Ach, am besten gar nichts, es war nur so eine Beobachtung, eine kleine Randnotiz."

„Am besten man lässt beim ersten Mal die Politik komplett außen vor."

„Stimmt."

Die Bahn war gerade wieder angefahren, als eine spindel-
dürre Gestalt mit blutleerem Gesicht auf ihre Hilfsbedürf-
tigkeit aufmerksam machte, wobei die schneidende Stimme
im bizarren Gegensatz zur ihrer zerfallenen Erscheinung
stand. Richard steckte ihm eine Fünf-Euro-Note zu, die
der junge Mann mit einem kühlen „Danke" entgegen-
nahm. Er zog einen hinkenden Hund ruckartig hinter
sich her.

„Wow, immer so großzügig?"

„Wenn es so ein anregender Abend war, dann schon."

Sie hoffte, dass Richard nicht weiter nach ihrer Biografie fragen würde. Die angesagten Stationen näherten sich
ihrer Adresse immer mehr an, allmählich zeichnete sich
das Ende der gemeinsamen Fahrt ab.

Dann würde sie Richard wohl doch ein andermal mehr
über sich erzählen. Davon, wie sie ihren deutschen Mann
in Bukarest bei einer Fotoausstellung kennengelernt hatte.
Es war um urbane Lebensträume gegangen, daran erinnerte sie sich noch. Schon an der Garderobe waren ihr seine
echtgenähten Schuhe aufgefallen und wie sehr der beige-
braune Tweed mit seiner gesunden Gesichtsfarbe in Ein-
klang stand. Immer sorgfältig hinter ihm stehend, hatte sie
Bild für Bild den Abstand verkleinert und ihn vor einem
Bild mit einem aus einer Betonöffnung herausgucken-
den Schwarzbären einfach angesprochen, mitten in eine
sympathische Gedankenverlorenheit hinein. Er war ein
höherer Versicherungsmanager, deutlich älter als sie und
sollte sich als ihre Fahrkarte nach Deutschland erweisen.

Nach einer stürmischen Verliebtheitsphase war der
Enthusiasmus jedoch schnell abgeklungen. Achim war

in den letzten Jahren deutlich gealtert. Dazu kam, dass er sich immer mehr zu Bildschirmen und Portalen als zu realen Menschen hingezogen fühlte, was der Ehe auch nicht gerade förderlich war.

Eigentlich hatte er ihr immer irgendwas erklärt. Viele kleine Erklärungen setzten sich zu einem großen Erklärungsmechanismus zusammen, zu einer wandelnden Erklärungsmaschine. Vor zwei Jahren war die Ehe dann geschieden worden. Auf Unterhalt hatte sie verzichtet, weil die Trennung ja von ihr ausgegangen war. Ihr Gerechtigkeitsempfinden wollte es so. Ein Sümmchen Startkapital ins neue Leben hatte sie von ihm aber dankbar angenommen.

Sie rollten in die Station „Bismarckstraße" ein, die gemeinsame Fahrt endete hier.

5.

Richard Klausen, Rechtsanwalt und Notar, verbrachte die Mittagspause vor dem Bildschirm, zwischen Altbauparkett und Stuckdecke sozusagen. Gerne gönnte er sich ab und an auch mal einen Blick nach draußen, der sich oft in den geschwungenen Giebeln, Balkonatlanten und Zierpilastern der gegenüber liegenden Hausfassaden verlor. Obwohl er die neobarocke Schwülstigkeit nicht besonders mochte, war sie dennoch wie ein Magnet, der seine Lust auf Zerstreuung regelrecht aufsog, ob er wollte oder nicht. Fassadenmayonnaise, so hatte es seine Freundin Patrizia einmal bei einem Abendessen mit Freunden auf den Punkt gebracht.

Die Fassade des Hauses, in dem sich Richards Kanzlei befand, war dagegen vergleichsweise bescheiden, Klassizismus mit einfachen Dreiecksgiebeln über den Fenstern. Wie er aus Bauakten wusste, waren die Häuser auf der gegenüberliegenden Seite erst zwanzig Jahre später hochgezogen worden. Zwanzig Jahre konnten in der Architektur schon ein kleiner Gezeitensprung sein. Richard war jedenfalls froh, dass er auf der älteren und schmuckloseren Straßenseite residieren durfte.

Gerade eben hatte er noch einen Ehevertrag beurkundet. Ein junges Paar wollte Gütertrennung. Noch auf dem Bürgersteig, gleich nachdem sie seine Kanzlei verlassen hatten, fielen sie einander küssend um den Hals. Es sah aus, als wollten sie einem etwaigen Trennungsfall schon jetzt nach Kräften vorbeugen. Richard hatte die Szene durch das Fenster beobachtet.

Er nutzte die verbleibende Zeit bis zum nächsten Mandanten, um den gestrigen Abend Revue passieren zu lassen und ein wenig mehr über die Teilnehmer zu erfahren. Zum Abschied war eine Namensliste herumgegangen. Michael war Arzt, Lars Journalist und Lara war Kommunikationstrainerin, das hatte er sich gemerkt. Die drei hatten auch eine eigene Website. Von Brigitte kannte er immerhin schon das Gymnasium, auf dem sie unterrichtete. Eine eigene Vertretung im Netz hatte sie aber nicht, sie trat lediglich als grinsende Verstärkung auf einem Gruppenbild mit Lehrerkollegen in Erscheinung.

Das größte Interesse hatte Lara, die Kommunikationstrainerin, in ihm geweckt. Ihr Internetauftritt war sehr gelungen. Wie bei ihrer Kleidung gestern dominierten auch auf ihrer Webseite dezent blasse Rottöne. Die Überschriften waren in leicht gewellten Buchstaben gehalten. Es war bestimmt kein Zufall, dass Laras äußere Erscheinung und die Farben der Website einander stark glichen. Bestimmt überlegte sie sich lange und gründlich, welche Rot-, Orange- oder Gelbtöne sie anlegen sollte, damit es zu ihrer eigenen Marke passte.

„Was ein Wort zu bedeuten hat, erfährst du durch den Widerhall, den es erweckt." Behutsam wie ein weicher Teppich entrollte sich das Zitat von Marie von Ebner-Eschenbach. „Dass Worte den Widerhall erzeugen, den sie beabsichtigen, dabei möchte ich Ihnen helfen." Darunter erschienen der Reihe nach Bildmotive zum Anklicken. „Veränderungen im Unternehmen" wurde durch eine aufhellende

Sonne im dunklen Wolkenfirmament abgebildet. Über „Konfliktmanagement" prangte ein Stacheldrahtzaun mit einem halb geöffneten Tor darin. Auch hier war der Himmel wolkenverhangen und sonnig zugleich. Richard hätte gerne noch mehr über Lara erfahren, aber für heute beließ er es dabei, ein paar spontane Vergleiche mit seiner aktuellen und deutlich jüngeren Lebensgefährtin Patrizia anzustellen.

Sie hatten sich vor zwei Jahren im mecklenburgischen Schwerin kennengelernt, wo er an einer Fachtagung teilnahm. Sie saß hinter dem Informationsschalter, war der erste Blickfang direkt hinter der Eingangstür und er nutzte so ziemlich jede Gelegenheit, sie nach Etagen und Wegen zu fragen, selbst nach denen, die er nach einem halben Tag schon kannte. Dem Glas Wein nach Tagungsschluss waren dann in immer kürzeren Abständen weitere Treffen gefolgt. Die ersten beiden Male hatte er noch in einem Hotel übernachtet.

Patrizia betrieb unter dem Namen „Fräulein Frech" eine Modeboutique in Schwerin. Der Laden lief nicht besonders gut, Richard half jeden Monat mit einem ansehnlichen Mietzuschuss aus. Dies sollte sich mit der Zeit als spürbarer Kostenfaktor erweisen. Auch die relativ große Entfernung, die er meistens mit dem Zug und selten mit dem Auto zurücklegte, begann sich allmählich bemerkbar zu machen. Dabei mochte er Patrizia noch immer sehr, und das nicht nur weil sie ihn so angenehm und leicht verjüngte. Leider war der Sex in letzter Zeit in Routine abgeglitten, auch die geheimsten Körperregionen waren hinreichend erkundet, die Stimulationen, ja der

Kitzel selbst waren zum vorhersehbaren Ritual geworden. Nicht Richard, sondern die Beziehung selbst begann an Altersschwäche zu leiden, weshalb er, wenn auch nur zaghaft, schon seit Längerem über eine Veränderung nachdachte.

Lara war bestimmt gut zwanzig Jahre älter als Patrizia, sah aber noch immer verdammt gut aus. Eine Frau wie sie führte man gerne an der Hand spazieren, da schwang schon eine gehörige Portion Trophäenstolz mit, das war bei Männern einfach so, bei Frauen war es wohl auch nicht viel anders, auch wenn sie es nicht zugaben. Außerdem schien sie durchaus Herzensbildung zu besitzen, so dass mit ihr eine lustvolle Kommunikation bestimmt auch oberhalb des Bauchnabels möglich war.

Vielleicht fände Lara Richard ja auch interessant, konnte er doch immerhin mit einer interessanten Biografie aufwarten.

Wie so viele andere seiner Generation hatte auch er sich dem gesellschaftlichen Fortschritt verschrieben. Dieser hatte natürlich nur dann eine Chance, wenn man die Nachkriegsgesellschaft von ihren braunen Restposten befreite, und wo dies nicht möglich war, sie zumindest entlarvte und stellte. Schon in seiner Schulzeit hatte er sich diesem Ideal gewidmet. Vorlaut in der Sache und vorlaut in der Form brachte er so manchen Pädagogen mit Nazivita zur Weißglut.

Der eigentliche Anstoß dafür war ein Lebenslauf seines Vaters, den er zufällig auf der Suche nach Tintenpatronen in dessen Schreibtisch entdeckte. „1942 bis 1943 – Partisanenjagd" stand dort. Bis dahin hatte er seinen

Vater als ausgesprochen liebevoll erlebt, war er es doch, der ihn als Kind mit der körperlichen Nähe versorgte, die seine Mutter ihm verweigerte. „Partisanenjagd", allein die Wortwahl hatte ihm schon übel aufgestoßen. Wenn da wenigstens „Partisanenbekämpfung" gestanden hätte, aber eine Jagd, das klang nach weidmännischem Halali, nach einer Trophäenstrecke aus Menschenkadavern.

Der Begriff widerte ihn regelrecht an, bis heute. Über seine Kriegszeit sprach sein Vater nie. Zwei Jahre Ostfront, der russischen Kriegsgefangenschaft sei er durch eine rechtzeitige Versetzung an die Westfront entgangen. Damit hatte es sich auch schon.

Dabei wusste Richard schon als Schüler, was das Wort *Partisanenjagd* tatsächlich bedeutete. Es stand für ein schmutziges Geschäft. Sein eigener Vater hatte mitgeholfen, Bäume in den weißrussischen Wäldern in Galgen zu verwandeln. An Richards Verstörtheit hatten auch nervöse Ausflüchte und Beschwichtigungen nichts ändern können. Das Zerwürfnis war letztendlich nicht mehr zu kitten gewesen. Der Vater starb, ohne dass es noch zu einer Aussöhnung gekommen wäre. Nach seinem Tod erfuhr Richard durch Aktenrecherchen, dass sein Vater gar nicht Feldwebel bei der Wehrmacht, sondern bei einer Feldpolizeieinheit gewesen war.

Seitdem gehörte das Engagement gegen Faschismus und Militarismus zu Richards Lebensaufgaben. Er hatte sogar mitgeholfen, Ausstellungen über Universitätsprofessoren mit brauner Vergangenheit zu organisieren, wofür er an einer Zwangsexmatrikulation nur knapp vorbeigeschrammt war.

In ihrem Gründungsjahr 1979 trat er dann den Grünen bei, verließ sie aber nach deren Einzug in den Bundestag 1983 wieder. Parteiarbeit hatte er immer schon gescheut, Dogmatismus und Hierarchien gleich welcher Art waren nicht sein Ding.

In seiner Anfangszeit vertrat er viele Menschen, die von Berufsverboten, dem sogenannten Radikalenerlass betroffen waren. Damit war in jenen Jahren nur wenig Ruhm und Geld zu ernten, zumal er auch noch die allermeisten Prozesse verlor. Der verbohrte Antikommunismus jener Tage erlaubte es nicht einmal einem Postboten, Mitglied in einer kommunistischen Partei zu sein. Erst nachdem Richard in Berlin zum Notar bestellt wurde, ging es finanziell deutlich bergauf. Er konnte sich nun vieles leisten.

Im letzten Jahr erst hatten er und Patrizia eine Reise nach Kenia in den Tsavo-West-Nationalpark gemacht. Ihr Hotel war praktisch mitten im Dschungel und fast ausschließlich aus natürlichen Materialien gebaut. Unvergesslich die Abende, an denen eine ganze Elefantenherde direkt unter dem Balkon ihres Zimmers entlang zur Tränke getrieben wurde. Solche kostspieligen Urlaube empfand er als ausgleichende Gerechtigkeit, drückte er doch bei so manchem Mandanten ein Auge zu, wenn es für das Honorar nicht reichte. Für einen kurzen Moment stellte er sich vor, dass er nicht mit Patrizia, sondern mit Lara auf dem Hotelbalkon in Afrika gesessen hatte.

Die Webseite des Kieferorthopäden Michael gefiel ihm durchweg gut. Man sah lächelnde Kinder, farbige, blonde, asiatische, und alle glänzten mit makellosen Zahnreihen.

Man konnte direkt den Eindruck bekommen, dass der Gang zum Zahnarzt ein reines Vergnügen war. Auch Michael selbst war auf nahezu allen Bildern mit von der Partie. Allerdings strahlte er nicht, sondern lächelte nur, was ihm einen Hauch von Überlegenheit und Überblick verlieh. Schließlich war er Herr und Gebieter über die Zahnheilung, Lotse und Kapitän in einem. Dies sollte wohl zum Ausdruck kommen und tat es auch.

Richard knackte mit seinen Fingergelenken. Es war eine Unart, die er eher unterbewusst praktizierte. Zu Beginn hatte sie ihm das Gefühl gegeben, Verspannungen und Blockaden zu lösen. In einer Apothekerzeitschrift hatte er erst kürzlich gelesen, dass an dieser These wohl nicht allzu viel dran war, aber Patrizia brachte er gerne zur Weißglut damit.

Er beschloss, noch einen kurzen Blick auf die Webseite von Lars, dem Anreger und Gründer zu werfen, dazu war noch Zeit. Die Eingabe „Lars Rudorf" und „Berlin" förderte eine Seite mit Zeitungsartikeln zutage, darunter auch ein paar Literaturkritiken in Blättern wie der *Rhein-Neckar-Zeitung* oder den *Passauer Neuesten Nachrichten*. Auch von Lars gab es ein Foto und er war gut getroffen. In Natura wirkte sein Gesicht deutlich weniger markant. Es erinnerte Richard ein wenig an einen Schauspieler, der auf Nebenrollen spezialisiert war, auf die Rollen derer, die im Leben keine große Rolle spielten. Der Name fiel ihm gerade nicht ein.

Er klickte ein paar Reiseberichte an, überflog Bilder und Überschriften – Armenien, Ukraine – Länder, in die man nicht unbedingt fuhr, um an einer Strandbar zu hocken.

Bei dem Bericht über eine Wanderung durch die Hohe Tatra hielt er spontan inne, und zwar nicht des Artikels, sondern der Zeitung wegen. Obwohl bereits fremde Stimmen im Vorzimmer zu hören waren, entschloss er sich noch zu einer kurzen Blitzrecherche. Der Name der Zeitung gefiel ihm nicht. Er wurde schnell fündig, und das, was über diese Zeitung zu lesen stand, gefiel ihm erst recht nicht.

6.

Brigitte Erlenwein saß mit ihrem Sohn Patrick im Auto. Sie hatte ihn von der Arbeit abgeholt, was sich manchmal so ergab, wenn sie nach Schulschluss noch Dinge zu erledigen hatte. Heute sorgten ein Apothekengang und ein Abstecher in einen Feinkostladen dafür, dass es mit der gemeinsamen Logistik passte. Der Verkehr war nicht sehr stark, bald würden sie zu Hause sein.

Vorhin hatte Hubert angerufen. Die Bürgersprechstunde würde wieder einmal länger dauern. Diesmal sei die gesamte Eigentümergemeinschaft aus der Erkendahlstraße bei ihm hereingeplatzt, es ging noch immer um die nicht genehmigungsfähigen Balkone. Manche Menschen wollten ganz einfach nicht verstehen, dass Bauvorschriften letzten Endes doch nur zu ihrem eigenen Wohl und nicht zur Schikane da waren. Eigentlich klang es wie eine typische Ausrede, wenn Männer ihre Frauen nach Feierabend betrogen, aber bei der Vorstellung, dass ihr Hubert eine Kollegin auf dem Schreibtisch flach legte, musste sie unwillkürlich lächeln. Das passte in etwa so, als wenn sich zwei Obdachlose unter einer Brücke über Aktienkurse austauschten. Außerdem war es ja sowieso gegen die Vorschrift.

Patrick packte seine Stullen aus. In der Mittagspause hatte er keinen Hunger gehabt, und auf das gemeinsame Abendessen nachher hatte er, wie er beim Zerknüllen der Alufolienreste unumwunden zugab, keine allzu große Lust.

Im Nu war das Innere des Autos mit dem Geruch von Wurst und Käse erfüllt, und Patrick schmatzte mit dauergelangweilter Miene vor sich hin. Brigitte schaute kurz zu ihm hinüber, als sie den Blinker betätigte. Er war sehr nach seinem Vater geraten. Auch seine kauenden Kiefer waren fast genauso behaart wie bei Hubert. Er hatte in letzter Zeit deutlich zugenommen, dafür nahm seine Lust zum Reden immer mehr ab. Aber auch Brigitte war mit eigenen Gedanken beschäftigt. Vor wenigen Tagen war es in der benachbarten Pestalozzi-Schule zu einer umstrittenen Aktion gekommen. Hintergrund war der hohe Anteil an Schülern mit Migrationshintergrund. Immer wieder kam es unter den Schülern zu Reibereien und Provokationen, die von der Presse gerne aufgegriffen wurden.

Zuletzt hatte sich eine Gruppe von Schülern mit Burkas verhüllt und vor dem Schuleingang ein Transparent mit der Aufschrift „Pestalozzi-Schule in 2025 – offen, vielfältig und tolerant" hochgehalten. Damit hatten sie es sogar bis in die Berliner Abendschau geschafft.

Ärgerlicherweise hatte sich auch an Brigittes Eichendorff-Gymnasium wenn auch nicht gerade Sympathie, aber doch augenzwinkerndes Verständnis für diese Aktion breitgemacht. Dies reichte sogar bis ins Lehrerkollegium hinein. Gott sei Dank war sie selbst nicht betroffen. Ihre Geschichtsklassen hatte sie bis auf ein, zwei rechte Eigenbrötler gut im Griff. Die Verständnisbekundungen waren aus dem Deutschkurs eines Kollegen gekommen. Es gab Äußerungen, die in der Schule einfach keine Schule machen durften. Sogar das Unwort „Überfremdung" war gefallen.

Patrick hatte seine Stulle inzwischen komplett verzehrt. Sein Mund war nunmehr zum Kommunizieren bereit. Dennoch war es Brigitte, die das Gespräch in Gang bringen musste.

„Wie war es heute auf der Arbeit?"

„Ziemlich laut, wie immer. Wir haben eine neue Kollegin, eine Türkin."

„Wow, wie alt ist sie denn?"

„Anfang zwanzig, schätze ich mal."

„Und, wäre das nichts für dich? Du und eine Türkin, das hätte doch was. Magst du dich nicht mal mit ihr verabreden?"

Patrick ließ ein unwirsches Brummen vernehmen. „Nicht wirklich." Er leerte hörbar seine Bierdose.

„Fühlt sie sich denn wohl unter euch Blaumännern?

Patrick reagierte nur mit einem müden Achselzucken.

„Scheint jedenfalls eine ziemlich große Klappe zu haben."

„Und, was ist daran verkehrt?"

Brigitte blickte wieder kurz hinüber. Eigentlich freute sie sich ja darüber, dass es mit der Fortbildung geklappt und Patrick schnell einen Job in einer Autowerkstatt gefunden hatte. Dass sie sich dennoch wieder einmal die Frage stellte, weshalb ihr eigen Fleisch und Blut nicht mehr zustande brachte, als an Autos herumzuschrauben und mit Anfang dreißig noch bei seinen Eltern zu Abend zu essen, war wohl ihrer angeschlagenen Stimmung zuzuschreiben.

„Wie sieht es denn nun mit einer eigenen Wohnung aus? Ich meine, nicht dass du bei uns nicht mehr willkommen wärst, aber es wäre ja für dich vielleicht auch nicht schlecht, Hotel Mama irgendwann einmal zu verlassen."

„Das sagst *du* jetzt."

Es entstand eine kurze Pause.

„Das sag ich immer wieder mal, aber du kannst dir natürlich auch Zeit lassen."

„Was bleibt mir denn übrig? Immer mehr Menschen latschen herein, das entspannt den Wohnungsmarkt auch nicht gerade. Allein nach Berlin kommen jedes Jahr zigtausende mehr als gehen."

Brigitte verdrehte die Augen. Es war ein zuverlässiger Reflex dafür, dass Patrick mal wieder bei seinem Lieblingsthema angelangt war.

„Bitte nicht schon wieder."

„Doch, schon wieder.

„Ja und, was willst du denn damit sagen? Lass sie doch kommen, das war schon zu allen Zeiten so. Sollen jetzt Menschen, die du gar nicht kennst an deinen Privatproblemen schuld sein? Wenn es zu wenig Wohnraum gibt, dann hat das andere Gründe. Immer mehr Wohnungen werden zu rein spekulativen Zwecken aufgekauft und luxusmodernisiert. Das ist der Hauptgrund und nicht Menschen, die Schutz und Hilfe brauchen. Aber ich habe keine Lust, das zum x-ten Mal durchzukauen."

Patrick brummte wieder. Es klang aber nicht wie ein Verlegenheitsbrummen, dazu bog der Brummton am Ende zu sehr nach oben ab. Es war vielmehr das Signal, dass er innerlich Anlauf nahm.

„Und dann, wenn sie saniert werden, wer kauft sie dann? Mein Chef hat mir gestern erst erzählt, dass seine

Nachbarin aus ihrer Wohnung raus muss, weil ein Arzt aus Teheran die Wohnung gekauft hat. Rausschmiss wegen Eigenbedarf, und das nach dreißig Jahren."

„Das kann gar nicht sein, da gibt es eine mehrjährige Schutzfrist, wenn Wohnungen den Eigentümer wechseln. Das sollte dein Chef eigentlich wissen."

Sie waren in einen leichten Stau geraten. So trug das Verkehrsaufkommen dazu bei, dass sie das Thema doch noch ausdiskutierten, bevor Patrick sich wie so oft aus dem Staub machen konnte.

„Von mir aus mit Schutzfrist, dann wurde die Wohnung vielleicht schon vor ein paar Jahren verkauft. Nenn es Globalisierung oder von mir aus auch „come together", jedenfalls muss sie jetzt raus, weil irgendwo im fernen Teheran ein Arztsohn Berlin hip findet."

Patrick unterdrückte nur halb einen Rülpser.

„Ja, und?"

„Ja, und was?"

„Wie auch immer, es geht jedenfalls nicht an, Menschen, die vor Krieg und Verfolgung flüchten, dafür verantwortlich zu machen, dass man den eigenen Hintern nicht hochkriegt. Sag mal, hast du von der Aktion an der Pestalozzi-Schule gehört?"

„So nebenbei. Wir haben gestern bei der Arbeit herzlich darüber gelacht."

„Aha, dann findest du es also gut?"

„Ich find's okay, sagen wir mal so."

Für den Rest der Autofahrt herrschte Stille. Nur noch Motor und Blinker machten sich bemerkbar.

Als sie ein paar Minuten später vor ihrem Haus in Lichterfelde wortlos ausstiegen, war das Klingeln des Telefons schon auf dem Bürgersteig zu hören. Der alte Apparat aus schwarzem Bakelit, ein Erbstück von Brigittes Großvater, dröhnte seit nunmehr drei Generationen durch alle Türen und sogar durch die Haustür hindurch.

Es war Richard vom Literaturkreis. Nach einem kurzen Wie-geht's-geplauder kam er schnell zur Sache. Er habe über die Teilnehmer mal ein wenig im Netz recherchiert. Auch über sie, Brigitte, habe er Spannendes in Erfahrung gebracht.

„Ahaa, und was?" wollte Brigitte wissen.

Na, dass sie eine tüchtige und engagierte Lehrkraft sei, aber mal im Ernst, es gehe um Lars, den Journalisten und Historiker.

„So, was ist denn mit dem?"

Richard räusperte sich leicht. „Ich will ja keinen falschen Eindruck erwecken, aber der veröffentlicht in einem ziemlich rechten Blatt."

„So, ausgerechnet der, unser Anstoßer und Gründer? Was für ein Blatt denn?"

„Nennt sich *Preußische Allgemeine*, ist laut Wikipedia der neurechten Publizistik zuzuordnen, so ein Leib- und Magenblatt für Vertriebene und Ewiggestrige."

„Ach was, und was schreibt der da so?"

„Na ja, es ist ein Reisebericht über eine Wanderung durch die Karpaten … oder halt, es ist die Hohe Tatra, vom Inhalt her eigentlich eher unverfänglich."

Brigitte rief sich Lars' Erscheinung ins Gedächtnis. Seinen dezent eleganten Sommerjanker, die Art, wie er mit der Faust mal das Kinn und mal die Wange abstützte, sein zu allen Stimmungslagen und Gesprächsthemen passendes und dennoch stets zurückhaltendes Grinsen. Natürlich war klar, dass rechte oder neurechte Gedankengutler sich nicht nur in Wahlkabinen bemerkbar machten. Irgendwo musste man dieser Spezies ja auch einmal persönlich über den Weg laufen, aber ausgerechnet in einem Lesekreis? Literatur zu mögen, das bedeutete doch in andere Lebenswelten einzutauchen, sich in Menschen hinein zu versetzen, anstatt sie pauschal abzuqualifizieren. Wie passte das zusammen? Am Ende gingen sie noch tatsächlich einem neuen Rechten auf den Leim. Brigitte befand sich nun doch im Alarmmodus.

„Hallo, Brigitte, bist du noch da?"

„Ja, natürlich."

„Das muss alles erst einmal nicht viel heißen. Wahrscheinlich machen wir uns Gedanken um nichts. Ich hatte hin und her überlegt, ob ich das überhaupt schon gleich nach dem ersten Abend thematisieren soll", fuhr Richard fort, „aber bei dir habe ich am ehesten den Eindruck, dass du für das Thema empfänglich bist."

„Das bin ich auch, aber wie du schon sagst, wir sollten erst mal nichts überstürzen. Aber wachsam sollten wir schon sein, da gebe ich dir recht. Diese Typen wittern ja gerade wieder Morgenluft."

„Ganz genau. Zuerst habe ich dem auch nicht so viel Bedeutung beigemessen, aber je mehr ich gerade darüber nachdenke, desto beunruhigender finde ich das, muss ich gestehen."

Sie beendeten das Gespräch mit einem einvernehmlichen „Tschüss, bis zum nächsten Treffen".

Brigitte ging in die Küche, die Feinkostsachen wollten eingeräumt werden. Natürlich rührte ihr Sohn mal wieder keinen Finger. Er war längst in seine Kellerwohnung verschwunden. Immer blieb es an ihr hängen.

7.

Auf dem Tisch stapelten sich Bücher zu wahren Türmen: Romane, politische Bücher, Bücher über Medizin und Gesundheit. Lars hatte sie der Reihe nach abzuarbeiten. Er wischte die Umschläge sauber, schmirgelte die Schnittkanten ab und preiste die Bücher aus. Danach würde er die Regale im Verkaufsraum mit ihnen bestücken.

Lars tat dies unentgeltlich. Er arbeitete für „Carity", eine Wohltätigkeitsorganisation, die in vielen Filialen Bücher, Hausrat, Klamotten und mehr verkaufte. Es waren Second-Hand-Boutiquen mit ansprechendem Sortiment und hellem Interieur. Die Sachen waren ausschließlich gespendet und die erwirtschafteten Überschüsse gingen zum großen Teil nach Afrika. Wohin genau, wusste Lars gar nicht einmal zu sagen. Afrika war groß und vielfältig, und der Bedarf an Spenden war es wohl auch. „Geht an Projekte in Entwicklungsländer", diese Allzweckparole genügte, wenn ihn Kunden auf das Thema ansprachen.

Heute arbeitete er mit Simone und Renate zusammen. Simone studierte Orientalistik an der Humboldt-Universität und hatte dazu noch einen Job als wissenschaftliche Hilfskraft. Renate war schon älter und schien dem Milieu der bereits kinderverlassenen, aber immer noch haltenden Ehen zu entstammen. Sie tat gerade Dienst an der Kasse. Gleich würde Lars sie dort ablösen.

Simone betreute den Bereich „Dies und Das", der vom Designerfeuerzeug bis zu schräg geformten Espressotassen reichte. Ihre rauchige Stimme hatte etwas Resolutes. Heute lief sie in ihrer Hose mit besonders tief eingezogener Pospalte herum. Vermutlich war diese textile Pointe weniger an ihn, sondern an den männlichen Teil der Menschheit ganz allgemein gerichtet, aber so ganz wusste man bei Frauen ja nie. Auch wenn es Lars alles andere als leicht fiel, so beschloss er dennoch, sich einfach nicht angesprochen zu fühlen und derartigen Dauerinszenierungen die gleiche Bedeutung wie einem Paar Sandalen zukommen zu lassen.

Kurz nachdem Lars Renate an der Kasse abgelöst hatte, schneiten Ingeborg und Georg herein. Sie seien zufällig gerade in der Nähe und wollten einfach mal vorbeischauen. Ob Lars nicht Lust habe, nach Feierabend mit ihnen im „Atlantis" eine Kleinigkeit essen zu gehen?

Lars hatte die beiden vor einem Jahr auf einer Reise durch die südfranzösische Provence kennengelernt. Aus einer zufälligen Nachbarschaft im Appartement-Hotel waren schnell gemütliche Rotwein-Abende geworden. Gemeinsam hatten sie in einem Mietwagen die Schönheiten der Region bewundert, die weiten Ausblicke und die ockerbraune Stadt Gordes, die wie kaum ein anderer Ort in der Region Zierde einer traumhaften Landschaft war. Nach ein paar Tagen schon war auch die politische Lage in Deutschland zur Sprache gekommen. Die beiden hatten aus ihrer Abneigung gegen Linke und Grüne und überhaupt gegen eine Kanzlerin, die nur darauf aus sei, Everybody's Darling zu sein, immer weniger einen Hehl gemacht. Lars hatte in manchen Punkten Zustimmung signalisiert, aber nicht in allen. Bei der Wahl im Herbst erwogen sie ernsthaft, der *AfnP*, der *Alternative für eine neue Politik*, ihre Stimme zu geben. Es passiere einfach zu viel, was eigentlich nur noch in die Rubrik „Das darf doch wohl nicht wahr sein" gehöre.

Lars störten solche klaren Bekenntnisse überhaupt nicht, im Gegenteil, er empfand sie als Vertrauensbeweis, gerade weil er mit den beiden nicht immer ein und derselben Meinung war. An Georg schätzte er neben seiner Geradlinigkeit vor allem seinen Humor. Wenn seine Lust auf politische Verärgerung Pause machte, konnte sein Lachen durchaus ansteckend, ja sogar ein Kickstarter der guten Laune sein. Beide gingen gerne ins Kino. Besonders Ingeborg war leidenschaftliche Cineastin.

Sie kaufte ein elegantes weinrotes Leinenjackett, bevor sie Lars das Versprechen abnahm, nachher ins „Atlantis" zu kommen. Es liege ja gleich um die Ecke.

Während der restlichen Nachmittagsschicht war Lars gut beschäftigt. Blusen, Grappa-Gläser und eine Salatschleuder gingen über die Ladentheke. Auch wenn er den Job nur ehrenamtlich machte, so war die Arbeit für ihn dennoch nicht umsonst. Immer wieder steckte ihn die überwiegend weibliche Kundschaft mit ihrer Schnäppchenfreude an, so übertrug sich die gute Kauflaune auch auf ihn.

Wie so oft schweiften seine Gedanken zu dem Lesekreis, genauer gesagt, zu Hendrike ab. Mehr als er wollte, musste er an sie denken. Obwohl sie keine Superschönheit war, gefiel sie ihm gut. Vielleicht lag es ja gerade an ihrer unbekümmerten, manchmal naiv wirkenden Art. So jemand wie Hendrike erschien durchaus geeignet, sein nun schon unfreiwillig lange währendes Singledasein zu beenden, theoretisch jedenfalls. Lars mochte ihren Mund, der sich oft in einer drolligen Schräglage befand, und der, je schiefer er zwischen ihren Kiefern hing, einen immer näher rückenden Lachausbruch ankündigte.

War Hendrike so naiv, wie sie gerne tat? Tänzelte sie wirklich durch das Leben, als gäbe es keine Gemeinheit auf der Welt? Aber wenn schon, er, Lars würde sie schon zu erden wissen, mit guten Literaturtipps zum Beispiel, gab es doch jede Menge Autoren, welche die Lebenswirklichkeit regelrecht bei den Hörnern packten. Da brauchte Hendrike das Leben nur nachzulesen und er, Lars, konnte der Berater sein, sozusagen der Lesecoach für die Lesecouch. Aber der Altersunterschied war wohl doch zu groß. Außerdem schienen sie und der Arzt ein Paar zu sein. Wieso sollten sie sonst gemeinsam kommen und gemeinsam wieder gehen?

Mit dem „Atlantis" hatten Ingeborg und Georg eine gute Wahl getroffen. Das Lokal hatte eine lange Tradition, eine lange Theke und überhaupt ein kreatives Interieur. Tische und Barhocker waren metallisch eingefasst. Überall hingen Bilder, meist mit surrealistischem Inhalt, denn das Lokal war Café, Bar, Restaurant und Galerie in einem. Es war eine spannende, wenn man so wollte typisch Kreuzberger Mischung.

Als Lars eintrat, hatte Georg seine kulinarische Entscheidung bereits getroffen.

„Heute Abend bin ich mal spitzfindig, ich genehmige mir einen Tafelspitz."

„Ich auch", pflichtete Ingeborg aufgeweckt bei.

Lars fühlte sich bemüßigt, sogleich darauf hinzuweisen, dass bei Tafelspitz allerlei schiefgehen könne. Wenn das Fleisch ein paar Minuten zu lange koche, sei es aus, dann sei er stumpf, der Tafelspitz.

„Ach, immer dein Pessimismus."

Alle drei lachten. Es war ein nonverbales Schulterklopfen. Was es Neues gebe?

Ingeborg und Georg seien gestern im Kino gewesen. Eine Komödie über eine, wie Georg sich ausdrückte, Körnerfresser-WG aus der Zeit der Anti-AKW-Bewegung. Sie hätten sich köstlich amüsiert. Georg gab sogleich eine Kostprobe zum Besten.

„Warum laufen Politiker von den Grünen gerne nackt im Garten herum? Na?"

„Keine Ahnung." Das stimmte auch, Lars wusste tatsächlich nicht warum.

„Damit die Tomaten auch schön rot werden."

Georg fletschte die Zähne.

„Weißt du, warum die Grünen gerne Brot mit auf die Toilette nehmen? Um die WC-Enten zu füttern", legte Ingeborg nach.

„Hmm …"

„Was heißt „Hmm"?"

„Dafür habt ihr zehn Euro Eintritt bezahlt?"

Ja, hatten sie. Da seien die Linken und die Grünen mal so richtig auf die Schippe genommen worden, das sei geradezu eine Erholung gewesen, nicht wie dieser Einheitsbrei, der sonst über die Leinwände und Bildschirme flimmere. Wenn er, Georg, allein an den letzten *Tatort* dachte, politisch korrekt bis zum Geht-nicht-mehr. Wie wacker die Kommissarin nicht nur gegen die Unterwelt, sondern auch gegen Rassismus und Sexismus und wer weiß noch was für Ismen angekämpft habe. Jeder zweite Fernsehkrimi zupfe und zerre nur noch an der Gesinnung herum, sei pure Indoktrination.

„Da greift die Weisheit des guten alten Goethe: Man merkt die Absicht und ist verstimmt", pflichtete Lars allgemeinbildend bei.

„Das kannst du laut sagen, Erziehungsfernsehen vom Feinsten."

Ingeborg klappte die Speisekarte wieder zu, um einem weiteren Ärgernis Luft zu verschaffen. Der Kinderbuchautor Ottfried Preußler solle rassistische Klischees verbreiten, und von der Lektüre des kleinen farbigen Jim Knopf werde nun auch dringend abgeraten, stünde in der *Zeit*. Also irgendwie erinnere sie das immer mehr an die chinesische Kulturrevolution. Apropos chinesisch, sie warte nur darauf, dass das Lied *Drei Chinesen mit dem Kontrabass* als Aufforderung zum Racial Profiling gewertet werde. Schließlich hockten die Chinesen doch ganz harmlos auf der Straße herum und wurden von dem Polizisten nur deshalb angesprochen, weil sie Chinesen waren.

Na ja, erst einmal freuten sie sich auf ihre Polenreise, Danzig, Marienburg, Thorn. Es sei bestimmt eine schöne Abwechslung, zwei Wochen lang mal kein Kopftuch zu sehen. Das stellten sie sich eben auch unter Vielfalt und Buntheit vor: noch kopftuchfreie Länder.

Auch Ingrid und Georg lasen für ihr Leben gern und für einen Moment versuchte Lars, sich die beiden in seinem Lesekreis vorzustellen. Er sah in Gedanken, wie sie mit den anderen am Tisch saßen, aber es wollte in seine Vorstellungswelt nicht so richtig hinein passen, waren die beiden doch nur von schroff ablehnenden Mienen umgeben.

Dann kam das Essen. Lars war selbstverständlich eingeladen.

Eine Stunde später war Lars auf dem Weg nach Hause. Es war ein angenehm warmer Sommerabend. Die Bürgersteige quollen von flanierenden Menschen geradezu über.

Übermorgen ging es los mit dem Lesekreis, da war das erste offizielle Treffen bei Michael, dem Arzt. Sie würden *Der Trafikant* von Richard Seethaler besprechen. Es ging um einen jungen Mann, der nach dem Anschluss Österreichs im Jahr 1938 das Erstarken der Nazis am eigenen Leib zu spüren bekam und so ganz nebenbei noch Bekanntschaft mit dem gealterten Siegmund Freud machen durfte. Lars hatte den Roman gestern zu Ende gelesen. Er wusste noch nicht so recht, was er dazu sagen sollte, aber ihm würde schon etwas einfallen. Immerhin war der Vorschlag von Hendrike gekommen, was Lars durchaus angenehm überrascht hatte. Ganz so unbedarft wie sie gerne tat, schien sie in literarischer Hinsicht wohl doch nicht zu sein.

Er dachte wieder über Georg und Ingeborg und ihre unverhohlene Sympathie für die *AfnP* nach. Natürlich hatte auch er sich immer wieder Gedanken gemacht, war aber noch nicht zu einer klaren Haltung gekommen. Diese Partei hatte eine Landtagswahl nach der andern gewonnen und würde es wohl auch in den Bundestag schaffen. In den Talkshows und im Blätterwald herrschte große Aufregung, und Lars fragte sich -zumindest manchmal – warum eigentlich.

Auch sein Kiez hatte sich seit Beginn der Flüchtlings-krise deutlich verändert. Dunkle Bärte und Hijabs waren praktisch über Nacht heimisch geworden. Nun bescheinigten Politiker und Vielfaltsforscher, dass ihn, Lars, diffuse Ängste und dumpfe Ressentiments plagten oder waren es dumpfe Ängste und diffuse Ressentiments? War es so, hatte er tatsächlich Ängste, oder war es nicht einfach nur Unbehagen, und war dieses Unbehagen am Ende nicht auch begründet? Welchen Beitrag sollte eine Kultur, in der Homosexualität gelinde gesagt nicht gerade hoch angesehen war, zu einer offenen und toleranten Gesellschaft leisten? Und was ausgerechnet für ihn so bereichernd daran sein sollte, wenn Frauen von vornherein kaum oder zumindest nur eingeschränkt kontaktierbar waren, erschloss sich ihm auch nicht so ganz.

Die anderen Parteien, auch die CDU, schienen die potenziellen Risiken einer unkontrollierten Zuwanderung kurzerhand aus ihrer Agenda gestrichen zu haben. Nun regten sie sich auf, wenn eine neue Partei solche Themen besetzte, und begnügten sich im Wesentlichen damit, deren Wähler als demokratiefeindlich zu beschimpfen.

Andererseits bot die *AfnP* durchaus Angriffsflächen, insbesondere was das Verhältnis zur jüngeren deutschen Geschichte anging. Immer wieder jonglierten Funktio-näre mit angebräuntem Jargon herum, schwadronierten von Volkswille und Volkskörpern, was Lars nicht nur als studierter Historiker alles andere als geheuer war. Inwieweit ließen sich begründeter Zweifel und Skepsis recht-fertigen, wenn man auf dem Wahlzettel offen nationa-listisches Gedankengut von vorgestern mit unterstützte?

Wie würde zum Beispiel sein Freund Tobias Moretin, ein erklärter Linker, oder der Lesekreis damit umgehen, wenn er, Lars, zumindest in Teilen Verständnis für diese Partei und deren Wähler signalisierte?

Lars hatte inzwischen bei Wahlen so ziemlich alle Parteien durch. Erst waren es die Grünen gewesen und einmal sogar die Linken, als Umweltschutz und soziale Gerechtigkeit für ihn noch Herzensanliegen waren. CDU und FDP sollten erst später an die Reihe kommen, als er von seinem selbstverdienten Geld doch mehr für sich behalten als umverteilt sehen wollte. Eine Situation wie die jetzige war vollkommen neu. Wo war die Partei, die begründete Vorbehalte ernst nahm, ohne dass sie dabei allzu große Kollateralschäden anrichtete?

Es gab einfach keine unumstößlichen und allgemeingültigen Gewissheiten mehr, das war das Problem. Die Wahrheit hatte sich auf viele Parteien verteilt. Nahezu jeder Politiker, der sich in Talkshows oder im Parlament aus dem Fenster lehnte, hatte zumindest ein Stück weit recht, ganz gleich aus welcher Ecke er kam. Auch die Dachkammerpublizisten im Internet hatten Hochkonjunktur. Sie entführten ihre Anhänger, Follower hieß das heute, in ganz eigene Gedankenwelten, die aber auch nicht immer ganz ohne Wahrheit waren.

Wie auch immer, der politische Wettstreit würde sich neu erfinden müssen. Die Herrschaft der Gemütlichkeit und der Kaminplauderei war zu Ende. Von nun an würden Meinungen unverblümter und ehrlicher aufeinanderprallen, und das war gut so, fand Lars jedenfalls.

8.

„Wenn ein Baum ein stabiles Einkommen garantiert, wird er nicht abgeholzt", so stand es auf der Verpackung der Salzkaramell-Schokolade geschrieben. Die Schokolade war aus Haiti und fair gehandelt, wenn man dem Text auf der Verpackung glauben wollte. Lars hatte sie für den Lesekreis als kleine Dessertzugabe mitgebracht.

Das Abendessen aus der Designerküche war durchaus üppig ausgefallen. Saltimbocca alla Romana hatte es gegeben, Kalbssteaks mit Parmaschinken und Salbeiblättern. „Saltimbocca", das hieß wörtlich übersetzt „Spring in den Mund", und das, was Gastgeber Michael hier zubereitet hatte, war wirklich direkt vom Teller in den Mund gesprungen.

„Da schmeckt man doch gleich die artgerechte Tierhaltung, garantiert sanfte Hausschlachtung, in Anwesenheit einer Bezugsperson."

Während alle anderen lachten, goss Richard sich Rosé ein, um dann mit sanftem Nachdruck zum eigentlichen Zweck des Beisammenseins überzuleiten: „So, jetzt sollte es aber endlich losgehen mit der Literatur, vielleicht kann Hendrike ja anfangen?"

„Ja, du hast die Idee mit dem Seethaler gehabt, deshalb sollst du anfangen", pflichtete Brigitte bei, die sich ebenfalls Wein nachgoss.

Erst jetzt fiel Lars ihre neue Frisur auf. Die Haare zipfelten nun regelrecht auf ihrem Kopf herum. Es sollte wohl kreativ und originell aussehen, kam aber gegen den Welt-schmerz in ihren Augen nur bedingt an.

„Also Hendrike, wie hat dir der *Trafikant* von Seethaler gefallen?"

„Apropos Seethaler, der wohnt ja gar nicht weit weg von hier. Ich meine, ihn erst kürzlich in der Markthalle gesehen zu haben." Lars sprach noch mit einem letzten Rest Salzkaramellschokolade im Mund. Dadurch klangen seine Worte weich und geölt, und genau so war es auch von ihm beabsichtigt.

„Und, habt ihr euch gut unterhalten? Ihr seid ja beide von der schreibenden Zunft, seid ja sozusagen Kollegen."

Michael unterlegte die Frage mit schelmischem Grin-sen. Er stand auf, um ein hinter ihm hängendes Portrait-foto geradezurücken. Erst jetzt fiel Lars das Bild auf. Es zeigte eine gutaussehende Frau mit langen dunkelbrau-nen Haaren, soweit Lars das quer über den Tisch hinweg erkennen konnte. Also trug Dr. Michaels Lebensgefährtin womöglich doch keinen Bubikopf?

„Ach ich glaube, der redet nicht mit jedem." Lars brach ein weiteres Stück von seiner Schokolade ab und schob sie dann zur Mitte des Tisches zurück.

„Das kann gut sein, aber jetzt sollte es weniger darum gehen, was er sagt, sondern was er schreibt", ging Brigitte wegweisend dazwischen. „Also Hendrike, raus mit der Sprache, wie findest du's?"

Hendrike blickte betont schüchtern in die Runde. Als sie Lars ansah, zog sie den Kopf ein kleines Stück ein, was wohl als Demutsgeste gemeint war. Schließlich hatte er ja die Gruppe ins Leben gerufen, und ausgerechnet jetzt, gewissermaßen zu ihrer Premiere, saß sie ihm genau gegenüber.

„Ich weiß gar nicht so recht, was ich sagen soll, hoffentlich sage ich nichts Banales."

„Ach was, nur Mut", feuerte Lara sie an. Hendrike nippte noch einmal an ihrem Rosé und räusperte sich melodiös.

„Also, mir hat das Buch sehr gut gefallen. Es erzählt sehr einfühlsam, wie es einen jungen Mann von gerade mal siebzehn Jahren aus der Provinz in die große Hauptstadt verschlägt und wie dort alles über ihm zusammenbricht. Er spürt seine Verlorenheit. Die Nazis kommen auf, und er ist all dem nicht mehr gewachsen. Ich finde, die Sprache passt auch dazu."

Sie räusperte sich erneut und blickte wieder verlegen von einem zum anderen. „Dann hat mir auch die Liebesgeschichte gut gefallen. Ich konnte mich so gut in den Jungen hineinversetzen. Zum geschichtlichen Hintergrund kann ich nicht so viel sagen, ich glaube, das können andere hier besser."

„Jetzt mal nicht so bescheiden, du hast den Text super erfasst", sagte Richard, während er den letzten Rest der Schokolade vom Tisch wegzog.

Michael konnte sich Hendrikes Einlassung nur anschließen. Die Psychologie könne durchaus langweilig, mitunter aber auch dramatisch sein und das hier, das sei Dramatik vom Feinsten. Die Liebe als ganz privater und doch so gewaltiger Gegenentwurf zum aufziehenden Faschismus, das sei toll umgesetzt.

Bevor Lara ihren Beitrag zum Thema leistete, machte sie sich zunächst anderweitig nützlich. Sie sammelte unter leisem Klappern die Teller ein und stellte sie auf die Arbeitsplatte neben dem Herd, wo sie sich mit den gebrauchten Töpfen zu einem gewaltigen Panorama aus kulinarischer Vergänglichkeit vereinigten. Sie trug heute ein elegantes Freizeitkleid, dreiviertellang, bis zum Knie und mit endlos vielen kleinen Zitronen übersäht. Was sollten die Zitronen ausdrücken, sinnierte Lars. Vielleicht, wie bittersüß das Leben im Allgemeinen und die Literatur im Besonderen doch sein konnten?

An den Tisch zurückgekehrt, hielt Lara es für angebracht, erst einmal ein passendes Zitat aus dem Text vorauszuschicken: „Je länger sich die Tage ziehen, desto kürzer kommt einem das Leben vor, und was tun die Leute, um das Leben zu verlängern und die Tage zu verkürzen? Sie reden, plappern, plaudern und erzählen', so steht es auf Seite zweihundertsiebenunddreißig geschrieben, machen wir doch auch, oder?" Sie lächelte lustig in die Runde hinein. Ihr osteuropäisches R rollte verschmitzt. Ansonsten habe sie den Äußerungen von Michael und Hendrike nicht viel hinzuzufügen. Man spüre die Entwicklung, man spüre, wie der junge Franz an seiner Zeit wachse, wie er sich an ihr reibe, vor allem aber, wie er kämpfe, erst um seine Liebe, dann um sein Leben. Die Sprache passe, mal sei sie poetisch, mal realistisch und brutal, auch da war Lara sich mit Michael und Hendrike einig. Das Buch werde sie noch lange beschäftigen.

Obwohl sie, wie Lars fand, vom Tonfall her etwas monoton gesprochen hatte, schien Lara dennoch zu den seltenen Exemplaren zu gehören, die in freier Rede ganz ohne Ähs und Ähms auskamen.

„Wow, na das nenn ich mal ein Statement, super." Richards verbaler Applaus drang tief in Lara ein. Ihre Augen verschwanden für einen kurzen Moment unter den Lidern, dann blitzten sie intensiv zurück.

Nun war Lars an der Reihe, zuvor wollte er aber noch kurz auf die Toilette. Vielleicht fiel ihm dort ja noch was ganz Schlaues ein. Und ja, es fiel ihm in der Tat etwas ein, nämlich, dass er Lust auf eine Gegenposition bekam. Eigentlich hatte es ja auch eine eher positive Bewertung sein sollen. Da aber bislang alle Bewertungen positiv waren, entschied sich Lars, im Kanon der Ansichten für ein wenig Abwechslung zu sorgen, was durchaus nicht abwertend gemeint war. Es ging ihm vielmehr darum, die bisherigen Blickwinkel kritisch zu erweitern, das war alles, nicht mehr und nicht weniger.

Er begann mit dem Hinweis, dass er sich mit dem Thema als solchem immer schwerer tue, gerade weil die historischen Fakten in ihrer Unumstößlichkeit ja immer nur die ewig gleiche Einteilung in Gut und Böse erlaubten. Von daher sei auch dieser Roman von vornherein dazu verurteilt, für sich betrachtet wenig Neues zu bieten. Die Einteilung in böse Nazis und gute Opfer sei gewissermaßen gängiges Repertoire, ja literarisches Naturgesetz geworden.

„Und nun, welche Einteilung möchtest du denn haben?

Außerdem gibt es zu dem Thema durchaus Grauzonenliteratur, die eben nicht nach dem Schwarzweißschema sortiert, *Der Vorleser* von Bernhard Schlink zum Beispiel." Brigitte setzte ein leicht maßregelndes Gesicht auf und auch Richard sah Lars mit reservierter Miene an.

„Gut, von mir aus" fuhr Lars mit einsichtigem Tonfall fort. „Was nun das Werk konkret angeht, da wimmelt es an Klischees. Da gibt es den guten alten Kiosk-Besitzer, der im Ersten Weltkrieg ein Bein verloren hat und mutig und brav für seine Überzeugung stirbt. Der obligatorische Nazigrobian ist ausgerechnet Metzger von Beruf, damit er Nazigegner mit Tierblut vollspritzen kann. Ein Kommunist opfert sich heldenmütig, stürzt sich um seiner Ideale willen in den Tod. Siegmund Freud macht den netten Plauder-Opa von nebenan, mit Brille auf der Nase und Zigarre im Mund. Dann kommt noch die Tanzboden-schönheit, die dem jungen Franz ganz emanzipiert an den Hintern greift. Ich weiß nicht so recht. Das wurde schon gefühlte tausendmal gelesen und geschrieben.

„Sehe ich nicht so", setzte Brigitte zu ihrem nächsten Einwurf an, „und außerdem finde ich es gut, dass das Thema immer wieder neu angegangen und wach gehalten wird, gerade jetzt, in der heutigen Zeit."

Dass Lars seinen Ausführungen nichts mehr hinzuzufügen hatte, lag vor allem daran, wie Richard ihn unentwegt musterte.

Richard warf einen kurzen Blick auf seine Armbanduhr. Das Teil verriet schon von weitem, dass es viel über den Besitzer aussagte, während Lars' Minicomputer mit Informationen über Kalorienverbrauch, Herzschlag und sonstigem Tinnef aufwartete. Lars hatte bis vor kurzem eine schöne Vintageuhr besessen, sie aber in der Umkleidekabine des Hallenbades Neukölln liegen lassen. Seine Trauer darüber hielt noch immer an. Dass er einem Unbekannten ganz bestimmt eine große Freude gemacht hatte, half nur wenig. Er ließ seinen Zeit- und Kalorienmesser unter dem Ärmel verschwinden.

„Unter dem dünnen Firnis der Zivilisation lauert die Barbarei, und die Barbarei bekommt in dem Werk klare Konturen. Das macht es wichtig und lesenswert", fuhr Brigitte fort und Michael machte sich, ganz wie bei einem Patientengespräch, aufmerksam Notizen.

9.

Das Bad war ein altbautypisches Schlauchbad, nicht gerade nobel, aber doch geschmackvoll. Eine Bordüre aus dunkelblauen Wellen zierte die pistaziengrünen Fliesen. Die Kräuter dufteten angenehm. Die Werbebotschaften hielten Wort, dufteten Lavendel und Baldrian doch sehr angenehm. Ein leises Plätschern leckte zärtlich an Laras Wohlbefinden herum.

Lara zog ein Bein aus dem Wasser, um dessen Anblick zu genießen. Ihre Beine waren immer noch schön und würden es bleiben. Das verschaffte Selbstvertrauen, sogar hier. Morgen würde sie ein Kleid mit langem Seitenschlitz anziehen, damit auch die Umwelt ein paar dosierte Appetithäppchen abbekam. Allerdings nicht für den Lesekreis, sondern fürs Shoppen mit ihrer besten Freundin Milena. Im Lesekreis würde das bei den Männern nur unnötige Verwirrung stiften. Wo über Bücher diskutiert wurde, hatten solcherlei Ablenkungen nichts verloren.

Zurzeit hatte sie ihr Seminar „Bürostuhl und Chefsessel – zwischenmenschliche Beziehungen erfolgreich gestalten" in einem Start-up-Unternehmen am Laufen. Die Firma mit dem Namen „Schouh-Bidouh" hatte sich auf den Versand von sehr teuren Schuhen spezialisiert und gerade den Sprung vom Werden zum Wachsen geschafft. Ein Paar Damenstiefel in Straußenleder für siebenhundert Euro gehörten zum mittleren Sortiment. Sieben Führungskräfte und ein noch relativ junger Chef wollten nun beraten werden, wie sie ihre Kommunikation am besten gestalteten. Wie ließ sich ein Klima der Wertschätzung nicht nur schaffen, sondern auch erhalten?

Dass Wünsche und Erwartungen nach Möglichkeit in Frageform formuliert werden sollten, war ja fast schon eine Selbstverständlichkeit. Wichtig war es, auch in schwierigen Konfliktsituationen eine K.-O.-Rhetorik unbedingt zu vermeiden, denn diese vergiftete das Klima. Auf der Beziehungsebene würde es dann keine Annäherung mehr geben. Dies führte zu inneren Kündigungen und die waren teuer.

Wenn man schon früh auch über private Dinge, Reisen, Kinder, Partner plauderte, dann konnte sich das als wirksamer Kniff erweisen. Damit signalisierte man dem Gesprächspartner, dass man ihn der persönlichen Nähe für würdig hielt. So ließ sich ein Vertrauensvorschuss aufbauen, hinter den man auch in kritischen Situationen nicht mehr so ohne Weiteres zurück konnte. Das würde sie den Seminarteilnehmern als allererstes vermitteln.

Sie lehnte sich bis zum Hals in das warme Wasser zurück. Das Plätschern wurde durch den Bass blubbernder Luftblasen untermalt, es musste wohl an der Körperhaltung liegen.

Ja sie, Lara, geborene Costeanu, und das Konfliktmanagement, sie waren schon ein Paar. Schon bald nach ihrer Übersiedlung nach Deutschland hatte sie ihr so wichtiges Talent in taugliche Bahnen gelenkt. Ausgangspunkt war der verfahrene Streit ihrer Freundin Milena mit deren Ehemann während eines Urlaubs in Dänemark gewesen. Es hatte mit unterschiedlichen Ansichten über

Umfang und Qualität der täglichen Ferienhausreinigung begonnen und mit Milenas Beinah-Abreise geendet. Lara war es gelungen, festgefahrene Konfliktmuster offen zu legen, erklärbar zu machen, Einblicke in die Fehlzündungen der Gehirnsynapsen zu geben.

Zwar hatte es sich bei der häuslichen Minderleistung ihres Mannes um eine unbestreitbare Tatsache gehandelt, aber Lara hatte Milena immerhin klar machen können, dass diese nicht zuletzt deshalb mit Lappen und Scheuermittel in Vorleistung ging, um ihren Mann des Mangels an häuslichem Fleiß regelrecht überführen zu können. In der Dünenwelt auf Bornholm hatte, wenn man so wollte, ihre Karriere als Mediatorin begonnen.

Eine weitere Stärke war, wie Lara ihren Job auch philosophisch anzureichern verstand. Erfolgreich kommunizieren, zu dem Thema hatten die Philosophen wahre Fundgruben hinterlassen. Mit der Zeit hatte sie einen regelrechten Instrumentenkasten aus griffbereiten Zitaten angehäuft. Manchmal mussten Worte, wenn nicht laut, so doch klar sein, um gehört zu werden, manchmal aber musste man sie auch leise machen, um unerwünschte Nebenwirkungen zu vermeiden.

Gleich würde sie noch in dem Buch *Die Ladenhüterin* der japanischen Autorin Sayata Muraka lesen. Eine Freundin hatte lange Zeit in Japan gelebt, von ihr hatte Lara den Tipp bekommen. Bisher gefiel ihr das Buch gut. Es ging um eine etwas spleenige Verkäuferin in einem kleinen, kauzigen Laden, die mit Mitte dreißig noch immer nicht verheiratet war. In einem doch eher konservativen

Land wie Japan konnte sich das für eine Frau als durchaus problematisch erweisen. Es war angenehm trocken und in einem lakonischen Tonfall geschrieben. Vielleicht würde sie es beim nächsten Lesekreistreffen vorstellen. Es ließ sich ja nicht schlecht an mit der Runde. Die erste reguläre Zusammenkunft bei Michael war durchaus vielversprechend gewesen. Wie bei einem Reißverschluss hatten Beiträge und Analysen ineinandergegriffen. Allein Brigitte mit ihrem Hang zur Doziereritis war ihr ein wenig auf die Nerven gegangen. Warum konnte man andere Meinungen nicht einfach so stehen lassen, ohne gleich darüber zu richten, ob sie richtig oder falsch waren?

Das Telefon klingelte und Lara rutschte beim Aussteigen aus der Wanne fast aus. Hendrike rief an und kam auch gleich zur Sache: Sie, Lara, habe beim Lesekreis wieder so ein tolles Kleid angehabt, ob das auch eine Eigenmarke sei.

„Wahnsinn, wovon lässt du dich bloß inspirieren dabei?"

Vom Kommunismus ließ Lara sich inspirieren.

„Vom Kommunismus?"

Ja, vom Kommunismus, die kommunistische Mangelwirtschaft habe sie zum Selbernähen inspiriert. Wenn verblödete Ideologiegreise sich anmaßten, anderen vorzuschreiben, was sie kaufen durften und was nicht, dann sei das Selbermachen geradezu ein Akt des inneren Widerstandes, besonders wenn es um schöne Kleidung ging. Das verstand Hendrike voll und ganz.

Lara wollte wieder in die Wanne zurück und beendete deshalb mit einem freundlichen „Lass uns ein andermal telefonieren" das Gespräch.

Eigentlich war sie ja ganz süß, die Hendrike, vielleicht würde sie sich sogar mit ihr anfreunden und ihre Nähkenntnisse an sie weitergeben. Es gab ja viele geschmackvolle Sachen, die auch eine Anfängerin nähen konnte, Wickelkleider für den Frühling zum Beispiel. Die Schnittmuster waren für ein paar Euro zu kaufen, mit übersichtlichen Schnittteilen und Hinweisen für Naht- und Saumzugaben.

Lara ließ warmes Wasser nachlaufen. Einen Blick in den Ganzkörperspiegel suchte sie nach Möglichkeit zu vermeiden, wenn sie hüllenlos war, brachte dieser doch unbarmherzig Ausbuchtungen und Wölbungen dort zutage, wo sie nicht hingehörten. Dennoch war sie alles in allem mit ihrer Figur zufrieden. Der regelmäßige Blick auf Kalorientabellen zahlte sich eben aus. Von nichts kam eben nichts.

Nachdem sie wieder in ihre plätschernde Wohlfühlzone zurückgekehrt war, ging sie die Männerriege im Lesekreis noch einmal durch. Michael war als Arzt naturgemäß interessant, aber anscheinend nicht mehr zu haben. Lars war nicht so ganz ihr Fall. Er sah nicht schlecht aus und schien auch ein Mindestmaß an Stil und Geschmack zu haben. Aber irgendwas stimmte mit ihm nicht. Er wirkte auf sie wie eine Schublade voller schwieriger Themen, die man gar nicht oder zumindest nur schwer aufbekam. Männer wie er verbrauchten mehr Energie, als sie zurückgaben, und das war so ziemlich das Letzte, was sie suchte. Lars war ihr suspekt.

Beim Gedanken an Richard wurde ihr wieder einmal klar, was sie zurzeit und im Augenblick am meisten vermisste: jemanden, der sie wortlos abtrocknete oder der sie einfach nur lustvoll ansah, wenn sie sich, wie vorhin beim Telefonieren, über den Schreibtisch beugte und ihre Waden sich gegenseitig streichelten, jemand, der ihre Erregung rhythmisch aufpumpte, bis sie in Gestalt von wunderbaren Höhepunkten regelrecht zerplatzte.

Seit ihrer Trennung hatte es diesen jemand nicht mehr gegeben. Auf Kompromisse ließ Lara sich nicht ein. Irgendjemand war für sie niemand. An Abteilungsleitern und Personalern, bei denen der berufliche Erfolg mit solidem sexuellem Selbstbewusstsein einherging, mangelte es wahrlich nicht. Aber die allermeisten waren verheiratet, und mit gebundenen Männern hatte sie von vornherein wenig am Hut.

Eine rühmliche Ausnahme war ein netter, sensibler Betriebspsychologe gewesen, der ihr nach einer Tagung im Hotel gezeigt hatte, wie zungenempfindlich sie überall war. In dieser Intensität hatte sie das bis dahin noch nicht erlebt.

Ebenso klar wusste sie Langweiler auszuscheiden oder Männer, die gleich mit der Tür ihrer privaten Probleme ins Haus fielen.

Bei Richard, da passte so allerlei. Wenn er nur nicht der bigotte Linksspießer wäre, der er wohl war. Mit Leuten, die öde Gleichheitsideologien wie ein Bauchladen vor sich her trugen, aber selbst von den Segnungen des Kapitalismus am meisten profitierten, konnte sie nun einmal nichts anfangen.

Das Telefon trällerte erneut, diesmal um eine Spur aufgeregter als vorhin. Herr Mergen, der Chef von „Schouh-Bidouh", ihr Ansprechpartner und gegenwärtiger Brötchengeber in Personalunion, war am Apparat. Es gab Probleme, große sogar.

10.

Der Schweriner Schlosspark war gut besucht. Das Wetter war leicht windig und angenehm mild. Auch Richard und seine Freundin Patrizia hatten sich an diesem Sonntagmorgen unter die Spaziergänger gemischt und genossen den Blick auf das emporwuchtende Turm- und Giebelgebirge des Schweriner Schlosses. Es war dem Loire-Schloss Chambord nachempfunden. Waren Bauwerke groß und blickfüllend, so dass die Menschen nicht mehr an ihnen vorbeischauen konnten, dann war ihr Erscheinungsbild durchaus der Allgemeinheit verpflichtet, wie Richard fand. Die alten Baustile leisteten das noch, lockerten sie doch Größe durch eine Melange aus Stilelementen auf, was ihnen ein warmes, liebenswertes Antlitz verlieh. In dieser Beziehung dachte Richard ganz konservativ. Mit der Moderne konnte er, zumindest was die Architektur betraf, nicht viel anfangen.

Er legte seinen Arm um Patrizias rotbraune Haare. Es entzückte ihn immer wieder, wie interessant ihr Gesicht doch geschnitten war. Die Nase war ein klein wenig zu lang und ihre Augen waren nicht ganz exakt auf gleicher Höhe, aber gerade das machte sie so sexy. Es war, als hätte Picasso persönlich noch etwas nachgeholfen, um aus einem schönen Gesicht auch ein markantes zu machen.

„Sag mal, was für ein Stil ist das eigentlich?", wollte sie wissen.

„Das Schloss? Französische Renaissance, aber nicht original, sondern nachempfunden, nennt sich Historismus."

„Wow, Mister Wikipedia."

In ihrer flapsigen Art erinnerte Patrizia ihn irgendwie an Katrin, eine Freundin aus früher Sturm- und Drangzeit. Aus einer Zufallsbegegnung auf einer Demo gegen den Vietnamkrieg war eine stürmische und unerwartet lange Zuneigung geworden.

Dass es im Nachhinein auch Irrtümer gegeben hatte und man mit Mao-Tse-Tung- und Ho-Chi-Minh-Parolen doch etwas über das Ziel hinausgeschossen war, war zu verschmerzen. Es war halt jugendlicher Überschwang und es gab ja ein Grundrecht auf Irrtum. Wie man es auch drehte und wendete, Richards Generation stand für Aufbruch, für Erneuerung, die der Väter aber für Diktatur und mörderischen Rassismus. Diese moralische Scheidewand war nicht mehr aus der Welt zu schaffen, sie würde für immer bleiben. Nun war Katrin in Gestalt von Patrizia wieder zurückgekehrt. Sie war genauso alt wie Katrin damals.

Waren sie noch ein Liebespaar? Eigentlich ja, wenn er an das Begrüßungszeremoniell von gestern dachte. In Patrizias handlicher Wohnung hatte es einen neuen Temporekord im Kleiderablegen gegeben. Noch immer schien der Altersunterschied keine große Rolle zu spielen. Im Übrigen bedeutete Altersvorsprung doch auch Lebensvorsprung, und Richard war dankbar, dass Patrizia seinem Lebensvorsprung durchaus Wertschätzung entgegenbrachte. In puncto Literatur war sie leider eine Fehlbesetzung. Schon mehrfach hatte Richard versucht, sie an Lesestoff heranzuführen, und sich bei der Auswahl von appetitanregenden Büchern auch wirklich Mühe gegeben. Leider hatten selbst *Die Berlinreise* von Hanns-Josef Ortheil, *Null-zeit* von Julie Zeh oder auch zuletzt Seethalers *Trafikant* nicht wirklich bei ihr gezündet. Vielleicht war ihr Wesen doch zu sehr auf kaufmännisches Kalkül ausgerichtet. Er selbst war da schon anders. Er konnte hochkonzentriert in trockene Paragraphenmaterie eindringen, sich aber auch von literarischen Texten an die Hand nehmen lassen und das schätzte er an sich auch.

Allerlei Wahlplakate, auch auffallend viele von der AfnP hingen herum. Mit leutseligem Grinsen warben sie am Wahltermin um Vertrauen. In Berlin würden sie unerreichbar und damit unerkennbar hoch hängen oder sie wären im Rekordtempo wieder verschwunden. Für einen Moment erschien es Richard so, als ob nicht sie den Plakaten, sondern die Plakate ihnen aus eigener Kraft Schritt für Schritt näher kamen.

Patrizia schienen die Plakate nicht zu interessieren, sie blickte demonstrativ an ihnen vorbei. Erst jetzt wurde ihm bewusst, dass sie das Thema aufkeimender Rechtspopulismus, ja die Politik überhaupt in den letzten Monaten doch recht stiefmütterlich behandelt hatten. Er wusste schon seit Längerem nicht mehr so genau, was unter ihren roten Haaren und hinter ihrem hübschen Gesicht und vor allem in ihrem Herzen so alles vor sich ging.

Genau genommen war er es ja gewesen, der das Thema Rechtspopulismus zur Tabusache erhoben hatte. Damit hatte er sie beide und natürlich erst recht ihre Beziehung einfach nur vor der aufkeimenden Bedrohung schützen wollen. Man durfte einer unliebsamen Gegenwart wie

71

dieser einfach nicht erlauben, plump und grob in ihre Beziehung hereinzuplatzen. Allenfalls durfte sie mit Bedacht einsickern, in kontrollierten Dosen, damit man sie thematisch steuern konnte. So hatte auch gestern Abend nach der wilden Begrüßung ihr Beisammensein anderen Themen als der Politik gehört. Patrizia würde gerne einen Harfenkurs machen, das hatte sie ihm gestern bei ihrem Lieblingsitaliener gestanden. Leider gab es wohl in Schwerin keine Angebote. Richard war drauf und dran, ihr vorzuschlagen, sich einmal in Berlin umzusehen und solange bei ihm zu wohnen, zumindest für eine gewisse Zeit. Möglicherweise würde sich das als nicht so einfach erweisen. Da konnte in den Niederungen des Alltags so allerlei miteinander kollidieren. Außerdem gab es da ja auch noch ihren Laden.

Die Plakate sorgten weiterhin für Schweigen, so erschien es Richard jedenfalls. Patrizia blickte nicht mehr nach vorn, sondern auf den Boden.

„Man sieht sie jetzt überall"

„Was meinst du?"

„Na, was wohl, guck dich einfach mal um, nirgendwo hat man mehr Ruhe vor denen."

Sie gingen fast im Gleichschritt nebeneinander her. Nur der knirschende Kies war zu hören.

„Also mir fällt immer nur Malzkaffee dazu ein."

„Malzkaffee?"

„Ja, braun und billig, von vorgestern."

„Bitte lass uns über was anderes reden, ja?" Sie drückte sich ganz dicht an ihn. „Es gibt doch so viel spannendere Themen als die Scheiß-Politik."

Seinetwegen, aber er würde ihr wohl früher oder später auf den Zahn fühlen müssen. Allein der Gedanke, ausgerechnet bei ihr den Anfängen wehren zu müssen, verursachte ihm eine regelrechte Schrecksekunde, aber er würde das schaffen. Argumentieren und Überzeugen lagen ihm ja schließlich im Blut.

„Gut, dann reden wir doch über deinen Laden."

„Meinen Laden? Gut, okay, wenn du meinst."

Ihre Antwort klang lustlos und müde, aber dennoch, gerade einmal zwanzig Minuten später sahen sie ihre Spiegelbilder in Patrizias Schaufenster. Richard musterte die neue Sommerkollektion – allerlei Blusen- und Hosenkombinationen, Kleider im luftigen Flatterlook und im Wickeldesign. Eigentlich sah es nicht schlecht aus, was da zum Angriff auf vorbeiziehende Geldbörsen so alles aufmarschiert war. Er sponserte und bezuschusste es ja auch. Dennoch, die dunkelweißen Presspanregale verliehen dem Ganzen einen Hauch von Biederkeit. Es war eine sperrige Nüchternheit, die einfach nicht zu modischen Kleidern passte.

„Was war denn mit der Lieferung von Paola Mediano?"

„Ach so, vergiss es, von wegen Hilfiger, Jack & Jones und Co. Von fünfzig Hosen war knapp die Hälfte Markenware, der Rest hatte noch nicht einmal einen Namen drauf, ein ziemlicher Flopp."

Richard seufzte verständnisvoll. „Schade, dass es nicht so gut läuft, wie wir uns das erhofft hatten. Na ja, die Outlet-Stores setzen dir natürlich zu, und vor allem der Online-Handel."

„Das kannst du laut sagen. Jetzt hat auch noch so ein Scheiß-Carity-Laden aufgemacht, mitten in der Fußgängerzone."

„Carity, sind das nicht die, die Spenden verkaufen? Wieso machen die dir Konkurrenz, das ist doch ein ganz anderes Konzept?"

„Was heißt Konzept? Ware ist Ware. Und von wegen Spenden, dir gehen die Augen über, was da gespendet wird, Konzept hin oder her."

„Na, dann gehen wir doch mal hin."

„Muss das jetzt sein?"

„Ja, man sollte von der Konkurrenz auch lernen können."

Schon nach wenigen Minuten standen beide vor dem Carity-Laden, und Richard war doch einigermaßen sprachlos, dass es dort ähnlich schöne Sachen wie bei „Fräulein Frech" gab, nur dass sie gerade mal die Hälfte von dem kosteten, was Patrizia dafür verlangte, verlangen musste.

„Schau mal, die machen Cross-Marketing." Richards Stimmlage versuchte aufmunternd zu sein.

„Cross-Marketing?"

„Ja, dahinten die elegante Military-Mütze über der Bluse mit Blumenmuster oder da drüben, der breitkrempige Frauenhut auf dem Herren-Sommersakko. Das solltest du vielleicht auch mal probieren. Man muss manchmal auch ein bisschen kreativ sein…"

„…ja, und vor allem Leute haben, die umsonst arbeiten", fiel ihm Patrizia ins Wort. Es entstand eine kurze Pause.

Eine kleine Gruppe arabisch aussehender junger Männer zog laut und gut gelaunt auf dem Bürgersteig vorbei. Sie nahmen Patrizia deutlich gründlicher in Augenschein als

Richard, das war unschwer zu erkennen. Patrizia sah ihnen mit undurchdringlicher Miene nach.

„Habt ihr hier jetzt auch so viele Geflüchtete, in Schwerin?"

„Ja, es häuft sich in letzter Zeit. Geflüchtete ist gut. Ich für meinen Teil sehe fast nur junge Kerle um mich herum."

„Ja, schon möglich, bei uns in Berlin ist es auch nicht viel anders. Und, wo ist das Problem?"

Richard bemühte sich redlich, die Frage nicht allzu inquisitorisch klingen zu lassen.

„Ach vergiss es, komm, lass uns weitergehen."

„Weißt du", Richard band sich auf dem Sims zum Kellerfenster die Schnürsenkel wieder zu, "ich habe einen Freund, der hat eine große Tischlerei. Dem habe ich einen Praktikanten aus Syrien vermittelt. Der hat gut Deutsch gelernt und macht jetzt eine Ausbildung zum Fachlageristen."

„Na, dann herzlichen Glückwunsch, ich hab auch schon andere Geschichten gehört."

„So, was denn?"

„Ein Freund meines Onkels hat letztes Jahr eine syrische Familie kostenlos in seinem Ferienhaus wohnen lassen. Da war immer wieder mal was im Garten zu tun, aber die haben keinen Finger gerührt, haben immer nur auf der Terrasse gesessen, auf ihren Smartphones gedaddelt und meinem Onkel beim Rasenmähen zugeguckt. Nach einem halben Jahr konnten sie noch immer kein Wort Deutsch, dafür war die Bude verschimmelt und verwohnt."

„Ja und, was heißt das jetzt? Soll ich dir jetzt noch mehr positive Gegenbeispiele aufzählen?"

„Ach komm, lass uns gehen, wir können bei mir was essen, ich hab genug da."

Der Rest des Tages verlief einsilbig, aber immerhin litt ihr Abschiedssex nicht darunter.

11.

Auf den Fluretagen des Eichendorff-Gymnasiums pflegte sich die Schülerschaft immer brav zu teilen, wenn eine Lehrkraft den Flur entlang kam. Bei Brigitte Erlenwein war dies erst recht der Fall. Es hatte schon fast etwas Sinnbildliches, wie sie die Schülertraube mit ihrem festen Schritt regelrecht auseinander dividierte.

Soeben hatte sie im Deutschkurs Brechts *Furcht und Elend des Dritten Reiches* abschließend besprochen, und die Klassenarbeit konnte kommen. Wer in den letzten Wochen auch nur ein bisschen bei der Sache gewesen war, der brauchte keine Angst zu haben. Die Schüler mitnehmen und nicht ausfiltern, darauf kam es ihr an, das stand für sie ganz oben im Lehrplan.

Gleich stand ihr noch eine Art Krisengespräch bevor. Kollege Riedmüller hatte sie gestern im Lehrerzimmer darum gebeten. In seiner zehnten Klasse gab es ein Problem. Es hieß Pit Weyrich. So wie die jüngste deutsche Vergangenheit offiziell dargestellt und abgehandelt werde, sei das nichts anderes als Siegergeschichtsschreibung, hatte Pit Weyrich im Geschichtsunterricht von sich gegeben. Das musste erst mal noch nicht wer weiß was bedeuten, zumal der Schüler bisher nicht auffällig in Erscheinung getreten war. Er hing gerne mit Jens Hofschulte herum, der immer wieder für versteckte Provokationen gut war und von dem dieser hanebüchene Unfug vermutlich auch kam.

„Siegergeschichtsschreibung", das war ein typischer Kampfbegriff von alten und neuen Rechten. Auch wenn es letzten Endes wohl nur Dummejungenrhetorik war, so galt es dennoch klar gegenzuhalten, solange Charaktere und Meinungen noch formbar waren.

Brigitte schwebte eine Art von Schocktherapie vor, und die trug sie gerade in ihrer Tasche. Mit ein bisschen Glück ersparte ihr das ein Gespräch mit den Eltern. Wer weiß, was sie von denen am Ende noch alles zu hören bekam.

Als sie den leeren Klassenraum betrat, waren Riedmüller und der Schüler Weyrich schon da. Riedmüller lehnte sich in halb lässiger Pose an den Tisch vor der Tafel. Der Junge saß sichtlich gelangweilt und in Erwartung lästiger Belehrungen auf einem der vorderen Plätze.

„Du weißt, warum wir uns mit dir unterhalten wollen?", fragte ihn Riedmüller.

„Nein."

Offenbar hatte er den Jungen mit der Aktion etwas überrumpelt, aber das war nicht schlecht so.

„Du hast letzte Woche bei mir im Unterricht ein, sagen wir mal, problematisches Wort gebraucht."

„Entschuldigung, aber im Unterricht von Herrn Riedmüller gebrauchen wir ganz besonders viele Wörter, welches war es denn?"

„Du hast da was von Siegergeschichtsschreibung erzählt."

„Ach du lieber Himmel, da macht ihr jetzt so einen Wind draus? Das ist doch nicht zu fassen. Und was hat Frau Erlenwein überhaupt damit zu tun?"

„Frau Erlenwein hat dir was mitgebracht."

Jetzt schlug Brigittes Stunde. Sie nahm ein kleines weißes Heft im DIN-A5-Format aus ihrer Tasche und hielt es dem Jungen unter die Nase. „Für immer ehrlos – Aus der Praxis des Volksgerichtshofs" stand auf dem Einband. „Herausgegeben von der Bildungsstätte „Gedenkstätte Deutscher Widerstand."

Der Schüler Pit Weyrich warf einen gelangweilten Blick darauf.

„Und, was soll ich damit?"

„Jetzt mach nicht so auf gelangweilt, da steht eine spannende Geschichte drin."

„Ach was, na, da bin ich aber neugierig."

„Also, da gab es im Jahr 1943 einen schweren Luftangriff auf die schöne alte Hansestadt Rostock."

„Interessant, ja, der alliierte Luftterror ist mir durchaus bekannt. Da erzählen sie mir überhaupt nichts Neues."

„Also weiter, am Morgen nach dem Luftangriff setzte sich ein Mann in die Straßenbahn. Dem Mann saß die Bombennacht noch gehörig in den Knochen."

„Was Sie nicht sagen."

Während Riedmüller Weyrich auf den seiner Meinung nach unpassenden Ton aufmerksam machte, blätterte Brigitte in der Broschüre herum, nicht um etwas nachzuschauen, sondern um die Spannung zu erhöhen. Das tat dem Vortrag gut. Das machte sie gerne.

„Der Mann war ein Beamter bei der Stadt. Er traf in der Straßenbahn auf einen Kollegen. Bei dem weinte er sich aus, und der andere hörte ihm aufmerksam zu."

„Na, das klingt doch nett, ist doch gut. Ich find´s auch gut, wenn mir jemand zuhört."

„Wart's ab. Der Mann sagte, dass bestimmt noch mehr Luftangriffe kämen und dass Deutschland so schnell wie möglich Frieden schließen solle, bevor alle noch bei lebendigem Leib verbrannten."

„Und ging es dem Mann danach besser?"

„Überhaupt nicht, im Gegenteil, es ging ihm regelrecht an den Kragen. Der Arbeitskollege hatte nämlich gepetzt, und weißt du, was dann passiert ist? Der Mann wurde zum Tode verurteilt, und das nur weil er die Zukunft vorhergesagt hatte."

Es entstand eine kurze Pause. Weyrichs Bockigkeit hatte nun doch einen mittleren Dämpfer bekommen.

„Wie traurig, aber warum erzählen Sie mir das?"

„Stell dir einfach mal vor, du wärst an seiner Stelle gewesen. Du wärst bestimmt kein Kommunist, kein Staatsfeind, sondern ein loyaler Patriot gewesen. Nach der Devise „Recht oder Unrecht – mein Vaterland", hab ich recht?"

„Stimmt genau."

„Siehst du, und der Mann war es auch. Viele, auch patriotisch eingestellte Menschen wurden ermordet, weil sie Zweifel geäußert, also nichts anderes als ihren gesunden Menschenverstand benutzt hatten. Zukunftsangst zu haben, zu resignieren, das waren damals todeswürdige Verbrechen. Und genau *das* steht alles in Prozessakten, und das hat nichts, aber auch rein gar nichts mit Siegergeschichtsschreibung zu tun."

Der Junge sagte jetzt nichts mehr. Es war ihm anzusehen, dass es in ihm arbeitete.

„Versteh uns bitte nicht falsch, Herr Riedmüller und ich wollen dich nicht belehren. Wir wollen dich eigentlich nur um etwas bitten."

Sie machte eine kurze Pause. Pit Weyrich sah weg, zuerst auf den uralten Linoleumboden und dann zu dem großen Bogenfenster im Jugendstil hinaus.

„Wir möchten dich bitten, dass du dir einmal selbst die Frage stellst, wie du dich damals in so einer Situation verhalten hättest, und dass du dir selbst eine ehrliche Antwort darauf gibst. Ob du deinen Sorgen nicht auch mal Luft gemacht hättest, im Friseurladen, im Eisenbahnabteil, in der Warteschlange oder sonst wo, und was dieser eine Augenblick der Unvorsichtigkeit dann für dich konkret bedeutet hätte, darüber denke bitte mal nach."

„Ich möchte jetzt gehen."

„Bitte sehr."

„Darf ich das Heft mitnehmen?"

„Natürlich, du darfst es gerne behalten."

Kurze Zeit nach diesem Gespräch saß Brigitte in ihrem Auto und dachte nach. Eigentlich hätte sie mit sich im Reinen sein müssen. Was sie machte, war wichtig und wertvoll, schon allein deshalb, weil es notwendig war.

„Kompliment, Frau Kollegin, das war spitze." Riedmüller hatte Brigitte liebevoll seinen Ellenbogen in ihren Oberarm gerempelt, nachdem der Junge gegangen war. Junge Menschen waren nun einmal leicht zu beeinflussen und verdienten von daher auch eine gewisse Nachsicht. Wer aber als Erwachsener bei klarem Verstand und im Vollbesitz seiner Entwicklung solche Parolen unter die Leute brachte, der verdiente keine Nachsicht mehr. Genau solche Leute waren nämlich Schuld daran, wenn pubertätsgefrustete Schüler diesen geschichtsvergessenen Unsinn nachplapperten.

Der Verkehr war heute stockender als sonst. Brigitte entschied sich für die Stadtautobahn. Nervös schaltete sie an Blinker und Radio gleichzeitig herum. Sie ließ die Fensterscheiben ein wenig herunter, aber innerlich durchzulüften, gelang ihr nicht.

Auf einmal sah sie das Bild von Lars vor sich. Warum sie ausgerechnet mit ihren noch tagesfrischen Gedanken an ihn dachte, war ihr nicht so ganz klar. Vielleicht war es ein Zufall, vielleicht aber auch nicht.

Irgendwie kam sie mit diesem Menschen nicht wirklich zurande. Lars hatte eine angenehme Art zu lachen, aber er hatte auch eine unangenehme Art zu schweigen. Dass er nachweislich für rechte Zeitungen schrieb, vor allem aber, dass er gleich bei der Diskussion über Seethalers *Trafikant* eine merkwürdig zwiespältige Haltung gegenüber dem Nationalsozialismus an den Tag gelegt hatte, machte es für Brigitte nicht gerade leichter, ihn einzuschätzen.

War Lars tatsächlich ein verkappter Rechter? Manchmal kam er ihr eher wie ein gelangweilter Schüler vor. Das war ja auch ein Merkmal von Rechten, dass sie sich weigerten, erwachsen zu werden und die Welt und das Leben in all seiner Komplexität anzunehmen, und stattdessen nach einfachen Lösungen suchten. Sie würde jedenfalls an ihm dranbleiben, das war sicher.

Für einen Moment hatte Brigitte eine Vision. Ihr Sohn Patrick und die selbstbewusste junge Türkin in seiner Werkstatt würden ein Paar. Das wäre ihr Traum.

12.

Lars war mit sich und seiner Arbeit wieder einmal zufrieden. Soeben hatte er im Spendeneingang einen antiquarischen Bildband entdeckt, ein Katalog über eine Impressionismus-ausstellung im Jahr 1923 in Lyon. Im Internet waren Preise von achtzig bis vierhundert Euro angegeben. Da hatte er einen guten Riecher gehabt. Die Auflage war limitiert und der Zustand war noch gut. Er deponierte das Buch als Wertsache im Stahlschrank und schrieb eine Rundmail an die Carity Kolleginnen und Kollegen.

Eine Etage tiefer sortierten Simone und Charda die jüngsten Kleiderspenden. Charda war neu, sie war kurzfristig für Renate eingesprungen, die aus irgendwelchen privaten Gründen die nächste Zeit nicht mehr kommen konnte. Simone betonte heute ihren Hintern weniger durch die Spalte, als durch die Konturen der Backen. Es war, wie Lars fand, ein nonverbaler Dauerappell zum Handauflegen. Das war tragischer Existenzialismus pur, dass man körperlich nicht tun durfte, wozu man optisch unentwegt aufgefordert wurde, den lieben Arbeitstag lang. Das belastete nicht nur das Betriebsklima, sondern das Dasein zwischen Männern und Frauen überhaupt.

Lars machte eine kurze Stippvisite durch die Weltreligionen. Das evangelische Christentum machte es sich leicht, indem es unerfüllbare Begehrlichkeiten ganz einfach untersagte, den Menschen damit praktisch allein ließ. „Du sollst nicht begehren deines nächsten Weib" predigte

Luther in seinem Katechismus herum. Der Islam war da schon gründlicher, um nicht zu sagen konsequenter, weil er das Problem bei der Wurzel packte und den Frauen vorschrieb, sich zu verhüllen.

Charda stammte aus dem Irak. Ihr Vater hatte wohl zur Opposition gehört und kritische Gedichte gegen Saddam Hussein geschrieben. Deshalb habe ihre Familie den Irak verlassen müssen. Sie hatte auf dem zweiten Bildungsweg ihr Abitur gemacht und orientierte sich nun erst einmal, auf welche Weise sie am besten ins bezahlte Erwerbsleben einzutauchen gedachte.

Lars gefiel ihr nur leicht gebräuntes Gesicht. Viel kosmetische Nachhilfe brauchte es wahrlich nicht. Der liebe Gott, in dem Fall wohl Allah, hatte sich beim Überstreifen des Gesichtes über den Schädel wirklich Mühe gegeben. Dunkle Augen blickten neugierig und zugleich geheimnisvoll in die Welt.

Er trug einen neuen Karton mit gespendeten Büchern in seine Kammer, während Simone hochkonzentriert ihren Händen beim Kleidersortieren zusah.

Nachdem Lars wieder an seinem kleinen Tisch in der Bücherkammer Platz genommen hatte, rief er sich den gestrigen Abend ins Gedächtnis. Der Lesekreis hatte sich wieder getroffen. Lara hatte den japanischen Roman *Die Verkäuferin* vorgestellt. Es ging um eine einfache Verkäuferin in einer Billig-Kette, die keinen Mann abbekam und dadurch doppelt gestraft war, herrschte doch auch im Japan der Gegenwart offensichtlich noch immer ein strenges Zweisamkeitsgebot.

Lara hatte ihre Sache gut gemacht, hatte wichtige Spannungsbögen angedeutet und zwei originelle Passagen vorgelesen. Auch ihre Stimmlage hatte gut gepasst. So und nicht anders sollte es sein. Genau so stellte Lars sich das Ganze vor.

Michael, der Arzt, hatte sich Hool von Philipp Winkler vorgenommen. „Hool" stand für Hooligans, und um die ging es in dem Buch auch, um Fußball-Fanclubs, die nicht mit dem Ball, sondern mit den Fäusten herausfanden, wer wohl das stärkere Team sei, mal mitten in einer Shopping-Mall, mal auf einer grünen Wiese. Auch Michael hatte originelle Textproben zum Besten gegeben. Trotzige Sarkasmen, wie der Nachbar zum Herumkrakeelen seine Visage über den Gartenzaun schiebt, oder Onkel Axel, wie er sich in seiner „Schnellficker-Jogginghose" auf einem kurz vor dem Spagat stehenden Stuhl herumfläzt, hatten ihre Wirkung nicht verfehlt. Inhaltlich war das Werk wohl eher flach. Hochexplosive Gemütszustände, so das Fazit von Michael, blieben im Wesentlichen nur sich selbst überlassen. Weder der Autor noch seine Figuren dachten viel über das nach, was diese so taten.

Wie er denn überhaupt auf das Buch gekommen sei, hatte Hendrike wissen wollen.

Nun, er habe mal einen Hooligan als Patienten gehabt, dem er den Unterkiefer hatte richten müssen. Das sei die Initialzündung gewesen, so einem nicht nur ins Gebiss, sondern auch mal in den Kopf zu schauen.

Bis dahin war der Abend in angenehmer Atmosphäre verlaufen. Der Wein war reichlich geflossen. Michael hatte dieses Mal Lachsfilet mit Rucola-Sauce zubereitet und es schmeckte wieder prima. Ja, die Männer seien doch die besseren Projektmanager am Herd, hatte Lara gewitzelt.

Als Richard zum Schluss *Apollokalypse* von Gerhard Falkner vorstellte, drohte die Stimmung dann doch noch zu kippen.

„Wenn man verliebt ist und gut gefickt hat, verdoppelt die Welt ihre Anstrengung, in Erscheinung zu treten", so lautete der erste Satz des Romans. Damit war von vornherein klar, worum es hauptsächlich ging: Sex & Drugs & Rock'n'Roll. Jedenfalls schien es im Leben des Protagonisten viel davon zu geben und Richard hatte sich passgenaue Abschnitte zum Vorlesen ausgesucht.

„Super, große Literatur, auf einer Ebene mit David Foster Wallace und das Ganze Made in Germany." So oder zumindest so ähnlich habe Richard diese Zeit auch erlebt.

Lars hatten die Passagen nicht gefallen. Am meisten war ihm jedoch auf die Nerven gegangen, wie sehr die anderen an Richards Lippen hingen. Brigitte bewegte ihren Mund noch aufgeregter als sonst. Sie sicherte sich die Ausleihe als erste, und lies das Buch mit erwartungsvoller Miene in ihrer plump überdimensionierten Schultasche verschwinden. Auch Lara machte die ganze Zeit über geheimnisvolle Augen. Nicht einmal ihr neues Kleid hatte derart viel Aufmerksamkeit erregt.

Danach hatten sie über die nächste gemeinsame Lektüre beraten. Lars schlug *Der Eisvogel* von Uwe Tellkamp vor, um sich sogleich heftigen Gegenwind von Brigitte und Richard einzuhandeln. Tellkamp oute sich doch gerade als Botschafter des Hasses, der ziehe doch öffentlich über Migranten her, dass die zum allergrößten Teil in unser Sozialsystem einwanderten und so weiter und so fort. Dann beklage er auch noch die angeblich schwindende

Meinungsfreiheit, auf die weinerliche Tour. Das machten Rechte ja immer so, wenn es mal Gegenwind gebe. Also Tellkamp bräuchten Richard und Brigitte nun wirklich nicht.

Aber in *Der Eisvogel* gehe es doch gerade um rechte Seilschaften, hatte Lars eingewendet. Im Lagerbestand bei Carity seien sogar zwei Exemplare davon vorhanden. Lars hatte angeboten, sie zum symbolischen Stückpreis von zwei Euro zurückzulegen.

„Ach ja, du arbeitest ja bei dem Verein", bemerkte Richard.

Ja, das tue er, ob das für Richard ein Problem sei?

„Was heißt Problem?" An sich, so Richard, sei Wohltätigkeit ja nichts Schlechtes. Er sei immer für eine solidarische Gesellschaft. Nur in dem konkreten Fall sei es aber doch so, dass Ketten wie Carity mit Gratisarbeit und Billigverkauf andere kleine Geschäfte, die um ihr Überleben kämpften, massiv schädigten. Gerade der Einzelhandel sei doch wichtig im Kampf gegen die riesigen Konsumtempel, die alles kaputt machten.

Aber Carity sei doch etwas ganz anderes, hatte Lars dagegengehalten. Da gehe der Gewinn doch in die Dritte Welt. Die Grünen und Linken tönten doch immer gerne von wegen Fluchtursachen bekämpfen und so weiter, und Carity trüge doch dazu bei, dass die Menschen in ihren Heimatländern blieben, und außerdem sei das Ganze ja wohl nicht Richards Problem.

Also sie fände auch, wenn jemand sich sozial engagiere, egal wie und wo, dann müsse er sich dafür nicht noch groß rechtfertigen, war Hendrike Lars dann beigesprungen. Ihr gefielen die Carity-Läden und überhaupt die ganze Idee dahinter. Sie sei auch schon in der einen oder anderen Filiale gewesen und käme gern wieder.

Immerhin hatten sie sich dann doch noch auf Tellkamps Eisvogel einigen können.

Auf den Treppenstufen zu seiner Bücherkammer waren energische Schritte zu hören. Simone kam herein und zeigte Lars mit demonstrativem Schneid die Liste, auf der die Spendeneingänge, Kleider, Bücher, Hausrat erfasst werden sollten.

„Hieeer."

Es klang wie ein verärgertes Miauen. Sie presste ihren Zeigefinger auf eine leere Stelle. Eigentlich hätten dort zwei Striche sein müssen, wenn Lars seinen Dokumentationspflichten nachgekommen wäre, ein Strich für jede nach oben gebrachte Bücherkiste.

„Danke für den Hinweis, konntest du die beiden Striche nicht selbst machen?"

„Das hab ich gestern schon gemacht, irgendwann bist du auch mal dran."

Lars kam ihrem Ansinnen nach, kommentierte es mit „gut, dann mach *ich* mal den Strichjungen", und der inszenierte Hintern war mitsamt dem verärgerten Rest wieder verschwunden.

Lars dachte wieder an Charda. Da hatte ihm der Zufall eine ganz schöne Falle beschert. Spätestens irgendwann würde er sie anziehend finden, so viel war jetzt schon klar. Chancen würde er aber wohl keine haben, und selbst wenn er zwanzig Jahre jünger wäre, würde sie bei der Wahl ihres Partners bestimmt in dem Kulturkreis verbleiben, aus dem sie kam.

Mit einer Prise Sehnsucht versuchte Lars sich vorzustellen, wie es wohl wäre, wenn anstelle der vielen jungen Männer millionenfach junge Chardas ins Land strömten. Eines hatte Charda jedenfalls schon erreicht, nämlich, dass er deutlich weniger an Hendrike dachte.

Sein nächster Griff in die Bücherspendenkiste förderte *Die Lobby-Republik. Wer in Deutschland die Strippen zieht* von Hans Martin Tillack zutage. Lars hatte das Buch zu Hause. Sein linker Freund Tobias hatte es ihm geschenkt, damit er, Lars, endlich mal erfuhr, wer in Deutschland wirklich das Sagen habe. Bislang hatte Lars einen Bogen um die Lektüre gemacht. Er las lieber Romane, punkt. Über Romane konnte man geteilter Meinung sein, bei Sachbüchern ging das nicht so einfach. Aber er würde Tobias demnächst mal wieder anrufen. Schließlich hatten sie sich längere Zeit nicht mehr gesehen.

13.

Lara hatte gerade Kaffee gemacht, als das Telefon läutete. Es war wieder Herr Mergen vom Nobelschuhversand „Schouh-Bidouh". Anders als beim letzten Anruf hielten sich beide gar nicht erst mit Höflichkeitsfloskeln auf. Leider habe sich der Anfangsverdacht in vollem Umfang bestätigt. Man habe eine Riesenschweinerei aufgedeckt. Daher müsse das Seminar über erfolgreiche Kommunikation, das in der übernächsten Woche hätte starten sollen, erst einmal gecancelt werden. Über Monate hinweg sei das Unternehmen regelrecht bestohlen worden, und das von eigenen Mitarbeitern. Immer wieder seien Retouren, wenn die Schuhe beispielsweise nicht passten, unter der Hand weiterverkauft worden. Der Schaden bewege sich im sechsstelligen Bereich, und das sei für ein kleines Unternehmen in der Anlaufphase geradezu eine Katastrophe.

„Das tut mir sehr leid für Sie und natürlich auch für Ihre Firma", mehr fiel Lara auf die Schnelle nicht ein.

„Tja", es klang heftig wie ein Niesen. Herr Mergen machte eine kurze Verschnaufpause. Leider sei, wie Lara sich denken könne, auch ihre Zusammenarbeit davon betroffen, und zwar nachhaltig. Es sei Polizei im Haus und sie müssten den Schaden erst mal gründlich aufarbeiten. Selbstverständlich stehe Schouh-Bidou zu seinen vertraglichen Verpflichtungen. „Wir sind zwar in eine ernste Schieflage geraten, aber wir werden alles versuchen, dort möglichst schnell wieder herauszukommen. Das Schiff ist auf Grund gelaufen, aber noch nicht gesunken. Natürlich haben wir jetzt zurzeit andere Sorgen, als optimal zu kommunizieren, das verstehen Sie doch bestimmt."

Lara überlegte, was hier noch auf die Schnelle zu retten war. Eine Mischung aus Coaching und Krisenintervention bot sich an, aber es war klar, dass ihr Gesprächspartner gerade Probleme hatte, zu deren Lösung sie wohl nichts mehr beitragen konnte. Wenn Polizei und Staatsanwaltschaft erst einmal in Aktion traten, dann half auch keine Mediation mehr.

Sie verabschiedeten sich. Herr Mergen würde sich wieder melden, sobald sich die Lage finanziell und menschlich überblicken lasse. Selbstverständlich käme die Sache vor Gericht.

Lara rührte in ihrem Kaffee. Solche Situationen passierten gottlob nicht oft, und dennoch war es verstörend. Bisher war der Tag freundlich zu ihr gewesen. Heute Nachmittag hatte Hendrike sie besucht, und Lara hatte ihr einen ersten kleinen Nähkurs gegeben. Am Mittwoch, so wie heute, arbeitete Hendrike nur halbtags. Zunächst hatte sie Hendrike diverse Schnittmuster und Stoffe erklärt. Danach machte Hendrike erste Gehversuche mit Laras Nähmaschine. Noch unsicher, fast ein wenig ängstlich zuckte die Nadel zu Beginn auf und ab, schon bald aber führte Hendrike den Stoff immer sicherer zu.

Natürlich war auch Richards Literaturempfehlung *Apollokalypse* Thema bei anschließendem Kaffee und Kuchen. Während Hendrike mit dem Buch gar nichts anfangen konnte, fand Lara es gar nicht mal so schlecht. Es sei halt keine literarische Schonkost. Gelegentlich sei sie,

Lara, für erotischen Klartext durchaus zu haben. Ob sie aber tatsächlich bis zur letzten Seite durchhalten würde, sei eine andere Sache. Dass sie sich das Buch auch deshalb gekauft hatte, um bei Richard besser andocken zu können, sollte ihr Interesse an ihm weiter anhalten, verschwieg sie lieber.

„Sag mal, wie findest du eigentlich den Lars?"

Für Lara war die Frage durchaus überraschend gekommen.

So richtig habe sie über ihn bisher noch nicht nachgedacht. Damit war für Lara im Grunde alles gesagt.

„Scheint schon ein komischer Kauz zu sein, hat keinen Job und ist auf Kontaktsuche." An sich mochte Lara ja Männer, die auch mit fünfzig noch einigermaßen orientiert seien.

Hendrike fand Lars hingegen ganz interessant. Er wisse viel und habe auch Stil, für einen Mann jedenfalls.

„Also Richard hat deutlich mehr Stil".

„Ja, und wohl auch mehr Geld."

Apropos Richard, Hendrike fand es gut, dass Lars Richard auch mal Contra gebe. Der und Brigitte täten ja gerade so, als hätten sie als Einzige eine Gebrauchsanweisung für die Welt in der Tasche. In dem Punkt musste ihr Lara allerdings vorbehaltlos beipflichten.

Hendrike habe sich auch mal Lars' Website angesehen. Er sei ganz gut herumgekommen als Reisejournalist: Georgien, Nordschweden, Armenien, Ukraine. Besonders der Artikel über Georgien sei schön zu lesen.

„Hat er in letzter Zeit noch mal was veröffentlicht?"

„Weiß nicht, ich glaube, eher nicht. Die meisten Artikel sind wohl schon ein paar Jahre alt."

„Siehst du, genau das meine ich. Auf mich wirkt er schon ein bisschen so, als war bei ihm vieles einmal."

Das „war" hatte Lara leicht spöttisch betont.

„Aber du hast recht", hatte Lara zum Abschied ein wenig eingelenkt. „Ich glaube, der ist ganz nett."

Danach war Hendrike gegangen.

Lara begab sich wieder in die Küche. Die Arbeitsinsel in der Mitte des Raumes war aus Steinfurnier und das übte wie so oft und auch jetzt eine ausgesprochen beruhigende Wirkung aus. Eigentlich war ja nichts passiert, außer dass sie die nächsten Wochen finanziell anderweitig überbrücken musste. Dennoch war sie deprimiert. Sie hatte sich bereits allerlei interessante Gedanken zu dem „Schouh-Bidou"-Projekt gemacht.

Sie ging die Vertragsunterlagen durch. Sie musste schauen, wie sie zumindest noch an einen Teil ihres Honorars kam und wie es überhaupt weitergehen sollte. Von daher war sehr zu hoffen, dass ihr Klient für Gehwerkzeuge durch dieses Desaster nicht vollends unter die Räder kam. In drei Wochen würde sie bei der Rohmeyer GmbH, einem Hersteller für Gartengeräte im Harz, vorsprechen, um ein Konzept für die Personalentwicklung vorzubereiten, das Übliche. Was konnte sie bis dahin machen?

Sie hatte ihren PC kaum hochgefahren, als das Telefon erneut läutete. Der Anrufer stellte sich als Sven Ottweiler vor und kam schnell zur Sache. Ob sie sich vorstellen könne, auch für eine Partei zu arbeiten?

„Um welche Partei handelt es sich denn?"

„Haben Sie schon mal für eine Partei gearbeitet?"

„Nicht wirklich, ehrlich gesagt."

„Das macht auch nichts, das ist womöglich sogar von Vorteil."

Dass der Anrufer ihre Frage mit einer Gegenfrage beantwortete, machte Lara stutzig, aber auch neugierig. Mit einem „Augenblick bitte noch" tat sie so, als ob sie angestrengt auf ihrem Schreibtisch Ordnung schaffte. In Wirklichkeit hatte sie „Sven Ottweiler" gegoogelt und wusste nun, um welche Partei es sich handelte. Das versprach zumindest spannend zu werden.

14.

Der Saal des Restaurants „Weinhaus Woehler" war gut gefüllt. Die Menükarte begann mit einer Süßwasser-fischsuppe und endete mit Schweinemedaillons und Rumpsteak. Dies waren gewissermaßen die Intervall-klammern des Speiseangebots. Die Decke war von rusti-kalen Eichenbohlen durchsetzt, die wiederum von wuch-tigen Eckpfeilern und Querstreben gestützt wurden. Die Optik passte gut zur deutschen Küche. So gesehen war das Eichenholz die Fortsetzung der Speisekarte mit architekto-nischen Mitteln.

Vorne stand ein kleines Rednerpult und am anderen Ende des Saales gab es Rostbratwürstchen mit Sauerkraut, Leberkäse mit Bratkartoffeln und andere Hausmannskost als Buffet. Richard und Patrizia hatten sich nichts davon aufgeladen. Sie, weil sie schon satt, und er, weil ihm der Appetit vergangen war.

Richard konnte es noch immer nicht so richtig begrei-fen, wohin es sie verschlagen hatte. Sie waren auf einer AfnP-Veranstaltung gelandet, einfach so. Eigentlich war es aber doch nicht einfach so, denn alles war der Reihe nach passiert. Ursprünglich hatten sie in dem Lokal nur brunchen wollen. Direkt neben dem Eingang hatte eine eher kleine, leicht zu übersehende Schiefertafel darauf hingewiesen, dass hier und heute der AfnP-Kreisvorsit-zende Graudenz zur Bundestagswahl sprechen würde. Natürlich hatte er Patrizia mit einem aufgebrachten „das ist doch wohl jetzt nicht dein Ernst" gleich die Pistole auf die Brust gesetzt. War es nicht am Ende ein Trick von ihr, ihn hierher zu locken? Energisch wies sie dies sogleich zurück.

Mit „bis die anfangen, sind wir doch längst wieder weg" hatte sie Richards Bedenken nicht wirklich zu zerstreuen gewusst. Ein Restaurant, das alten und neuen rechten Phrasendreschern eine behagliche Bleibe bot, war so gar nicht seine erste Wahl. Es kostete ihn schon Überwindung, dort Platz zu nehmen, wo wenig später mit mathematischer Sicherheit gegen Migranten und andere Minderheiten Stimmung gemacht werden würde.

Aus Sicherheitsgründen hatte man wohl auf große Plakatankündigungen verzichtet. Wahrscheinlich waren nur ausgesuchte Personen eingeladen worden. Ganz offensichtlich schien es in Schwerin keine organisierte Antifa-Szene zu geben. Rechte Meinungen durften sich also auch hier heimischer und geborgener fühlen als anderswo. Bestimmt hatte Patrizia es von vornherein auf die braune Freak-Show angelegt und er war regelrecht in eine Falle getappt.

„Man kann ihn sich doch mal anhören, wenn wir schon mal hier sind."

Richard sah sich im Saal um. Die Gästeschaft änderte sich von Minute zu Minute. Waren es vor einer guten Stunde noch Familien mit Kindern in Sonntagslaune gewesen, so dominierten nun teure Jackets. Aus Trachtenjankern mit Stehkragen ragten eisgraue Häupter heraus. Ein Teilnehmer hockte in einem Reiterkostüm, ein anderer in einer dreiviertellangen Lederhose herum. Das Ganze erinnerte Richard an das Gemälde „Die Stützen der Gesellschaft" von George Grosz. Anders als auf dem Bild war der Groll hier aber noch hinter biederen Mienen verborgen, als traue er sich noch nicht so recht ans Tageslicht, als warte er noch auf günstigere Zeiten.

„Es sind auch ein paar Frauen da, immerhin."

Patrizia hatte Recht, es waren Frauen da, einige wenige, außen blond und innen braun. Die meisten von ihnen schienen eine Art ehelicher Wurmfortsatz zu sein.

„Man kann sich das doch wenigstens mal anhören."

Ja, er, Richard, würde es sich anhören, schon deshalb, um ihr endgültig und unmissverständlich klarzumachen, was das für ein Verein war. Es würde nachher eine Aussprache geben, sei es bei ihr zu Hause oder auch an der frischen Luft, das war überfällig. Dann war der ganze Ewiggestrigen-Zirkus hier wenigstens noch zu etwas nütze. Ohne Krach und Ärger würde es dieses Mal wohl nicht abgehen. Das war schade, denn eigentlich lief es in letzter Zeit nicht schlecht zwischen ihnen und überhaupt.

Immerhin kam Patrizias Geschäft allmählich doch in die Gänge. Die Sommerkollektion wurde angenommen, der Laden bekam von der vorbeiflanierenden Kaufkraft nun endlich größere Portionen ab. Vielleicht rechnete sich das Ganze ja doch noch irgendwann. Dennoch war der gestrige Abend anders gelaufen als sonst. Sie hatten das erste Mal zur Begrüßung nicht miteinander geschlafen. Ihre sonst so anziehenden körperlichen Reize hatten ihn kaltgelassen.

Richard sah sie wieder an, musterte von der Seite ihr markantes Profil. Es war schon seltsam, dass er ganz plötzlich Lust auf sie bekam. Vielleicht reizte ihn ja gerade der Sex mit einer Widerspenstigen. Mit ein bisschen Glück würden sie den am Abend nachholen, natürlich erst, nachdem er mit ihr Tacheles geredet hatte. Dass die Standpauke Vorspeise und der Sex Hauptgang sein würde, machte ihn tatsächlich an.

Ein noch relativ junger Bursche, der ebenso gut Hausmeister wie Verkäufer im Baumarkt hätte sein können, betrat das Podium.

Das Haus sei ja bekannt für seine exzellente Küche, aber hier und heute gehe es darum, mit welchen Rezepten unser Deutschland, unser geliebtes Vaterland noch zu retten sei. Und er sei sich ganz sicher, der verehrte Kreisvorsitzende Graudenz habe ein paar davon in seinem Programm.

„Na, dann Mahlzeit."

Patrizia legte mit einem Schhhhh den Zeigefinger auf Richards Lippen. Es wirkte affektiert, fast schon albern und dem Ernst der Lage unangemessen, wie Richard fand. Das „Mahlzeit" war ihm wohl wirklich etwas laut herausgerutscht. Ein Ehepaar drehte sich zu ihm herum und bedachte ihn mit einem noch neutralen Blick.

Applaus brandete auf, als ein Mann aus der ersten Reihe auf das Podium stieg. Der Kreisvorsitzende Graudenz entsprach so gar nicht dem Neonazi-Klischee vom tumben Rechten mit Glatze und Springerstiefeln. Er hatte mittellange Haare, trug einen Mittelscheitel und wies eine markante Kinnpartie auf.

Kreisvorsitzender ist gut, dachte Richard, eigentlich war diese Bezeichnung per se schon ein Etikettenschwindel. Der Typ kam ja ganz augenscheinlich aus der äußersten rechten Ecke. Deshalb war er wohl eher ein Rechteckvorsitzender. Richard kicherte fahrlässig laut über seinen eigenen Humor.

Der Kreisvorsitzende begrüßte die Anwesenden und kam gleich zur Sache. Es ging heute um die Europapolitik und um das eigenwillige Europaverständnis der Bundeskanzlerin, das sich in einer doch höchst eigenwilligen Rhetorik Luft mache. Egal worüber Frau Merkel spreche, man könne sicher sein, dass sie geradezu gebetsmühlenartig vor Abschottungen und nationalen Alleingängen warnen würde. Dabei schotte sich doch außer Nordkorea kein Land ab und nationale Alleingänge seien doch wohl eher mit dem Namen Merkel verbunden, wie die nun schon jahrelange Politik der offenen Grenzen zum Beispiel.

„Das mit den offenen Grenzen, das war doch 2015, das sind doch alte Kamellen. Lasst euch mal was Aktuelleres einfallen", flüsterte Richard leise, aber womöglich dennoch zu laut.

Der Kreisvorsitzende hatte sich weiter auf Angela Merkel eingeschossen. In Paris habe die Kanzlerin bei einem Treffen mit Präsident Macron gesagt, sie sei in tiefer Sorge, dass sich wieder nationale Scheuklappen ausbreiteten. Diese könnten sogar das gesamteuropäische Friedenswerk in Gefahr bringen.

„Mal ehrlich, meine lieben Freunde, kennt einer der hier Anwesenden irgendjemanden, der tatsächlich den Frieden in Europa bedrohen will?" Der Vorsitzende Graudenz wartete neugierig auf Antwort. Es herrschte absolute Stille.

„Und was ist mit eurer Deutschtümelei, Grenzen dicht, Euro weg, ist das die Antwort?"

Noch im selben Augenblick spürte Richard eine Hand groß wie ein Klodeckel auf seiner Schulter. Zwei Männer standen hinter ihm, einer mit Glatze, der andere mit gepflegtem Bürstenschnitt. Dass sie hart und entschlossen, aber nicht unbedingt dumm wirkten, machte sie unheimlich.

Der nun folgende Teil der Veranstaltung galt nur für ihn persönlich.

„Komm Freundchen, Abmarsch."

„He, was soll das?"

„Du kannst draußen weiter krakeelen. Hier drinnen hat die Antifa Sendepause."

„Was sind denn das für Methoden?"

„Los, raus jetzt!"

Der Kreisvorsitzende hatte seine Ansprache unterbrochen. Richard überlegte, ob er es auf eine tätliche Auseinandersetzung ankommen lassen sollte, aber er hatte am Dienstag wieder Termine und konnte sich keine Gesichtsschrammen und schon gar keine blauen Augen leisten. Auch Patrizia erhob sich, wartete aber bis Richard im Gleichschritt mit seiner Eskorte den Saalausgang passierte.

„Da scheint wohl jemand in der falschen Veranstaltung zu sein. Die Grünen kommen doch erst nächste Woche nach Schwerin". Das Gelächter darüber war das letzte, was Richard aus dem Saal noch hörte. Die beiden Kellnerinnen, die Richard vorhin noch zuvorkommend bedient hatten, würdigten ihn keines Blickes mehr. Sie signalisierten einfach nur schweigendes Einvernehmen mit der Art und Weise, wie hier mit ihm umgesprungen wurde.

Würde vor ihren Augen ein Dunkelhäutiger zusammengeschlagen, dann würden sie vermutlich ebenso dasitzen und ins Leere starren. So funktionierte der Faschismus. Für den Triumph des Bösen genügte es schon, dass die Guten nichts taten.

Mit einem kurzen, aber heftigen Stoß an der Schulter und mit einem wütendem „He" stolperte Richard auf den Bürgersteig.

Draußen war gerade niemand zu sehen und so gab es Gott sei Dank auch niemanden, der Zeuge dieses ganz und gar nicht souveränen Auftretens in einem ansonsten so souveränen Juristendasein werden konnte. Es dauerte nur einen kurzen Moment, bis Patrizia herauskam.

„Naaa, was war das denn jetzt?"

„Wie bitte? Was das war? Das hast du doch gerade selbst gesehen. Parteipolitisch organisierte Arschlöcher spielen sich auf und können keinen Widerspruch vertragen."

„Du hättest ja ausnahmsweise mal den Mund halten können."

„Sag mal, geht's noch? Das war doch deine Idee, sich diesen politischen Sondermüll hier anzutun."

„Wir haben doch kaum was gehört, und was wir gehört haben, das war für mich gar nicht so ein Müll, ehrlich gesagt."

„So, war es nicht? Weißt du, was? Sei lieber froh, dass es hier keine Gegendemo gibt und dass dich niemand erkennt, sonst könntest du deinen Laden gleich dichtmachen."

„Meinst du?"

„Ja, meine ich, und wer dann wohl wieder einspringen darf?"

Patrizia lächelte ihn an, ganz so, wie sie es bei der Fachtagung getan hatte, als sie sich zum ersten Mal begegnet waren.

„Wer weiß, dann kommen vielleicht andere Kunden zum Einkaufen", das Wort *andere* betonte sie ganz besonders.

„Wartest du noch kurz? Ich muss noch mal auf die Toilette."

Richard setze sich auf die Bank neben dem Eingang. Jetzt würde es die längst überfällige Aussprache geben, aber er war sich nicht mehr so sicher, ob er das überhaupt noch wollte. Der am besten geeignete Zeitpunkt dafür, war bereits verpasst, das wusste er jetzt.

Patrizia ließ auf sich warten. Die toilettenübliche Zeitspanne war allmählich ausgeschöpft. Er überlegte, ob er heute überhaupt noch Lust hatte, sie zu sehen, und wenn doch, was sie jetzt noch machen konnten. Wie ließ sich der Tag noch so fortsetzen, dass sie beide wieder runter kamen? Am besten, sie würden wieder in dem schönen Schlosspark spazieren gehen. Das hatte bisher immer gutgetan.

Richard versuchte sich abzulenken. „Sauerbraten mit Rotkohl und Semmelknödeln 17,90 €" stand in Kreide auf der Tafel zwischen seiner Bank und der Eingangstür. Fehlte nur noch der Hinweis auf die braune Soße. Die Tafel für die Veranstaltung war verschwunden.

Patrizia schien vollkommen entspannt, als sie sich mit sanftem Schenkeldruck neben ihn setzte. Im Gegenteil, sie lächelte Richard betont nachsichtig an.

„Weißt du, was? Ich glaube, ich geh da wieder rein."

„Ist das jetzt dein Ernst?"

„Ja, es ist mein Ernst. Ich möchte mir das einfach anhören. Ich möchte mir einfach nur anhören, was der Typ meint und was er will."

„Jetzt spinnst du also komplett."

„Aber wieso denn? Ich möchte doch nur ein Grundrecht wahrnehmen. Dafür müsstest du doch als Jurist Verständnis haben."

Patrizia umarmte ihn.

„Jetzt mach nicht so ein Gesicht. Komm, gib deinem Herz einen Stoß. Lass mich doch einfach Mal meine eigene Meinung bilden, ohne dich vorher um Erlaubnis zu fragen, hm?" Das „Hm" garnierte sie mit einem lauten Kuss.

15.

Lars Rudorf war auf Wanderschaft, aber es war wohl doch eher ein Spaziergang. Das üppige Grün rund um den Grunewaldsee spendete Schatten, das rotweiße Ensemble des Jagdschlosses Grunewald schimmerte vom anderen Ufer herüber.

Es waren um die Vormittagszeit nur wenige Menschen unterwegs, ein paar Herrchen und Frauchen spazierten ihren nicht angeleinten Hunden hinterher. Eigentlich war das ja verboten. So gesehen wurden nicht nur die Hunde, sondern auch die Vorschriften von der Leine gelassen.

Lars liebte den Wald und ganz besonders seinen Geruch. „Die Wälder schweigen, aber sie sind nicht stumm. Wer auch kommen mag, sie trösten jeden." Dieses Kästner-Zitat passte gut. Solche Worte wurden dem aus allen Blättern duftenden und rauschenden Naturtempel mehr als gerecht.

Mit dem Spaziergang belohnte sich Lars dafür, dass er gestern Unmengen von Papierkram und andere überflüssige Dinge ausgemistet hatte. Der schon vergilbte Mietvertrag über seine erste Studentenbude hatte den Entsorgungsrausch überlebt. Ein Teil, der ebenfalls bleiben durfte, baumelte gerade an seinem Hals. Es war eine Voigtländer Vitomatic II, ein Erbstück von seinem Großvater. Er erinnerte sich noch, wie gerne er als Kind mit der so geheimnisvoll blitzenden Kamera Auto gespielt hatte, bis seine Mutter sie ihm mit liebevoller Nachsicht aus der Hand nahm und fortan in unerreichbarer Schubladenhöhe deponierte.

Fotografiert worden war damit schon lange nicht mehr. Aus einer spontanen Laune heraus hatte Lars sich entschlossen, die Kamera wieder in Betrieb zu nehmen, sie wieder der Bestimmung zuzuführen, für die sie mit so viel Liebe zu Funktion und Detail erschaffen worden war.

Ein paar Motive hatte er bereits auf Film gebannt, unter anderem einen verfallenen Hochsitz, einen morschen Bootssteg und die schöne Altbaufassade des Hauses, in dem er seit dreißig Jahren wohnte. Wie die Bilder werden würden? Da ließ er sich einfach mal überraschen.

Natürlich dachte Lars wieder über den Lesekreis nach. Es hatten nunmehr zwei reguläre Treffen stattgefunden, genug für eine erste Zwischenbilanz. In literarischer Hinsicht schienen sich seine Erwartungen zu erfüllen, es wurde niveauvoll über Autoren und Werke diskutiert. In zwischenmenschlicher Hinsicht hingegen schienen Abstriche angezeigt. Richard protzte in seinem Franz-List-Look nicht mehr nur mit seiner Uhr, sondern auch mit seiner angereicherten Sex-Vita herum, und für Brigitte war der Rest der Welt anscheinend auch nur dazu ausersehen, ihre resoluten Belehrungen zu empfangen. Die Chemie stimmte zwischen Lars und ihnen nicht wirklich und das schien durchaus auf Gegenseitigkeit zu beruhen. Die beiden hatten auch mit ihm ein Problem, das war nicht zu übersehen. Vielleicht sollte er sie einfach mal gezielt darauf ansprechen, aber Gespräche dieser Art waren nicht seine Stärke, sie machten ihm vielmehr Angst. Am Ende würde sich die Kraft der gegenseitigen Abneigung womöglich doch als stärker erweisen. Dann führten solche gut gemeinten Wiederannährungsversuche zu nichts. Dazu kam noch eine viel größere Angst, nämlich die, dass er die beiden am Ende sogar noch verstehen könnte. Am besten war es wohl, sich erst einmal zurückzuhalten und den atmosphärischen Selbstheilungskräften zu vertrauen.

Was das Thema Frauen anging, tappte er ebenfalls nach wie vor in seiner ganz eigenen Dunkelkammer herum. Lara mit ihrer Mischung aus Mannequin und Lady war einfach nicht seine Liga und es gab auch keinerlei Anzeichen dafür, dass sie es anders sah. Er durfte allenfalls an ihrem imaginären Laufsteg Platz nehmen, wenn sie mal wieder ein neues Kleid spazieren führte. Hendrike dagegen gefiel ihm immer mehr. Wenn er nicht gerade bei Carity und damit in Chardas Nähe war, ertappte Lars sich immer wieder dabei, wie er sich regelrecht in einen Beziehungsalltag mit ihr hineinträumte.

Was konnte er für sie sein? Er wusste es nicht so genau, und auch das machte ihm ein wenig Angst. Er wusste nur, dass ihm etwas fehlte, dass seine Persönlichkeit nicht vollständig war, solange er allein blieb, und dass es ihm noch immer und sogar zunehmend an Selbstbewusstsein gegenüber Frauen mangelte.

Was Hendrike ihm geben könnte, das war schon wesentlich klarer: Jugendlichkeit, Liebe, Kameradschaft, Rückhalt. Er stellte einen Vergleich mit Britta an. Seine Ex hatte immer wieder politische Themen zur Sprache gebracht, und zwar gerade solche, die sie beide bereits x-fach durchgekaut hatten. Und wozu? Um mit alten Kamellen immer wieder neue Fronten aufzumachen, immer häufiger auch noch in Gesellschaft anderer. Das würde er bei Hendrike bestimmt nicht erleben. Aber sie war eindeutig zu jung, von daher waren solche Gedankenspaziergänge wie dieser von vornherein Makulatur.

Er hatte mal einen sehr schönen Satz gelesen, wonach es Menschen gebe, die einfach nicht zu Ende geboren worden seien. Der Historikerkollege Klaus Theweleit hatte es in einem seiner Bücher so formuliert. Genauso fühlte Lars sich. Er fühlte sich nicht zu Ende geboren, weil er sämtliche Chardas und Hendrikes dieser Erde in seinem Leben schlicht und einfach verpasst hatte.

Lars hatte lange und oft nach Gründen gesucht, warum das so war. Es kamen immer wieder die gleichen Erinnerungen hoch. Egal, ob auf dem Schulhof, in der Diskothek, im Bus oder sonst wo, immer schienen die aussichtsreichen Flirtpositionen von vornherein besetzt. Dass seine Schüchternheit, im Nachhinein betrachtet, einfach nur banal und ohne den geringsten Hauch von weltlicher Tragik war, damit haderte er beinahe noch mehr als mit der Tatsache, dass er von den Objekten seiner Sehnsucht zu wenig abbekommen hatte.

Ein Graureiher stand kniegelenktief im Wasser und sah ihn an, als sei die Jagd nach Fischen ein intimer Vorgang, bei dem er nicht gestört werden wolle. Lars bannte den Reiher noch mit auf den Film, experimentierte ein bisschen mit der Schärfentiefe, dann hatte er seinen Fahrradparkplatz wieder erreicht.

Er setzte sich auf eine Bank und fragte sein Smartphone, was sich während seines Fotospaziergangs so alles zugetragen hatte. Es war nicht viel passiert. Eine SMS war eingegangen. Sein altlinker Freund Tobias Moretin hatte noch einmal an die Verabredung zum Kino heute Abend erinnert. Lars schaffte es, gerade noch das Smartphone wieder in die Tasche zu stecken bevor es klingelte.

16.

Lars war noch immer perplex. Da hatte er an eine tolle Frau gedacht und dann rief diese Frau im selben Moment auch noch an. Das war ihm noch nie im Leben passiert. Normalerweise meldeten sich Frauen umso seltener, je sehnsüchtiger man an sie dachte. Wenn das mal keine Fügung war. Hendrike musste jeden Moment kommen. Sie hatten sich im Carity-Laden verabredet, ganz spontan. Nur schade, dass Charda heute nicht da war. Wenn man Frauen besonders beeindrucken konnte, dann damit, dass man bei anderen Frauen gut ankam.

Aus dem Lager- und Arbeitsraum in der unteren Etage war die penetrant sonore Stimme von Janusz zu hören. Janusz war der Shop-Supervisor. Er war der Filialleitung übergeordnet, kam also direkt vom Zentralkomitee wie Lars das Headoffice nannte. Einmal im Monat pflegte Janusz sich mit neuen Regularien und Verbesserungsideen wichtig zu machen. Man sah ihn auffallend nah neben Simone und Charda am Bildschirm sitzen. Lars gegenüber machte er gerne auf dynamisch und durchsetzungsstark, was Lars auf den Altersunterschied zurück führte, war Janusz doch gut zwanzig Jahre jünger. Gerade deshalb schien er es wohl nötig zu haben, seine Autorität zu beweisen. Lars konnte ihn schon allein wegen seiner gegelten Hipster-Stachelfrisur nicht ausstehen.

Die Ladentür öffnete sich und Hendrike zog einen Kometenschweif an Fröhlichkeit hinter sich her. Sie umarmten sich und Lars führte sie gleich zu der großen Bücherecke im Obergeschoss, schon allein um dem Geplärre von Janusz zu entgehen. Hendrike warf einen wachen Blick auf die Regale, sie paradierte ihnen im Zeitlupentempo entlang. Immer wieder zog sie unter Ahs und Ohs Bücher hervor und gab kurze Bewertungen ab. Spätestens jetzt ging Lars ihrer Bescheidenheitsmasche in Sachen Literatur nicht mehr auf den Leim.

Hendrike käme gerne auf Lars' freundliches Reservierungsangebot zurück. Ob *Der Eisvogel* noch vorrätig sei? Leider hatte Lars die beiden Tellkamps zum Verkauf freigegeben, nachdem beim Literaturabend niemand auf seinen Vorschlag eingegangen war. Schon bald waren sie aus dem Regal verschwunden. Hendrikes guter Laune tat dies aber keinen Abbruch. Sie kaufte zwei andere Bücher, *Unterleuten*, eine dicke Schwarte von Juli Zeh, und *Vom Wasser* von John von Düffel. Beide gefielen Lars gut, und das gab für Hendrike den Ausschlag.

„Sag mal, hast du nachher schon was vor?"

Lars verneinte gehorsam. Zwar gab es die Verabredung mit Tobias Moretin, aber zur Not konnte er die immer noch absagen, von wegen Mehrarbeit im Laden und so. Wenn eine Männerfreundschaft unterschiedliche politische Einstellungen vertrug, dann hielt sie so etwas erst recht aus.

Nur kurze Zeit später saßen sie einander in einem koreanischen Restaurant beim Aperitif gegenüber. Das Restaurant hatte gerade neu eröffnet. Ein alteingesessenes Reformhaus hatte dem allerneusten kulinarischen Trend weichen müssen. Überall wuchsen koreanische Restaurants wie die Pilze aus dem Boden. Es war auch nicht weiter verwunderlich, waren gerade die Fleischgerichte doch fettarm und schmeckten prima, dafür war koreanisches Essen ja bekannt.

Hendrike wurde von Minute zu Minute hübscher. Also, wie er ihr vorhin den Von *Düffel* und die *Julie Zeh* schmackhaft gemacht habe, das sei richtig gut gewesen. Eigentlich müsse er, Lars, doch in einer richtigen Buchhandlung arbeiten, gegen Bezahlung, so gut und professionell wie er sei.

„Na ja, gut, Bücher wie der dicke Zeh verkaufen sich von allein. Die brauchen mich nicht", ruderte Lars zurück. *Unterleuten* ist einfach gut."

„Dicker Zeh? Ach so", Hendrike lachte glucksend. „Stimmt, Humor hast du ja auch noch."

„Aber nur bis Feierabend, wenn überhaupt. Wenn die Kunden weg sind, verschwindet meistens auch mein Humor".

Lars grinste mehr mit dem Tonfall als mit dem Gesicht. „Schade", entfuhr es Hendrike.

Was sie ihm auch noch sagen wollte, bei ihr seien heute mehrere E-Mails aus dem Lesekreis eingegangen. *Der Eisvogel* von Tellkamp sei anscheinend überall vergriffen, auch die anderen hätten Probleme, das Buch zu bekommen. Deshalb würden es einige nicht mehr schaffen, es auf die Schnelle noch zu lesen. Ob sie das nächste Mal nicht etwas anderes machen könnten?

„Wie wäre es zur Abwechslung mal mit einem Verriss-Abend?"

Das war doch die Idee. Lars freute sich sehr über seinen genialen Geistesblitz.

„Verriss-abend?"

„Ja, jeder soll ein Buch, das er total daneben findet, mal so richtig in die Pfanne hauen dürfen."

„Und das soll was bringen?" Hendrike hatte einen leicht skeptischen Blick aufgesetzt, den sie aber nach ein paar Sekunden mit einem „Warum eigentlich nicht" wieder beiseiteschob.

„Eben, warum nicht? Betrachte es einfach als eine Art Polterabend. Nur wird kein Porzellan zerschlagen, sondern Literatur."

„Aha, soso, Polterabend, aber es heiratet doch niemand."

„Sag das nicht, immerhin sind wir den Bund mit der Literatur eingegangen, und außerdem, Autoren bekommen so viel Aufmerksamkeit und Zuwendung, die bekannteren jedenfalls. Warum sollen wir Namenlosen uns da nicht einmal ein bisschen austoben dürfen?"

Hendrike verpasste ihrem hübschen Gesicht ein paar Arbeitsfalten. Wenn ihr Mund einmal nicht schief hing, dann war das ein Zeichen, dass es hinter ihrer Stirn angestrengt zuging, dass es dort Fitnessübungen gab. Sie sagte aber nichts mehr dazu.

Dann blickte sie Lars ozeantief in die Augen. Den Lesekreis empfände sie als eine solche Bereicherung. Dank ihm Lars, lerne sie viel über Literatur und sei obendrein noch mit interessanten Menschen zusammen. Das sei sehr anregend. Sie habe sich auch schon mit Lara angefreundet. Lara bringe ihr das Nähen bei. Lara sei eine tolle Frau. Was die so alles leiste und stemme.

„Ja, sie ist schon wer", hörte Lars sich sagen.

Er dachte noch einmal über die Idee mit dem Verriss-Abend nach. Er war sich auf einmal selbst nicht mehr so ganz sicher, aber Hendrike hatte es ja schon durchgewinkt. Bei ihm zu Hause stand genug langweiliger Kram herum. Gerade erst hatte er ein Buch von Christa Wolf in den Fingern gehabt, deren Dauerlarmoyanz er nicht ausstehen konnte. Verriss-Abend, das war doch mal was anderes. Da durfte man wenigstens mal so richtig Dampf ablassen, was andere für Feuilleton-Meriten einfuhren, obwohl sie doch auch nur mit Wasser kochten.

Hendrike klappte die Speisekarte zu und winkte den Kellner herbei.

„Ich finde es toll, wenn ein Mann viel liest. Damit meine ich nicht Sachbücher, sondern Romane."

„Warum?"

„Weil es zeigt, dass er sich nicht nur für Sachen, sondern auch für Menschen interessiert. Mein Freund macht sich leider nicht so viel aus Literatur. Manchmal muss ich ihm regelrecht in den Hintern treten, damit er mal einen Roman liest, aber wenn wir dann anschließend darüber diskutieren, ist es sehr schön."

„Das ist aber sehr schade. Was macht er denn stattdessen gern?"

„Er schraubt viel an seinem Motorrad herum."

Hendrike machte eine kurze Pause.

„Er hat schmutzige Hände, aber einen sauberen Charakter."

„Na, das ist ja wirklich Pech für dich und für ihn erst recht. Er weiß nicht, was ihm da entgeht."

„Wem sagst du das." Hendrike seufzte laut.

„Soso, schmutzige Hände, hat er denn wenigstens auch schmutzige Fantasien?"

„Daran mangelt es zum Glück nicht."

Lars schaute auf seine Smartwatch. Es war gut, dass er Tobias noch nicht abgesagt hatte. Wenn er nur eine Vorspeise nahm, konnte er noch rechtzeitig zum Filmbeginn im Kino sein.

17.

Lars verspätete sich ein paar Minuten. Die Kinowerbung zerrte und zupfte bereits an der Kaufbereitschaft herum. Tobias war mit seinem Schifferkrausenbart auch im Halbdunkel sofort zu erkennen. Er nahm die leichte Sommerjacke von seinem Nachbarplatz und stand zum Händeschütteln sogar auf.

Nach der Werbung kamen die Trailer, Dialogfetzen und Momentaufnahmen, die für sich gesehen nur wenig Zusammenhang erkennen ließen. Warum machte sich niemand die Mühe, eine Art kurze Einführung in die Story zu geben, worum es eigentlich ging? Warum gab es keine Klappentexte für Filmvorschauen wie bei Büchern?

Der Film selbst schien zu halten, was er versprach. Ein Familienvater musste sich als Paketfahrer verdingen, und die Launen des Schicksals meinten es nicht gut mit ihm. Der Job war hart, sein Sohn pubertierte renitent herum und schwänzte die Schule. Aber der Vater konnte nichts dagegen tun, weil er von früh bis spät eingespannt war und auch seine Frau als mobile Altenpflegerin am Limit arbeitete. Der Schluss blieb mit einem pessimistischen Unterton offen.

Beim anschließenden Bier-Feuilleton waren Lars und Tobias sich einig. Als Studie einer Überforderung sei der Film ganz gelungen, wiewohl ihn beide nicht für das beste Werk des Regisseurs hielten. Immerhin schärfe es die Empathie für prekäre Arbeitsverhältnisse und Lebenssituationen.

Dann geriet das Gespräch ganz plötzlich ins Stocken. Obwohl sie sich längere Zeit nicht mehr gesehen hatten, schien es, als hätte sich der Vorrat an Themen schlagartig verflüchtigt. Die Pause weitete sich zu einem regelrechten Verlegenheitsschweigen aus.

„Sag mal, wie hältst *du* es eigentlich mit denen?"

Tobias machte eine Daumenbewegung nach draußen, und Lars war klar, dass er eigentlich nur den Aufruf zu einer Demonstration gegen die AfnP meinen konnte. Er war direkt vor dem Eingang in Kopfhöhe an einem Gaslaternenmast befestigt und hatte die Abrissfreude gegen rechte Wahlplakate bisher überstanden. Tobias' Kumpelgesicht hatte sich, wenn auch nur ganz leicht, in eine Prüfmiene verwandelt.

Lars war über die Frage unangenehm berührt. Zwar hatten sie das Thema bei einem ihrer letzten Telefonate mehrfach berührt, eine direkte Aussprache und vor allem Bewertung dieser Partei hatten beide aber gezielt vermieden. Eigentlich hatte Lars auch jetzt keine große Lust dazu.

Er zuckte müde mit den Schultern. „Fällt wohl unter die Rubrik, „unangenehme Wahrheiten." Er nahm einen kräftigen Schluck, räusperte sich leicht und bestellte noch zwei Klare. Das Gespräch stockte erneut. Mit der Bestellung verschaffte Lars sich für die nächsten Äußerungen eine kurze Bedenkzeit.

„Eine Demokratie lebt doch vom Mitmachen, oder tut sie das nicht?"

Tobias grinste mit verkanteten Lippen. „Klar, jeder darf mitmachen." Er blickte verloren in den Raum und zur gut besetzten Theke herüber. „Also bei mir macht sich allmählich Pessimismus breit. Ich zweifle und verzweifle immer mehr an der Wählervernunft, ich hätte den Bürger für mündiger, um nicht zu sagen für klüger gehalten."

„Ach was, aber so etwas kann nun einmal passieren, wenn Nachfrage auf Angebot trifft."

Tobias kippte seinen so zackig herunter, dass es gar nicht mehr zu seinem gemütlichen Gesicht passen wollte.

„Jedenfalls bin ich dir für den Filmvorschlag dankbar. Damit solche Zustände wie in dem Film nicht noch mehr einreißen, deshalb bin ich bei den Linken. Ich weiß jetzt umso mehr, wohin ich politisch gehöre. Bei dir scheint mir das ja nicht mehr so ganz klar zu sein, seit Neuestem."

Auch Lars leerte seinen Klaren jetzt aus.

„Stimmt, ich tue mich deutlich schwerer mit der Bewusstseinsbildung in letzter Zeit."

„Schon klar, bei dem bunten Angebot, bei der Vielfalt der Parteien."

„Weißt du, manchmal kann eine Wahlentscheidung auch eine verdammt persönliche Sache sein", fuhr Lars fort.

„Ist sie das nicht immer … oder was willst du damit sagen?"

„Was ich damit sagen will? Sagen wir es mal so:

Was ist denn eigentlich passiert? Eine neue Partei sorgt genau bei denen für Aufregung, die ich sowieso noch nie ausstehen konnte, selbsternannte Gesinnungsprüfer, Sonntagsredner und Betroffenheitsapostel. Schauspieler und Sangesbarden, die mit moralischem Überlegenheitsgetue was von Toleranz und Weltoffenheit erzählen, ihren

Nachwuchs aber auf teuren Privatschulen unterbringen, damit sie mit den Kehrseiten der Massenmigration gar nicht erst in Berührung kommen. Schau dir das ganze Migrationsdesaster doch an. Und jetzt ist eine neue Partei ist aufgekreuzt, ein oppositioneller Reflex in der politischen Landschaft, so what? Wenn ein Boot zu kentern droht, dann lehne ich mich automatisch auf die andere Seite und stelle mich nicht in die Mitte. DAS nennt man Gleichgewicht."

„Ach ja, der gute alte Thomas Mann. Und nun, was willst du mir damit sagen? Heuchler und bigotte Spießer gab es schon immer und überall, das ist nun wirklich nichts Neues, und noch lange kein Grund, eine rechte Partei zu wählen."

„Wie auch immer, ich schulde einer moralisch auserwählten Kaste gar nichts, keine Wahlentscheidungen und schon gar nicht das Demokratieverständnis, das sie meinen."

„Was für ein Demokratieverständnis, was meinst du damit?"

„Damit meine ich, dass rechts von Merkel von vornherein nichts mehr erlaubt sein darf, egal wie weit sie auch nach links driftet, unter anderem."

Tobias war nun regungslos in einer Art von Stand-By-Modus versunken. Jedwede Neugier auf weitere Erklärungen von Lars war aus seinem Gesicht gewichen.

„Herrgott, ich möchte das Land, in dem ich groß geworden bin, auch in ein paar Jahren noch wiedererkennen. Ist das jetzt rechtsradikal und rassistisch?"

„Tja, zu meinem Bedauern sehe ich mich außerstande, dir fundamental widersprechen zu können. Aber du kannst doch nicht nur deinen ganz persönlichen Seelenkrempel mit in die Wahlkabine nehmen. Eine Wahlkabine ist doch kein Kummerkasten. Da braut sich was zusammen, das musst du doch sehen."

„Ich kann dich beruhigen, es ist noch längst nicht raus, was oder wen ich wähle."

Lars griff sich wieder die Getränkekarte. Tobias' Vorlesungen begannen ihn wie so oft zu nerven. Da konnte er ebenso gut in einem Gemeinschaftskundebuch für die gymnasiale Mittelstufe herum blättern.

Tobias blickte erneut längere Zeit im nur spärlich besetzten Kneipenraum herum. Die Gäste taten nichts anderes, als was sie beide taten. Sie tranken und redeten. Die Getränke waren ähnlich, nur die Themen waren wohl andere.

„Du scheinst mir eher ein Fall für den Therapeuten als für die Wahlkabine zu sein, wenn ich das mal so sagen darf."

„Wenn du meinst, kannst mir ja einen nennen, der noch freie Therapieplätze hat. Vielleicht komme ich dann ja doch noch zur politischen Vernunft."

Tobias blickte zur Bedienung herüber und hob sein Portemonnaie in die Luft. Dann unterbrach er seine Willenserklärung wieder. Schon sein Tonfall verriet, dass er eine tolle Idee hatte.

„Weißt du, was? Du bist doch so literaturbegeistert. Thomas Mann hatten wir ja schon, jetzt kommt der große Dostojewski."

„Ach so, was hat der denn dazu zu sagen?" Nun war in Lars tatsächlich so etwas wie Neugier erwacht.

119

„Lass es geschehen", das waren seine letzten Worte, das sagte er zu seiner Frau, bevor er starb, und genauso machst du es auch. Du lässt es einfach geschehen. Du stimmst bei der nächsten Wahl nicht für und nicht gegen die. Du hältst dich einfach raus. So richtest du keinen Schaden an."

„Und was krieg ich als Gegenleistung?"

„Ich schaue mich nach einem Therapeuten für dich um." Tobias klimperte grinsend in seinem Portemonnaie herum.

„Was macht übrigens deine Schreiberei, tut sich da mal wieder was?"

Lars zuckte mit den Schultern. „Weiß nicht so recht. Ich warte auf Ideen."

„Tja, Ideen kommen, wenn sie reif sind."

Zehn Minuten später saß Lars auf seinem Fahrrad, und die Tretbewegungen taten ihm gut. Er ärgerte sich jetzt darüber, dass er auf Tobias' Gesinnungs-TÜV so emotional reagiert hatte. Er kam mit sich selbst, was diesen Punkt betraf, einfach nicht mehr zu Rande. Er wusste noch immer nicht, wie er sich zur AfnP positionieren sollte.

Vielleicht würde er das nächste Mal tatsächlich eine ökologische Splitterpartei wählen, und es auf diese Weise einfach nur geschehen lassen. Vielleicht war Tobias' Vorschlag ja doch nicht so dumm. Perspektivisch ging er ohnehin davon aus, dass sich die gemäßigten Teile dieser Partei mit der Zeit durchsetzten, so wie es bei den Grünen ja auch der Fall gewesen war. Am Ende würde ein konservativ-bürgerlicher Täterä-Club übrig bleiben, eine

Art CDU/CSU-Ersatz der siebziger und achtziger Jahre. Dieser würde Talkshows und Nachrichten auch weiterhin aufmischen und für mehr Vielfalt im Kanon der Meinungen sorgen.

Lars sah drei grüne Ampeln vor sich, atmete tief durch und beschleunigte den Trettakt. Er dachte wieder an Hendrike. Wie gerne hätte er diesen und noch viele Abende mehr mit ihr verbracht, aber Menschen wie er schienen für die Liebe wohl nicht geschaffen. Menschen wie er waren für den Streit, für die Konfrontation zuständig, nicht aber für die Harmonie auf dieser Welt.

18.

Lara hatte einen guten Außentisch bekommen. Es gab passend zur Nachmittagszeit viele Kaffee- und Kuchensorten, wofür dieses gemütliche Café über die Stadtteilgrenzen hinaus bekannt war. Ringsherum hatte die Einkaufsstraße ihr Aussehen in den letzten Jahren gründlich verändert. Wo früher Uhren der mittleren Preiskategorie geglitzert hatten, gab es nun italienische Designerschuhe, Duftöle und bunte Gewänder aus Indien. Natürlich war diese Verwandlung auch in das Blickfeld von Berlinreiseführern geraten, und so traf sich auf dem Bürgersteig nun die Flanierlust aus aller Welt.

Lara war mit Milena, einer Jugendfreundin aus Rumänien, verabredet. Beide hatten in Bukarest studiert, Lara Philosophie und Milena Psychologie. Anders als Lara war Milena ausschließlich als Mediatorin tätig und hatte dafür auch sehr gute Karten. Ihr Mann war Scheidungsanwalt und schanzte ihr die Fälle zu.

Beide hatten eine gemeinsame und dennoch höchst unterschiedliche Jugend verbracht. Weil ihr Vater Bezirkssekretär der kommunistischen Partei gewesen war, war Milenas Familie in den Genuss von wahrhaft paradiesischen Privilegien gekommen, wovon Lara nur hatte träumen können. Üppige Fleischzulagen waren nur ein kleiner Teil davon.

Mittlerweile hatte Lara ihrer Freundin deren Sonnenseite in einer Diktatur verziehen. Dennoch nervte es sie, dass Milena noch immer alberne Gerechtigkeitsideale mit sich herumschleppte, die einfach nicht tot zu kriegen waren. Mit dem bedingungslosen Grundeinkommen hatte sie es ganz besonders. Laras Ansicht nach bedeutete das nichts anderes, als das Geld von hart arbeitenden Menschen nach dem Gießkannenprinzip neu zu verteilen, ohne Prüfung von Leistung und Anstrengung. Und natürlich hatte dieses Grundeinkommen von vornherein auch möglichst hoch zu sein. Das war Milenas unumstößliche Meinung.

Die Begrüßungsumarmung fiel zurückhaltend aus, es gab Klärungsbedarf. Sie hatten gestern Abend lange miteinander telefoniert. Lara hatte Milena unter anderem auch von ihrem Treffen mit dem Mann berichtet, der sich am Telefon als Sven Ottweiler vorgestellt hatte.

„Du bist nicht ganz gescheit, das würde ich mir wirklich noch mal überlegen." Milena setzte sich und zog ein edles Zigarettenetui aus ihrer Handtasche hervor. Den Satz hatte sie schon gestern am Telefon gesagt, jetzt wiederholte sie ihn noch einmal um eine Spur resoluter, um nicht zu sagen verärgerter.

Sven Ottweiler war der Vorsitzende des AfnP-Bezirksverbandes Steglitz-Zehlendorf. Lara hatte sich vorgestern in einem Steglitzer Rentnercafé mit ihm getroffen. Ottweiler sollte sich als klassischer Mittfünfziger entpuppen, mit Bauchansatz und Kopfhautkippa. Die kahle Stelle auf seinem Hinterkopf sah tatsächlich wie eine jüdische Kippa aus.

In Ottweilers Parteiverband sei das Klima ziemlich schlecht, die Mitglieder seien zerstritten. Hauptursache war wohl eine junge Frau mit dem Namen Maren Bialas, die erst vor einem Jahr eingetreten war. Diese Frau, so Ottweiler, sei nicht nur ausgesprochen ansehnlich, sondern auch außerordentlich begabt. Sie könne in Partei und Politik eine große

Zukunft haben, wenn es gelänge, die Partei stark und für die konservativ-bürgerliche Strömung wählbar und koalitionsfähig zu machen.

„Hier, hören Sie sich das mal an." Bei diesen Worten hatte Ottweiler einen Laptop aufgeklappt und ein kurzes Video abgespielt. Ein blondes Engelchen sprach zum Thema „Zukunftsperspektiven – Konservatismus als Fortschritt". Konservatismus und Fortschritt, wenn man den Fortschritt als Globalisierung begreife, seien an sich gar keine Gegensätze, sie bedingten vielmehr einander, hieß es in dem Video. Die Globalisierung komme nun einmal, da helfe ein stures Festhalten an völkischen Vergangenheiten ebenso wenig wie Herz auf und Augen zu. Immer mehr Menschen gehe die Zunahme von Moscheen und Kopftüchern einfach nur zu schnell, ohne dass sie gleich wer weiß wie fremdenfeindlich eingestellt seien. Für diese Menschen und nicht für nationalistische Dumpfbacken sollte die Partei künftig Sprachrohr sein.

Es sei in diesen Tagen viel von Milieuschutz, von Erhaltung der sozialen Strukturen die Rede. Warum lasse sich der Milieuschutzgedanke nicht einfach auf ganz Deutschland ausdehnen? In Österreich gebe es bereits spannende Schritte in diese Richtung. So sei gerade ein Kopftuchverbot für Mädchen an Grundschulen beschlossen worden.

Das alles war mit schöner Sprachmelodie vorgebracht worden, während die Kamera immer wieder zustimmenden

Frauengesichtern und grimmigen Männermienen entlang schwenkte.

Kein Zweifel, da war ein politisches Naturtalent unterwegs.

„Sehen Sie", damit hatte Ottweiler den Laptop wieder zugeklappt. Nun gebe es im Bezirksverband noch allerlei Neider und Schwachköpfe, die meinten, attraktive Frauen hätten in der Politik nichts zu suchen, und die sich leider auch anderweitig unangenehm bemerkbar machten, ganz besonders im Netz. Also, kurz gesagt, es gehe darum, ein hoffnungsvolles Nachwuchstalent zur Bundestagskandidatin aufzubauen und den zerstrittenen Verband wieder auf Linie zu bringen. Alle müssten am ein und denselben Strang ziehen. Es gebe auch Rückendeckung von ganz oben. Wichtig sei, so Sven Ottweiler, so etwas wie Teambuilding im Bezirksverband, das sei doch Laras tägliches Brot.

Wie Ottweiler denn ausgerechnet auf sie gekommen sei? Die Frage hatte Lara die ganze Zeit über unter den Nägeln gebrannt.

„Sie betonen auf Ihrer Website, dass Sie in einem totalitären Regime aufgewachsen sind und dass Ihnen ein offenes Meinungsklima ein zentrales Anliegen ist. Stimmt doch so, oder?"

Das stimmte allerdings. Da lag er bei Lara ausgesprochen richtig.

Lara hatte sich noch ein paar Tage Bedenkzeit ausbedungen.

„Du bist wirklich nicht ganz gescheit", wiederholte Milena ihren Kommentar.

„Was soll daran nicht gescheit sein?"

„Du hast selbst einen Migrationshintergrund und lässt dich mit einer Partei ein, die Stimmung gegen Migranten macht. Das ist doch total daneben. Außerdem haben die doch wohl von wirtschaftlichen Themen keine Ahnung, raus aus dem Euro, raus aus der EU, das ist doch kompletter Schwachsinn."

„Ich lasse mich mit denen nicht ein, ich bin Freiberuflerin wie du und nehme einen Auftrag an. Was ist denn daran daneben?"

„Stell dich nicht so naiv, du weißt genau, wie ich das meine. Aber auf dem rechten Auge warst du ja schon immer blind. Weil der real existierende Sozialismus, auf gut Deutsch gesagt, historischer Mist war, muss das krasse Gegenteil davon automatisch gut sein. Dass ausgerechnet du für den Verein aufgeschlossen ist, hätte ich mir fast denken können."

„Jetzt komm mal runter. Ich bin von denen auch nicht so begeistert, aber ich sehe auch nicht ein, dass dieser farblose Merkel-Club das letzte Wort in Sachen Konservatismus sein soll."

„Was willst du denn, was wollen die denn? Die Welt wächst nun einmal zusammen, das geht automatisch und von ganz allein. Natürlich knirscht es immer im Getriebe wenn Kulturen aufeinanderprallen. Das gehört dazu, das war zu allen Zeiten so. Das Rad der Geschichte dreht sich in alle möglichen Richtungen, nur nicht zurück."

„Zurückdrehen will ich es auch nicht, aber man kann eine Bremse einbauen, damit sich das Rad nicht zu schnell dreht und aus der Spur läuft."

„Welche Bremse, was meinst du damit?"

„Dieser ganze blöde Genderquatsch, heute bin ich Mann, morgen bin ich Frau, zum Beispiel. Dass man kleinen Jungs schon einreden will, dass sie womöglich gar keine sind. Solche Sachen meine ich damit."

„Ja, das hört sich ja einigermaßen klug an, aber ich traue denen nicht über den Weg, nach dem, was mir da schon so alles zu Ohren gekommen ist. Die scheinen doch massiv rechtsradikal unterwandert zu sein."

„Schreibt die taz. Kann ja auch sein, ich habe mit denen gar nicht so viel zu tun, wie du hoffentlich weißt."

Milena holte einen Schminkspiegel und einen Lippenstift aus ihrer Handtasche, malte ein bisschen in ihrem verärgerten Gesicht herum und ließ die Waffen einer Frau unter energischen Klick- und Klappgeräuschen wieder in der Handtasche verschwinden.

„Zahlen die wenigstens gut?"

„Ich kann nicht klagen."

Eine Gruppe schwarz verhüllter Frauen zog auf dem Bürgersteig vorüber als Milena sich eine Zigarette ansteck-te. Beide sahen dem schwarzen Pulk hinterher und sagten eine Zeit lang nichts.

„Wie würdest du an meiner Stelle vorgehen?"

„Wie bitte, ich soll dir noch helfen dabei?"

„Warum nicht, du bist meine Freundin. Ich bin nicht mit einem Top-Anwalt verheiratet, der mir lukrative Klienten zuschanzt. Aber ...", Lara schob eine kleine Zwischenpause ein, „ich habe einen Anwalt kennengelernt, Notar auch noch dazu. Ein altlinker Vogel, eingebildet und selbstverliebt wie sonst was".

„Und, gefällt er dir?"

„Naja, was heißt gefallen. Er ist interessant, sagten wir mal so."

„Ahaa, interessant, soso. Na, von dem musst du mir aber mehr erzählen."

Eine gesunde weibliche Neugier blitzte in Milenas Augen auf. Sie drückte die gerade einmal zur Hälfte geräuchte Zigarette wieder aus. Ihre Finger pickten regelrecht im Aschenbecher herum.

„Von mir aus gerne", nahm Lara den Faden wieder auf, aber nur, wenn du mir sagst, wie ich den Job angehen soll."

„Also gut meinetwegen, wie wäre es mit Coaching?"

„Coaching?"

„Ja, Coaching, knöpf dir die Dame doch einfach mal allein vor und kümmere dich gar nicht groß um die anderen Idioten. Irgendwelchen Kukident-Machos, die keine Frau hochkommen lassen wollen, wen interessieren die denn noch? Denen kräht bald kein Hahn mehr nach. Coache die Kleine einfach, wie sie sich am besten an denen vorbeistrampelt. Härte sie ab. Wenn sie Rückendeckung von ganz oben hat, was soll da noch schiefgehen?"

Lara räkelte und streckte sich elegant.

„Weißt du, was, Milena, du bist wirklich gut."

„Klar, weiß ich doch, aber jetzt shoppen wir und du erzählst mir von dem Anwalt. Vielleicht wird er ja bald dein Anwalt."

19.

Richard war zuhause und mit sich zufrieden. Heute Nachmittag erst hatte er wieder einen Vertrag beurkundet. Ein
Arztehepaar hatte sich durch die Preissituation auf dem
Berliner Immobilienmarkt nicht abschrecken lassen und
seiner Tochter eine Zweizimmerwohnung gekauft. Jetzt
freute sich die Tochter auf ihr Medizinstudium in guter
Wohnlage, und der Verkäufer war über den erzielten Preis
so glücklich, dass er Ehepaar und Tochter danach noch
zum Essen einlud. Die Tochter wolle sich mal ein paar
Jahre Metropolenluft um die Nase wehen lassen, danach
würde sie wohl wieder in die westfälische Heimat zurückkehren und die elterliche Praxis übernehmen. Ein ganzes
Leben lang Berlin, dazu sei sie wohl doch zu bodenstän-
dig, aber eine Wohnung in Berlin war ja auch eine prima
Kapitalanlage.

In den nächsten Tagen standen noch zwei weitere
lukrative Beurkundungen an, sah doch die Gebührenordnung
für Notare stattliche Anteile an den Verkaufspreisen vor.

Er ging auf knarrenden Dielen zu dem großen Wand-
regal, das über die Türöffnungen hinweg bis zur fenster-
seitigen Ecke reichte. Lamellenhaft ragten die Bücher aus
den Fächern heraus, und Richard blickte ein wenig ratlos
an ihnen entlang.

Beim nächsten Treffen würde es also einen „Verriss-
Abend" geben. Allzu begeistert war Richard darüber
nicht. Zum einen erschien ihm die Idee an sich als nicht

besonders sinnvoll. Zum anderen kam sie auch noch von jemandem, den er ohnehin immer weniger mochte. Aber vielleicht war Lars' Einfall ja doch nicht so dumm. Vielleicht würde das Ganze ja doch amüsant werden.

Was für ein Buch sollte er dafür nehmen? Er konnte sich an kaum ein Buch erinnern, das er, wenn es ihm so richtig auf den Geist gegangen war, auch zu Ende gelesen hatte. Übermorgen war es wieder soweit, und er hatte noch immer keine Idee.

Er wurde doch noch fündig: *Umwege erhöhen die Ortskenntnis* von Markus Seidel. Er hatte sich den Roman vor langer Zeit der guten Rezensionen wegen gekauft. Es ging um einen jungen Mann, der nach einer Enttäuschung in Berlin nach Wien geht, weil diese Stadt für ihn mit glücklicheren Erinnerungen verbunden ist. „Eine leichte, locker geschriebene Erzählung, voll mit süffisanten Beobachtungen und daran anknüpfenden klugen Gedanken" suggerierte der Klappentext. „Der Autor lässt seine Figuren behutsam aufeinander zu driften." So ähnlich lauteten seinerzeit auch die Urteile in den Feuilletons, daran erinnerte sich Richard mit seinem paragraphentrainierten Gedächtnis noch. Das Buch selbst erwies sich dann doch als ziemliche Enttäuschung. Der Autor ließ die Figuren nicht aufeinander zu-, sondern die Aufmerksamkeit des Lesers abdriften. Er empfand es als ziemlich substanzlos, was er als Jurist mit Vorliebe für Inhalt und Trennschärfe von vornherein nicht mochte. Das Buch war wieder einmal ein Beispiel dafür, wie gerade junge Autoren über den Mangel an Ideen hinwegzuschreiben versuchten. Immerhin war es gerade mal einhundertvierundvierzig Seiten lang.

Es läutete an der Haustür. „Post" tönte es aus der Gegensprechanlage. Dass die Post erst spätnachmittags kam, war nichts Außergewöhnliches, in Städten wie Berlin schon gar nicht. Auch in Richards Kölner Heimat war die Bummelpost immer wieder ein Dauerthema gewesen. Er erinnerte sich noch gut an einen Motivwagen aus dem Kölner Karnevalszug. Unter der Überschrift „Dass wir das noch erleben dürfen" kam eine gelbe Schnecke mit einem Briefkasten auf dem Rücken auf ein altes, auf einem Sofa sitzendes Ehepaar zu gekrochen. In ihrem Mund steckte ein Umschlag mit den Worten „An das Brautpaar". Richard musste immer noch schmunzeln, wenn er daran zurückdachte.

Aus seinem Briefkasten purzelten in letzter Zeit immer mehr ungebetene Einkaufstipps in Wort und Bild. Es wurde Zeit, dass er den Hinweis „Keine Werbung" wieder erneuerte. Zwischen den Prospekten steckten ein Brief von der Hausverwaltung, ein Schreiben von seiner Telefongesellschaft und eine Arztrechnung. Ein Umschlag war von Hand beschrieben. Es war kein Schreiben wie jedes andere. Natürlich erkannte Richard sofort, von wem der Brief stammte.

Obwohl sie nicht direkt im Streit auseinandergegangen waren, hatte seit dem letzten Treffen in Schwerin völlige Funkstille geherrscht. Natürlich hatte er immer an Patrizia gedacht, hatte oft überlegt, was sie ihm noch bedeutete. War es gar nicht mal so sehr der Sex mit ihr, sondern der, der sich in den Köpfen anderer abspielte? Wie oft wurden sie regelrecht begutachtet, wenn sie unterwegs waren, von Frauen gemustert und von Männern beneidet.

Zwar hatte Richard sich immer dem Ideal einer möglichst neidarmen Verteilungsgerechtigkeit verpflichtet gefühlt, aber um jemanden wie Patrizia beneidet zu werden, das war schon toll. Dennoch schien es so, als habe die Beziehung, oder war es letzten Endes doch nur eine Affäre, allmählich ihr Verfallsdatum erreicht.

Es gab ja seit Kurzem ein neues Zielobjekt. Wie mochte Lara wohl in Natura und überall aussehen? Diese Frage wurde für ihn immer wichtiger in letzter Zeit. Kein Zweifel, bei ihr hatte er es mit einem intellektuellen Kraftpaket zu tun, wenn nur ihre überkommenen konservativen Attitüden nicht wären. Sie musste anscheinend jede Menge davon haben, das war ihm auf der gemeinsamen Heimfahrt vom letzten Lesekreis erneut klar geworden. Ob es um Themen wie die Schere zwischen Arm und Reich, die Zunahme von Gated Communities oder um Obdachlosigkeit ging, die gesamte U-Bahnstrecke hatte sie dazu benutzt, ihm die Zustimmung zu verweigern, hatte immer irgendwas von Eigenverantwortung daher zu schwafeln. Diesen einfach nur noch unzeitgemäßen Konservatismus würde er bei den Hörnern packen müssen. Ohne einen allerdings fairen Ringkampf um die politische Vernunft würde es nicht gehen, soviel war sicher.

Wieder an seinen Schreibtisch zurückgekehrt, öffnete Richard den Umschlag.

Lieber Richard,

ich muss Dir leider sagen, dass sich meine finanzielle Lage massiv verschlechtert hat. Ich bräuchte, so über

den Daumen gepeilt, etwa 500 Euro mehr im Monat.
Ginge das? Das wäre irrsinnig lieb von Dir.

Liebe Grüße

Patrizia

Was war das nun wieder? Richard malte Blumenmuster und Spiralen auf ein Blatt Schmierpapier. War das nur eine dreiste Entgleisung, oder war es am Ende mehr?

Ja, es war eine Trennungsbotschaft, ein „Auf Wiedersehen und Tschüss". Diese Erkenntnis wuchs überproportional, je mehr er darüber nachdachte. Sie wollte die Trennung? Gut, aber dann würde er mit ihr noch einmal zu reden haben. Ein letztes Wörtchen, das war noch mal eine letzte Reise nach Schwerin wert.

Er beschloss, Lara anzurufen, ohne einen konkreten Anlass, einfach nur mal so. Danach würde er Joggen gehen. Vom Lesen allein nahm man ja leider nicht ab. Er hatte in letzter Zeit seinen Körper vernachlässigt. Er würde rausfahren an den Grunewaldsee und dort auf wechselnden Beinen dem Ufer entlang hüpfen. Mit Jugendwahn oder albernen Modeerscheinungen wie etwa Rentner auf Inline-Skatern hatte das nicht das Geringste zu tun. Es ging einzig und allein um die Pflicht des würdevollen Alterns. Solange man würdevoll und selbstdiszipliniert alterte, alterte man eigentlich gar nicht, oder zumindest nicht wirklich.

20.

Brigitte war etwas verspätet in die Gänge gekommen. Zunächst hatte eine Mutter in der Elternsprechstunde lange herumgestresst. Die Schuld an den schlechten Leistungen ihres Sohnes läge nicht nur bei ihm sondern auch bei Brigitte, weil sie es nicht schaffe, ihn und auch andere Kinder zu motivieren. Das hatte Brigitte wenn auch nicht oft, aber doch hin und wieder mal zu hören bekommen. Dieses Mal hatte es nur deutlich länger gedauert, ein ganz besonderes Exemplar an Resistenz und Renitenz wieder loszuwerden.

In der U-Bahn war ihr dann eingefallen, dass sie den Wein vergessen hatte. Alle Mitglieder des Lesekreises außer Gastgeber Michael brachten einen Wein mit, das hatte sich so eingebürgert. Ein Späti unweit des U-Bahnausgangs half ihr aus der Patsche. Von den Weinsorten kannte sie keine. Um auch wirklich auf der blamagesicheren Seite zu sein, hatte sie einfach den teuersten genommen. Es erschien ihr als angemessene Strafe für ihre manchmal krankhafte Zerstreutheit.

Der offizielle Teil des Verriss-Abends war nunmehr eröffnet. Obwohl auch Brigitte von der Idee alles andere als begeistert war, hörte sie Richards Ausführungen dennoch aufmerksam zu. Sie hörte ihm überhaupt sehr gerne zu.

Das Werk *Umwege erhöhen die Ortskenntnis* von Markus Seidel erhebe, so Richard, anscheinend den Anspruch, sich mit einem Wilhelm Genazino messen zu dürfen. Unter dem Strich seien aber nur Belanglosigkeiten herausgekommen. Über Kleinkapriolen hinaus sei da nicht viel, außer halblustigen Spesen nichts gewesen. Zur Bekräftigung las Richard die Textprobe aus dem Werk mit demonstrativ genervter Stimmlage vor. In einem Supermarkt ist eine Geldmünze heruntergefallen und quer durch den Laden gerollt, was wiederum eine Verkettung von drolligen Suchaktivitäten in Gang setzte. Aber seltsam, gerade diese Passage stieß auf durchaus geteiltes Echo.

„Mensch, das klingt doch lustig und gar nicht langweilig. Also sie, Hendrike, wolle das Buch unbedingt geliehen haben, womit sie Lara zuvorkam. Ebenso einträchtig wie sie nebeneinander saßen, waren beide zur Lektüre fest entschlossen.

Als nächstes hatte sich Koch und Gastgeber Michael *Das rote Kornfeld* von Mo Yan, eine Familiensaga aus dem japanisch-chinesischen Krieg in den Dreißigerjahren vorgenommen. Eine Brennereibesitzerin und ihr gewalttätiger Ehemann betrügen einander nach Strich und Faden und proben so ganz nebenbei noch den heldenhaften Aufstand gegen die japanische Besatzungsmacht. „Ein Buch über den ewigen Wechsel zwischen Frieden und Krieg, Hoffnung und Verlust", wie der Umschlagrücken verhieß. Tatsächlich aber, so Dr. Michael, sei es eine öde und plumpe Orgie aus Gewalt. Es flössen Ströme von Blut. Zur Bestätigung las er ebenfalls im nöligen Tonfall ein paar Seiten vor, in denen es um gehäutete Menschen, um Gehirnmasse, die im Wasser des Flusses wie Blumen schwamm, und um Blut und wieder um Blut ging. Das Buch sei eine einzige Ekelattacke, sonst nichts.

Die Reaktionen der anderen waren eindeutig. Ein „Pfft" und ein „Puh" waren zu hören.

Er, Michael, habe sehr mit sich gerungen, ob er den Roman überhaupt vorstellen solle. Es sei aber wichtig, literarische Pseudo-Ikonen von ihrem Sockel zu holen, ganz besonders, wenn jemand mit so einem Pamphlet auch noch den Literaturnobelpreis einheimse. Das wäre in etwa so, als wenn ein Tabakkonzern den Nobelpreis für Medizin bekäme.

„Oje, das ist wohl kein Buch für mich, und bestimmt auch keines für Lehrer."

Obwohl Lars' Anzapfung locker und salopp herüber kommen sollte, war sie dennoch geeignet, Brigitte nach einem stressigen Tag schneller als beabsichtigt auf die Palme zu bringen.

Was solle diese Anspielung denn? Und überhaupt, was solle das mit dem Verriss-Abend? Eigentlich komme es doch darauf an, Lust aufs Lesen zu machen. Das sei doch Sinn und Zweck des Ganzen. Herunter– und Miesmachen sei auch so eine typische Zeiterscheinung.

Lars murmelte ein knappes „Entschuldigung", dann war er an der Reihe. Zuvor wurden neue Weinflaschen geöffnet. Lara ging auf die Toilette. Bei ihr dauerte es immer etwas länger, weil sie jedes Mal die Gelegenheit nutzte, ihr Make-up gründlich rundzuerneuern.

Lars hatte sich *Kassandra* von Christa Wolf auserkoren, und Brigitte vernahm spontan einen inneren Kassandra-Ruf, dass es heute Abend noch Ärger geben würde. Ausgerechnet dieses wunderbare, an Tiefgang und Interpretation so reiche Werk würde jetzt plump in die Pfanne gehauen werden, weil Lars der Horizont dafür fehlte. Schon die überheblich-ignorante Miene, mit der er das Buch aus seiner eleganten Bree-Ledertasche zog, nervte sie gewaltig.

Lars räusperte sich. Also, er habe das Buch deshalb ausgewählt, weil er in der Schule seinerzeit unsäglich darunter gelitten habe. Insofern sei das hier als eine Art zur Bewältigung eines Traumas zu verstehen. Zum einen, so Lars, empfinde er das Werk schon vom Erzählstil her als eine mittlere Katastrophe. Zwar sei die Idee, den Trojanischen Krieg aus der Perspektive einer Frau mit hellseherischen Gaben zu erzählen, per se nicht uninteressant, aber das Ganze sei seiner Meinung nach so gut wie unlesbar. Ein vertracktes Gedankenknäuel folge dem anderen. Also wer Lust habe, jeden Satz zwei bis drei Mal zu lesen, der sei mit diesem Werk gut bedient.

Dann las er aus dem Kapitel über „Skamander" vor. Skamander, das war die friedliche, von Frauen regierte Gegenwelt zu Schwertgeklirr und Schlachtengetümmel:

> „Wir drückten unsere Hände nebeneinander in den weichen Ton. Es wurde daraus ein Berührungsfest, bei dem wir, wie von selbst, die andere, den anderen berührten und kennenlernten."

„Also" und damit packte Lars das Buch wieder weg, „das ist Kitsch vom Besten, aber literarisch doch vollkommen wertlos."

„Sag mal, hast du das Buch in der Oberstufe überhaupt ganz gelesen?", wollte Brigitte wissen.

„Klar, musste ich doch, warum?"

„Dann müsste dir doch aufgefallen sein, worum es in dem Buch geht. Es geht um Krieg mit all seinen Schatten und seinen Drohungen. Es gibt aktive Treiber und passive Zuschauer. Über allem steht die Protagonistin, der niemand glaubt, weil sie eine Frau ist."

„Ach ja, immer wieder das Thema Frau, das Ding wimmelt doch nur so vor Geschlechterklischees und Schablonen."

Lars holte das Buch wieder hervor, um nervös darin herumzublättern. Er suchte die Passage mit dem frauenfeindlichen Apoll, fand sie aber auf die Schnelle nicht.

„Also man sollte sich auf einen Text auch einlassen wollen, wenn man ihn fair und sachlich behandeln will. Das Buch erfordert eben, dass man sich beim Lesen auch mal ein paar Gedanken macht. Es liest sich nicht einfach von selbst."

„Na dann." Lars packte das Buch zum zweiten Mal weg. „Sich beim Lesen ein paar Gedanken zu machen, das ist ja ganz gut und schön, aber das geht bei dem Machwerk doch nur mit einer Gebrauchsanweisung. Es hat nun einmal nicht jeder ein Begleitbuch für Unterricht auf dem Nachttisch liegen."

„Schon wieder so eine Anspielung. Ich stehe zu meinem Beruf. Ich liebe meine Schüler und ich gebe mir Mühe mit ihnen. Wenn du deine eigene Schulzeit nicht bewältigen kannst, vermutlich auch gar nicht bewältigen willst, dann ist das nicht mein Problem. Ich finde, irgendwelche unbewältigten Privatkonflikte gehören hier ganz einfach nicht hin."

„Ach so, und was gehört denn alles hier hin? Du bestimmst also, was zum Lehrplan gehört und was nicht?"

„Friede auf Erden und am Feierabend", ging Richard gönnerhaft dazwischen. Er machte das Fenster zum

Innenhof auf. Es war noch hell und die Begrünung lag als sanfte Decke über dem Unfrieden dieser Welt.

„Ein Werk nur auf die Schnelle in die Tonne klopfen, dazu gehört nicht viel", fuhr Brigitte fort. „Das können Mittelstufler mindestens genauso gut, wenn nicht sogar besser."

„Ach herrje, das Ganze war doch nur als Gag gedacht, es sollte eine kleine Abwechslung sein."

Brigitte blickte Lars an, und Lars blickte verlegen auf seine Tasche. Er war ganz offensichtlich beim Friseur gewesen. Sein kurz geschorener Bürstenschnitt machte ihn nicht nur jünger, sondern auch deutlich unreifer. Es passte gut zu dem Pennälergehabe, das er hier an den Tag legte. Brigitte behielt den Gedanken aber für sich.

„Vielleicht sollten wir das Experiment noch mal wiederholen, wenn wir uns näher kennengelernt haben", fuhr Richard fort.

„Aber dann bitte nicht so, wie Lars es eben gemacht hat. Das war wirklich etwas billig."

„Wie auch immer, es ist noch was zu essen da", schaltete Michael sich ein und deutete auf das Topfensemble auf dem ultramodernen Ceranfeldherd. „Soll ich das wieder warm machen?"

Ein vielstimmiges „Gern" war von allen außer Lars hören.

21.

Es war Mittagspause und Lars Rudorf saß auf dem Bürgersteig. Ein neues Café mit Mittagstisch war eröffnet worden, und Lars hatte sich spontan entschlossen, für die Betreiber ein kleines Stück Hoffnung zu sein. Auch er wollte dazu beitragen, dass sich das geschäftliche Wagnis rechnete.

Das Essen, Pasta mit Seelachs, schmeckte gut. Am übernächsten Nachbartisch saßen zwei Männer. Sie warteten auf die Rechnung und tippten andächtig auf ihren Smartphones herum. Weitere Gäste gab es nicht.

Ihm ging es soweit gut. Heute Morgen hatte er die Bilder von seiner Foto-Safari aus dem Grunewald abgeholt. Erst war er leicht irritiert, dann aber hellauf begeistert gewesen. Die Kamera tat mehr als nur zu fotografieren. Sie zeichnete Motive und Konturen regelrecht weich, ganz so, als sei ein Maler vorsichtig mit einem Schwamm über sein Aquarell gefahren. Dazu zauberte sie noch einen schönen Nebelschleier, der die Fotos regelrecht in spätromantische Impressionen verwandelte. Die alte Kamera hatte einen ganz eigenen Spätromantik-modus oder war es ein Impressionismus-modus oder gar schon Expressionismus in Schwarz-Weiß? In manchen Bildern konnte er sogar das eine oder andere Koboldgesicht auf Baumrinden und im Geäst ausmachen. Er würde demnächst wieder auf Foto-Safari gehen, in den Altbaukiezen um den Chamissoplatz oder am Paul-Linke–Ufer. Auf das Ergebnis war er jetzt schon gespannt.

Dann war ein Brief von der „Aseco-Beteiligungsmanagement" eingetroffen. Die Dresdner Büroimmobilie sei verkauft worden und Lars könne in etwa drei Monaten mit der Zuteilung seines Anteils rechnen. Die Höhe der Verkaufssumme und den sich daraus für ihn ergebenden Anteil hatte er merkwürdigerweise nur flüchtig zur Kenntnis genommen, ganz so, als sei das Ganze ein Geschenk des Himmels, bei dem man schon aus Gründen der Höflichkeit nicht nach dem Preis schaute. Der Betrag war jedoch hoch genug, um ihm weiterhin ein gutes Auskommen zu gewährleisten, so viel war auf Anhieb sicher. Es wurde aber auch Zeit, denn seine Rücklagen gingen allmählich zur Neige. Was würde er mit dem Geld machen? Erst einmal eine schöne Reise. Danach würde er die Summe in Demut und Dankbarkeit verwalten. Er brauchte nicht viel an materiellen Dingen, um zufrieden zu sein. Er würde in seine eigene Bescheidenheit investieren.

Lars trank den letzten Schluck Bier. Es waren schon länger keine Musikanten zu sehen und zu hören. Die mit Beinen ausgestatteten Trompeten, Akkordeons und Geigen ließen ihn schon seit sensationellen zwanzig Minuten in Ruhe. Liebespaare, die ihr Glück an den Händen spazieren führten und damit fahrlässig auf dem Unglück der Einsamkeitsgefrusteten herumtrampelten, waren ebenfalls rar, zumindest in diesem Augenblick.

Der letzte Literaturabend war leider gründlich missraten. Womöglich hatte der bescheuerte Verriss-Vorschlag an sich schon den Spaltpilz in sich getragen. Mit seinen Sticheleien gegenüber Brigitte war er möglicherweise zu weit gegangen. Menschen wie Brigitte gefielen sich in der Rolle des Weltverbesserers, aber letzten Endes ging es ihnen gar nicht darum, die Welt tatsächlich besser zu machen. Ihnen ging es darum, sich mit ihrer Moral selbst zu überhöhen, und andere damit platt zu machen, darauf kam es ihnen an und auf nichts anderes.

Selbstverständlich hatte das auch mit seiner eigenen Schulzeit zu tun. Seine Deutschlehrerin in der Oberstufe war genauso eine apodiktische Zicke gewesen. Jedes Mal, wenn Brigitte mit didaktischer Verbissenheit auftrumpfte, fühlte Lars sich in seine Jugend zurückkatapultiert.

Dann hatte auch Richard noch seinen Senf dazu gegeben, aber die Lage würde sich schon wieder beruhigen. Auch er, Lars, gedachte einen Beitrag dazu leisten. Schließlich war das Lesekreisprojekt ja noch immer seine Idee. Er war noch immer der Geburtshelfer. Allein deshalb konnte er kein Interesse daran haben, dass das Ganze sich zu einem Dampfkessel für überlaufende Konflikte entwickelte. Letztendlich sollte die gemeinsame Lust an gedruckten Gedanken und Gefühlen doch größer sein, als das, was sie trennte, zumindest für ein paar Stunden im Monat. Das war gewiss zu schaffen, daran glaubte Lars noch immer.

Das nächste Mal stand nun unwiderruflich Tellkamps *Eisvogel* auf der Agenda. Das Buch war ein durch und durch politischer Roman, ging es doch um rechte Gesinnung und rechte Seilschaften. Die Kernbotschaften des Romans konnte Lars getrost dem Autor selbst überlassen. Er brauchte sie beim nächsten Treffen nur zu übernehmen. Ansonsten hatte er sich lediglich ein paar Erklärungen und Interpretationsmuster erarbeiten müssen, wie er die Lektüre gefunden und wie sie auf ihn gewirkt habe. Es waren praktische Leitplanken, mit denen er bestimmt gut über die Runden kommen würde.

Die beiden anderen Gäste waren inzwischen gegangen. Eine Nachricht von Tobias ging ein.

„Worüber du mal wieder schreiben könntest" war in dem Betreff zu lesen, und tatsächlich wartete Tobias mit allerlei journalistischen Geistesblitzen auf. Da gebe es ein „Zentrum für tiergestützte Therapie & Pädagogik" irgendwo in Norddeutschland. „Warum Tanzen so gesund ist" und „Wie man Handyfotos bei Bildagenturen vermarktet" lauteten weitere Vorschläge. „Es sind so viele Themen unterwegs, die nur darauf warten, dass wer sie aufgreift, mach was draus. Mach überhaupt was Nützliches, damit du in der Wahlkabine im Herbst gar nicht erst auf dumme Gedanken kommst."

Ja, so war er, der Tobias. Lars wunderte sich, wo er die Ideen herhaben mochte. Das mit den therapeutischen Tieren klang tatsächlich nicht schlecht, das würde er mal aufgreifen. Zum Schluss hatte Tobias auch einen Theatervorschlag im Angebot. Das Stück *Unter Eis* von Falk Richter handelte von Unternehmensberatern, von Consultants. Es ging darum, wie die Medizinmänner der Effektivität noch mehr aus dem Produktionsfaktor Mensch herausholen konnten. Das klang doch gut. Gleich nach Feierabend würde er Rezensionen googeln.

22.

„Kennst du den?" Lars stand an der Ladenkasse, als Charda ihm abrupt und fast schon hinterrücks eine DVD-Hülle regelrecht unter die Nase hielt. Ein Liebespaar mit leuchtenden Augen war zu sehen. Dem Text war zu entnehmen, dass es um eine Geschlechtsumwandlung ging. Ein Mann springt für ein weibliches Modell ein, weil seine androgynen Gesichtszüge ihn dafür eignen. Ganz überraschend findet er immer mehr Gefallen daran. Er kleidet und gibt sich immer weiblicher, bis seine Frau ein Problem damit bekommt.

„Ich glaube, das ist nicht so ganz mein Thema."

„Warum denn nicht?" Charda sah ihn mit aufsprießender Neugier an. „Ich finde das Thema cool."

„Na, dann bist du ja deutlich besser integriert als ich."

Sie lachte laut auf. „Ach ja, ich hab selbstgemachten Kuchen dabei, wenn du magst."

Eine Kundin näherte sich der Kasse mit mehreren Kaufentscheidungen. Ein Buch und eine Sommerbluse waren darunter. Charda ging die Treppe zum Kellerraum hinab. Ihr Lachen ließ sie bei Lars zurück, stellte es einfach bei ihm an der Kasse ab. Es erfreute ihn noch, als sie längst verschwunden war.

Die Zusammenarbeit mit ihr klappte gut. Es gab keine Reibereien, keine Missverständnisse. Sie war ihm um einiges angenehmer als Simone, die vor kurzem die Filiale gewechselt hatte. Vermutlich protzte sie dort jetzt mit ihrem Premiumhintern herum. Dennoch wusste Lars noch nicht so hundertprozentig, was er von Charda halten sollte. Sie erinnerte ihn ein wenig an die Hauptdarstellerin Sally Hawkins in dem Film *Happy-Go-Lucky*. Diese war immer so gut aufgelegt, immer so glänzender Laune, dass sie vom Kummer und Schmerz anderer Menschen so gut wie nichts mitbekam. Dass ihr Fahrlehrer unglücklich in sie verliebt war, lächelte sie einfach weg. Auch bei Charda schien die gute Laune Teil ihrer DNA zu sein. Er fragte sich, wie sie wohl auf seine Zuneigung reagieren würde, wenn er diese denn unkontrolliert gedeihen ließ. Ja, sie würde ihn auch nur angrinsen. Nichts weiter würde passieren.

Nachdem er die Kasse turnusgemäß Gisela, die für Schuhe zuständig war, übergeben hatte, beschloss er, auf Chardas Kuchenangebot zurückzukommen. Das Auspreisen der Bücher in seiner Kammer konnte noch warten.

Charda hatte ihren Kuchen auf die Teller verteilt. Neben Lars kamen auch Helga und Mona in den Genuss der pistaziengarnierten Blätterteigschnittchen. Mona betreute Taschen und Helga war für Hausrat da, so wie er, Lars, für Bücher zuständig war.

Charda wartete mit einer Neuigkeit auf. Ursprünglich habe sie in den gehobenen Polizeidienst gewollt, weil dort Migranten und vor allem Migrantinnen händeringend gesucht würden. Jetzt aber wolle sie mit ihrem Einskommadrei-Abitur doch lieber studieren. Was genau, wisse sie noch nicht, aber irgendwas in Richtung Umwelt und Nachhaltigkeit. Auch in einer Organisation wie Carity zu arbeiten, könne sie sich gut vorstellen.

„Na, dann wünschen wir dir, dass alles gut klappt, vor allem aber, dass du bei deinen Bewerbungen möglichst wenig benachteiligt wirst."

Warum sollte sie, Charda, benachteiligt werden?

Na wegen ihres Migrationshintergrunds, dieser gute Zuspruch kam in Helgas rheinischem Dialekt daher.

Es entstand eine kurze Verlegenheitspause.

„Hast du als Muslima schon mal Ausgrenzung und Rassismus erlebt?", wollte Lars wissen.

Charda gab ihrer Antwort eine erkennbare Bedenkzeit.

Nein, habe sie eigentlich nicht. Sie führe das aber darauf zurück, dass sie selbst gegenüber anderen Menschen und Kulturen stets Offenheit signalisiere. Sie lebe auch nicht so streng in ihrem Glauben. Sie esse auch mal Schweinefleisch und trinke auch mal Alkohol.

Zur Bekräftigung kaute und grinste sie die anderen der Reihe nach an. Sie schickte ihre dunkel strahlenden Augen einfach auf Tournee. Ihr akzentfreies Deutsch helfe ihr auch. Dazu komme natürlich auch ein bisschen Frauenbonus. Sie glaube, sie habe es schon etwas leichter, wahrscheinlich, weil sie als Frau zu mehr Diplomatie und Anpassung erzogen worden sei. Männliche Araber wirkten von vornherein lauter und aggressiver, was aber auch nicht immer so gemeint sei. Nein, über Rassismus könne sie sich persönlich nicht beklagen. Das habe natürlich immer auch was mit dem eigenen Auftreten in einem anderen Kulturkreis zu tun.

Es entstand wieder eine kurze Pause. Nur das Blubbern der Kaffeemaschine war zu hören.

„Und was hältst du von dieser neuen Partei, der AfnP?" fragte Lars.

Charda sah einen kurzen Moment lang irritiert zu Lars herüber. Ihre Antwort wartete geduldig das Ende ihres Kuchenverzehrs ab. Also Nationalismus lehne sie ab, ansonsten habe sie zu dieser Partei keine großartige Meinung.

„Du kannst ruhig offen reden, bei uns triffst du bestimmt keinen von denen an". Mona nahm sich ein zweites Stück Kuchen vom Teller.

„Ich lehne jede Art von Nationalismus ab, genauso wie rechte Tendenzen. Ein bisschen kann ich mich aber schon in die Wähler dieser Partei hineinversetzen. Es liegt bei der Integrationspolitik durchaus einiges im Argen, meiner Meinung nach. Die meisten Migranten sind ja aus eher ländlichen Regionen nach Deutschland gekommen. Diese Milieus halten natürlich stark an heimischen Traditionen und Denkweisen fest. Teilweise sind sie sogar erheblich konservativer, als sie es in ihrem Heimatland wären. Dass sich der eine oder andere in Deutschland davon gestört fühlt, kann ich schon nachvollziehen."

„Also, da bin ich gar nicht deiner Meinung. Ich denke, dass die Grünen voll Recht haben. Wir haben ein tolles Multi-Kulti-Miteinander, schau' doch einfach mal, wie harmonisch wir in Kreuzberg zusammenleben", erwiderte Mona.

„Ja, und wir haben die eine Million Flüchtlinge von 2015 super integriert, das haben wir geschafft, aller rechten Miesmacherei zum Trotz", legte Helga emsig nickend nach.

„Außerdem", fügte Mona hinzu „kommen ja die allermeisten AfnP-Wähler aus dem Osten. Die sind es, die Integration erst noch lernen müssen, und nicht die Flüchtlinge."

„Na ja, das ist etwas verkürzt dargestellt", wandte Lars ein. „Die AfnP hat in allen Bundesländern Sitze im Landtag, nicht nur im Osten."

„Also, mal ehrlich", fuhr Charda mit halbvollem Mund fort, „wenn Westeuropäer in arabischen Ländern so auftreten würden, wie viele Araber hier bei uns, würden sie deutlich mehr Schwierigkeiten bekommen als umgekehrt." Sie plauderte in einem unbekümmerten Tonfall weiter, ganz so, als habe sie die Würde des Themas, vor allem aber dessen Sensibilität noch nicht so richtig erfasst.

„Wie meinst du denn das jetzt?", fragte Mona.

„Na ja, wenn westliche Frauen sich dort betont leicht bekleiden und die Christen sich riesige Kathedralen bauen würden, zum Beispiel. Man kann über die AfnP geteilter Meinung sein, aber ich bin Demokratin und akzeptiere Wahlentscheidungen."

„Auch wenn die gegen dich gerichtet sind?"

„Auch dann habe ich keine Angst vor ihnen." Mehr wollte Charda auf einmal dazu dann doch nicht mehr sagen.

Von Helga war ein einigermaßen ratloses „Na ja, also das sehe ich etwas anders" zu hören. Mona vertiefte sich mit einem bedenklichen Gesichtsausdruck wieder in ihren Kleiderberg. Lars hingegen gefielen das Talkshow-Fragment und vor allem Chardas Einlassungen gut. Er fand, sie hatte sich nicht schlecht geschlagen.

Er wollte sich wieder seinen Büchern zuwenden und ließ die Drei in ihrer leichten, aber doch spürbaren Verlegenheit zurück.

Er hatte kaum wieder in seiner Kammer Platz genommen, als nach temperamentvollem Treppengetrappel Charda erneut vor ihm stand.

„Darf ich dir etwas sagen?"

„Ja, klar, von dir lasse ich mir gerne etwas sagen."

„Weißt du, ich führe solche Gespräche, wie wir sie jetzt hatten, auch gerne, aber in einem etwas anderen Rahmen. Es ist für mich ein Problem, wenn ich Leute nicht gut kenne und die mich dann nach meiner politischen Meinung fragen."

Lars sah sie an, und ihm gefiel erneut, was er sah, und das nicht nur der Optik halber.

„Ich habe dich einem kleinen Test unterzogen."

„Was für ein Test?"

„Na ja, ich wollte sehen, ob du nicht zu den ‚Ich-fühle-mich-ja-so-was-von-diskriminiert-Vertretern' gehörst. Ob du nicht gleich wer weiß wie eingeschnappt bist, wenn man der Kultur, aus der du kommst, mit Zurückhaltung begegnet, ohne dass man es gleich persönlich meint."

„Ach so … und, habe ich den Test bestanden?"

„Ja, mit Auszeichnung sogar."

„Na, dann ist es ja gut, aber achte bitte das nächste Mal darauf, was für ein Thema du auswählst."

„Einverstanden"

Nachdem sie gegangen war, zog Lars sein Smartphone heraus und googlete ihren Namen. „Charda", das bedeutete „Ausreißerin". Ob das zu ihr passte? Zu ihren Ansichten eigentlich schon, das waren wirklich Ausreißer.

23.

Die beiden Grabmale von Jacob und Wilhelm Grimm waren klein, eindeutig zu klein, wenn man bedachte, was für Giganten sie doch waren. Lara sah die Gräber zum ersten Mal. Warum sie den beiden auf dem *Alten St.-Matthäus-Kirchhof* nicht schon längst ihre Aufwartung gemacht hatte, wusste sie selbst nicht so genau. Geschuldet hatte sie ihnen den Besuch auf jeden Fall.

Auch Lara hatte von dem Brüderpaar im Übermaß bekommen wonach sie sich als Kind so sehr sehnte: die Lust auf Grusel und Gerechtigkeit. Die beiden hatten Gegenwelten geschaffen, in denen sich Lara als Kind hatte spüren dürfen, dafür war sie ihnen unendlich dankbar. Sie hatten Lara auch beschützt, vor der Einsamkeit und vor immer neuen Fremdheiten, die ihre Mutter in Männergestalt anschleppte. Im Schlafzimmer der Mutter wurde viel gelacht und gestöhnt. Anfangs hatte Lara das Stöhnen als unheimlich empfunden, sie bekam sogar regelrecht Angst davor. Dann aber lernte sie damit umzugehen. Sie nahm die Töne einfach in ihre Märchenwelten mit. Sie wurden zur passenden Geräuschkulisse, zu Hintergrundmusik ohne Noten, wenn die Hexe im Backofen landete oder der Wolf um ein Haar die Geißlein fraß.

Das würde nicht der letzte Besuch sein, den sie den beiden Brüdern abstatten würde. Lara würde wiederkommen, soviel war klar. Vielleicht nahm sie das nächste Mal sogar ein Grimms Märchenbuch mit.

Kurz bevor sie sich auf den Weg gemacht hatte, rief Hendrike an. Es gab wichtigen Redebedarf und Hendrike hielt mit ihrer Verärgerung nicht lange hinter dem Berg. Der letzte Lesekreisabend habe ihr überhaupt nicht gefallen. Es gehe doch darum, gemeinsam über Literatur zu reden und nicht sich gegenseitig anzumachen. Das Gemeinsame solle doch im Vordergrund stehen, nicht das Trennende. Sie überlege, ob sie überhaupt noch Lust habe weiterzumachen. Das sei jedenfalls nicht das, was sie sich vorgestellt habe. Auch von Lars sei Hendrike enttäuscht.

„Vielleicht ist ein reinigendes Gewitter ja gar nicht so schlecht, das legt sich schon wieder", hatte Lara versucht, sie zu beruhigen.

„Hmmm, hoffentlich, wenn so was noch mal passiert, bin ich raus", aber sie würde dem Literaturkreis schon gerne treu bleiben, wofür Lara ihr gleich weitere Nähstunden in Aussicht stellte.

Danach hatte sich Lara mit Sven Ottweiler und den zerstrittenen Mitgliedern des AfnP-Bezirksverbandes getroffen. Maren Bialas, die neue noch unbekannte Hoffnungsträgerin, war ganz in Schale geworfen. Sie war genauso elegant, wie sie auch in dem Video herüber kam. Für etwaige Neuankömmlinge in der Politik waren Menschen wie sie in der Tat eine nonverbale Dauereinladung, ja fast schon eine Verführung zum Mitmachen.

Die Atmosphäre in einem der Sitzungsräume im Rathaus Steglitz war dagegen kalt wie die nackten Wände gewesen, die Fronten schienen unüberbrückbar. Ihre beiden Hauptwidersacher waren von der Erscheinung her eher alltagsgrauer Durchschnitt, aber mit klarem Blick für die eigenen Belange. Ihre Gesichter waren Lara wie Ausrufezeichen zwischen den Ohren erschienen, soviel Groll hatte sich darin angesammelt. Es waren Gesichtsmienen, die permanent auf den Putz hauten, auch wenn sie nichts sagten. So gesehen waren es regelrechte Minen, ohne e.

Beide Seiten hatten erst einmal ihre Sicht der Dinge dargelegt und waren von Lara zum gegenseitigen Zuhören verdonnert worden.

Der eine der beiden zornigen Männer, Inhaber einer freien Autowerkstatt, hatte den Bezirksverband mitgegründet und investierte seitdem Unmengen von Zeit und Geld: Mitgliederwerbung, Wahlkämpfe, Veranstaltungen, all das. Der andere besaß ein Restaurant mit großem Biergarten, in dem regelmäßig Versammlungen der Partei abgehalten wurden. Schon zweimal sei sein Lokal durch Antifa-Schläger auseinander genommen worden. Zudem habe er durch Boykottkampagnen im Internet erhebliche Umsatzeinbußen erlitten. Wenn also jemand Anspruch auf einen aussichtsreichen Listenplatz habe, dann doch wohl einer von ihnen beiden und nicht eine Nachwuchskraft, die sich, wie sie es unumwunden ausdrückten, bisher noch nicht einmal einen richtigen Anschiss auf der Straße eingefangen habe.

Maren Bialas hatte mit vielfältiger Stimmlage energisch gekontert. Seit ihrem Erscheinen im Bezirksverband sei die Anzahl der Mitglieder deutlich angestiegen. Mehr Frauen als bisher hätten dank ihr jetzt den Mut mitzumachen. Darüber hinaus verwahrte sie sich gegen sexistische Sprüche, deren Niveaulosigkeit eine Wiederholung verböte.

Sven Ottweiler hatte die ganze Zeit nur ein nachdenkliches Gesicht gemacht, zum Abschied aber demonstrativ genickt, als Lara einen Folgetermin in drei Wochen vorschlug. Bis dahin sollten beide Parteien die Sichtweise der anderen Seite erst einmal sacken lassen.

Lara war entschlossen, nunmehr doch zweigleisig zu fahren. Erst wollte sie im Laden für Ruhe sorgen, damit dieser seiner neuen Hoffnungsträgerin den Rücken freihielt. Erst danach käme das Coaching für die Bialas, die Stärkung ihrer Abwehrkräfte, aber das hatte noch Zeit.

Jetzt musste sie los, den Grimmbrüdern auf Wiedersehen sagen. Homeoffice war angesagt. Da konnte sie sich in Ruhe Gedanken machen, wie es in der Angelegenheit weitergehen sollte.

Lara war kaum zu Hause angekommen, als das Telefon klingelte. Freundin Milena war aufgeregt wie bei ihrem letzten Treffen. Ob sie, Lara, gestern Abend den Bericht im ZDF gesehen habe? Hatte sie nicht, Lara mochte solche Berichte nicht besonders, sie waren ihr zu tendenziös, es sei denn, sie bedienten ihre eigenen linken Feindbilder, aber linkskritische Berichte gab es ja kaum noch.

„Worum ging es denn?"

„Na, um deinen neuen Arbeitgeber."

„Neuer Arbeitgeber? Was meinst du denn jetzt damit?"

„Zwei Journalisten haben sich in Landesverbände der sogenannten ‚Alternative für eine neue Politik' eingeschlichen, in Nordrhein-Westfalen und in Sachsen, und Mitschnitte von Versammlungen gemacht. Da stehen einem schon die Haare zu Berge."

„Und?"

„Was und? Jetzt tu nicht so, als ob du da vollkommen unbeteiligt wärst. Da lebt ein brauner Ungeist, das kannst du dir gar nicht vorstellen. Ständig wird herumgetönt, dass die Deutschen sich wegen ihrer nationalsozialistischen Vergangenheit nicht mehr länger schämen sollen, von wegen Schuldkult und so weiter. Die pflegen da ein vollkommen distanzloses Verhältnis zur Nazizeit."

Lara sah Milenas von Verärgerung und Besorgnis durchfurchtes Gesicht deutlich vor sich.

„Und von so einem Verein lässt du dich vor den Karren spannen."

„Was heißt vor den Karren spannen? Anders als du muss ich mir auch ein paar Gedanken um meinen Lebensunterhalt machen, so ganz nebenbei bemerkt."

„Nenn es, wie du willst, auf meine Hilfe brauchst du jedenfalls nicht mehr zu zählen."

„Na gut, wenn du meinst. Aber ich sag es noch mal: Ich muss sehen, dass ich zurechtkomme. Ich hatte schon als Kind niemanden, der jede Woche üppige Fleischrationen auf den Teller gezaubert hat, und ich habe auch jetzt niemanden, der mir schöne Reisen und teure Restaurants bezahlt."

„Jetzt komm mir bitte nicht damit, das ist nicht fair."

„Das Leben ist nicht fair. Im Übrigen, wer weiß, was da überhaupt dran ist, an dem Bericht. Das Fernsehen ist doch selbst total tendenziös. Was soll die ganze Diskussion überhaupt? Was willst du?"

„Was das soll? Ich hab ein Problem damit, dass du für die arbeitest, das muss ich dir ganz ehrlich sagen."

„Du tust ja gerade so, als ob ich da eingetreten wäre, ich erbringe eine Dienstleistung für die, und ich sehe auch nicht ein, dass ich mich deswegen rechtfertigen muss."

Es entstand wieder eine Pause.

„Na, hoffentlich weißt du, was du tust."

Da war sie wieder, ganz die alte Jugendfreundin, ganz die alte Überheblichkeit, ganz auf dem hohen moralischen Ross. In der Jugend war es das hohe Ross der Privilegien, heute war es das hohe Ross der korrekten Gewissheiten.

Mit dem Telefonat klickte Lara auch die beinahe schon aufgekeimte Verunsicherung wieder weg. Sie würde das jetzt durchziehen. Wenn sie dazu beitragen konnte, dass Frauen wie die Bialas ihren Weg gingen, konnte das der politischen Kultur ohnehin nur nützen, egal in welcher Partei sie waren.

Lara hatte das Gespräch mit Milena gerade beendet, als das Telefon schon wieder klingelte. „Richard Klausen" las sie auf dem Display.

24.

Der Regionalexpress nach Schwerin war am Samstagmittag eher schwach besetzt. Die geschmeidigen Wellungen der vorüberziehenden Landschaft übten auf Richard eine beruhigende Wirkung aus. Gerade hatte der Zug Ludwigslust passiert. Leider war das klassizistische Schloss von der Bahnstrecke aus nicht zu sehen.

Richard rollte einem Treffen mit Patrizia entgegen, oder war es nicht vielmehr umgekehrt? Ließ nicht er das Treffen in aller Ruhe auf sich zurollen, in der Gewissheit, dass er in gerechter Mission unterwegs war?

Zwischendurch tauchten immer wieder Windkraftanlagen auf. Immer wieder fragte sich Richard, warum Daimler-Benz sie nicht werbewirksam zu nutzen verstand. Man brauchte bloß einen äußeren Ring um die Rotorblätter zu ziehen, und schon rotierten Mercedes-sterne in der Landschaft herum. Dieser Gedanke war wohl zu naheliegend, um nicht schon in Erwägung gezogen worden zu sein. Vermutlich funktionierte es aus statischen Gründen nicht. Wie auch immer, für Richard gehörten die Windräder zur Landschaft dazu. Endlich begann der Klimaschutz sich durchzusetzen und die Rotoren waren der sprichwörtlich lebendige Beweis dafür.

Richard war fest entschlossen, dass er es sein würde, der die Liaison beendete. Dafür war er heute unterwegs. Das Abenteuer, diese Mischform aus Affäre und Beziehung würde heute zu Ende gehen, materiell und formell, wie es im Juristendeutsch hieß, und Richard war nicht einmal besonders traurig darüber. Vermutlich rechnete Patrizia gar nicht mehr damit, nach ihrer Post überhaupt noch etwas von ihm zu hören, geschweige denn, er würde persönlich bei ihr auftauchen. Genau das aber würde sein Überraschungsmoment, seine letzte Trumpfkarte sein. Er würde es sich nicht nehmen lassen, ihr noch einmal gründlich vor Augen zu führen, dass man so nicht mit ihm umsprang, nach alldem was er in den letzten zwei Jahren für sie getan hatte. Es war eine Tatsache und Tatsachen waren nun einmal unumstößlich, das war das klare gute an ihnen. Sie ließen auch Patrizia mit ihrer Lust am Verbiegen und Verdrehen keinen Rückzugsweg.

Einen genauen rhetorischen Fahrplan würde er dazu gar nicht brauchen. Sie würde sich zu rechtfertigen haben und nicht er.

Es war gut, wenn man den Mut hatte, eine Beziehung konsequent zu beenden, spätestens dann, wenn diese ihr Verfallsdatum überschritten hatte. Die vielen Male, in denen sie Sex und zumindest ansatzweise eine gemeinsame Zukunftsplanung gehabt hatten, zählten nicht mehr. Im Übrigen war Richard bereits anderweitig aktiv geworden, und seine Lust auf Initiative hatte sich gelohnt. Noch auf dem Bahnsteig in Berlin hatte er Lara angerufen und ihr vorgeschlagen, zu einem Poetry-Slam zu gehen. Die Idee war ihm spontan in der U-Bahn auf dem Weg zum Hauptbahnhof gekommen, und er war die ganze Bahnfahrt über dankbar dafür. Poetry-Slam, das waren Wettbewerbe, bei denen Menschen Gefühle und Gedanken in originelle Worte packten. Das hatte sehr viel Charme.

Richard war in Berlin schon mehrfach bei Poetry-Slams gewesen, mal mit Freunden, einmal sogar mit Patrizia. Eine Manege voller skurrilem Wortwitz, hinter dem sich oft umso tiefere Empfindungen verbargen. Das war zum gegenseitigen Kennenlernen wie geschaffen. Erst konnte man an die Darbietungen, meistens waren es Gedichte, und dann aneinander andocken.

Zuerst hatte Lara Vorbehalte gehabt, „Poetry-Slam", sei das nicht eher was für Jugendliche?

Ja, da war er wieder gewesen, der typische Kultur-Konservatismus, mit rollendem R garniert. Aber er hatte den Einwand auszuräumen gewusst. Waren solche Veranstaltungen nicht der Beweis, dass die Jugend von heute mehr drauf hatte als nur Facebook und WhatsApp? Eine Jugend, die so etwas zustande brachte, auf die durfte man ruhig ein wenig stolz sein, da brauchte einem vor der Zukunft nicht bange zu werden, fand Richard jedenfalls.

Ja, das war eine tolle Idee mit dem Poetry Slam. Richards gute Laune wuchs mit jedem Augenblick und die Schönheit der mecklenburgischen Landschaft war ein zusätzliches Hormon dafür. Anders als Patrizia würde Lara ihn intellektuell ebenbürtig durch den Abend begleiten, es würde eine Verheißung auf Augenhöhe sein. Davon abgesehen waren ihre erogenen Zonen bestimmt noch wert, lustvoll entdeckt zu werden, mochte auch ihr Körper im Vergleich zu Patrizia über weniger jugendliche Spannkraft verfügen. Und was ihre politischen Ansichten betraf, darüber machte er sich keine allzu großen Gedanken. Etwaige Differenzen würden sich schon irgendwie ausräumen lassen. Im Übrigen, wer in seinem Denken die soziale

Gerechtigkeit im Blick hatte, der hatte von vornherein die stärkeren Argumente. Daran kam auch eine konservative Importlady auf Dauer nicht vorbei.

Das Treffen war erst in zwei Wochen, aber laut Kant war das Warten auf ein Vergnügen auch schon ein Vergnügen. So gesehen lief es gerade rund bei ihm, auch wenn es in seiner Kanzlei immer mal wieder zu kleinen Holprigkeiten kam, weil Natalie, eine seiner beiden Assistentinnen, in letzter Zeit gerne mit Textbausteinen schlampte. Solche Dinge galt es nicht auf die leichte Schulter zu nehmen, hatte es deswegen doch schon Prozesse um Notariatshaftung gegeben.

Vermutlich war Natalie in Gedanken bei ihrem neuen Freund. Wenn eine Mitarbeiterin verliebt war, dann war sie zwangsläufig nicht mehr bei der Sache, es gab Turbulenzen, ihre Konzentration bekam Seitenböen, es drohten sogar Loyalitätskonflikte. Das durfte ihn aber nicht interessieren. Er bezahlte übertariflich, und dafür durfte er ein Mindestmaß an Wachheit erwarten. Vorgestern erst hatte es einen ziemlichen Anschiss gesetzt. Anschließend hatte Natalie ihm den Kaffee recht einsilbig serviert.

Das Smartphone bimmelte. Für einen Sekundenbruchteil befürchtete Richard, dass Lara wegen des Termins mit Änderungswünschen oder gar mit einer Absage daher käme. Aber es war nicht Lara, es war Brigitte.

„Ich sitze gerade im Zug. Ich bin in heikler Mission unterwegs." Richard lachte über den eigenen Esprit und auch ein paar Passagiere lächelten höflich mit. Brigitte schien es ganz und gar nicht gut zu gehen. Ob sie sich mal treffen könnten, ohne das Thema Literatur, ganz einfach nur mal so.

Selbstverständlich konnten sie das. Literatur war schon wichtig, aber nicht alles. Bis zum nächsten Lesekreistreffen bekämen sie das sicher hin.

„Na fein."

Brigittes geseufztes „Na fein" legte sich wie ein sanfter Nebelschleier auf sein Gemüt, gerade weil es so anlehnungsbedürftig rüberkam. Kurze Zeit später fuhr der Zug in den Schweriner Bahnhof ein.

Noch während Richard umgeben von Trolley-Schleppern dem Ausgang zustrebte, entschied er sich, kein Taxi zu nehmen. Zu Fuß und bei Sonnenschein war die Stadt mit all ihren klassizistischen Schönheiten noch anmutiger, als sie es ohnehin schon war. Dafür lohnte es sich sogar, einen Umweg über den Pfaffenteich zu machen.

Eigentlich schade, der Anlass seines Besuchs war ja ein trauriger, aber es musste nun einmal sein.

Die Boutique „Fräulein Frech" sah auf den ersten Blick so aus wie immer. Die verschlossene Eingangstür und der angeklebte Hinweis auf die Mittagspause von 12-14 Uhr signalisierten jedoch Veränderung. „Mittagspause", so etwas hatte es bei seinem letzten verunglückten Besuch noch nicht gegeben. Dann fiel ihm eine andere, viel bedeutendere Botschaft auf: „Räumungsverkauf" klebte von innen am Schaufensterglas. „Räumungsverkauf", ein Wagnis ging seinem Ende entgegen, das war die Chiffre dafür. Patrizia gab den Laden auf, und da sah er sie auch schon. Mit entspannter Miene, die irgendwie nicht so recht zum Ladenschicksal passen wollte, kam sie hinter der Trennwand hervor und ihre Finger tanzten flink auf der Kassentastatur herum.

160

Richard entschied sich für ein taktisches Ausweichmanöver. Schräg gegenüber auf der anderen Straßenseite lag ein von Bänken und Bäumen umsäumter Spielplatz. Von hier aus konnte er sie abfangen, wenn sie aus dem Laden kam. Wie oft hatten sie hier gesessen und den spielenden Kindern zugesehen und über die nicht vorhandenen eigenen gesprochen. Eines Tages würde sie einen Teil ihrer Energie in eine eigene Aufzucht investieren wollen, vielleicht, wenn der Laden besser lief und sie sich Personal leisten konnte.

Nach etwa zehn Minuten trat Patrizia heraus. Sie trug ein pastellrotes Sommerkleid, dazu hatte sie sich eine rote Sonnenbrille in die Haare gesteckt und damit ihrer Frisur zwei zusätzliche Augen verpasst. Sie war aber nicht allein. Ein markanter Glatzkopf kam hinterher. Er trug einen dunkelblauen Anzug und klemmte sich seine Sonnenbrille an die blanken Schläfen, während sie die Ladentür abschloss. Er legte seinen Arm um ihre Schulter, und die beiden gingen einem, wie es schien, entspannten Resttag entgegen. Es hatte was von einem Rettungsring, wie elegant und fest die Glatze ihren Arm um Patrizia legte. Ein Rettungsring, der den roten Haarschopf in eine neue gemeinsame Zukunft mitnahm.

Urplötzlich dämmerte es Richard, woher er den Glatzkopf vom Sehen her kannte. Der Typ war beim AfnP-Stadel mit dabei gewesen. Es war nicht derjenige, der ihn rauskomplimentiert hatte, sondern der Typ hatte mit fitnesstrainierter Miene in der ersten Reihe gesessen, da war er sich ziemlich sicher.

Nun hatte sie sich also definitiv mit denen eingelassen, mit dem neuen Stern am braunen Himmel. Allmählich ging ihm diese Scheiß-Partei wirklich auf den Geist. Nicht nur, dass sie die Optik mit ihren Plakaten und die Akustik mit ihren Parolen verpestete, jetzt sabotierte sie auch noch in seinem Privatleben herum, und das ging entschieden zu weit.

25.

Brigitte pflügte sich durch den zähen Nachmittagsverkehr ihrem Haus in Lankwitz entgegen. Sie war genervt und gestresst wie so oft in letzter Zeit. Heute Morgen hatte erneut eine aufgebrachte Mutti versucht, ihr an den Karren zu fahren. Sie hatte Brigitte in der Pause regelrecht aufgelauert, ganz so, als hätte sie sich mit der anderen von neulich abgesprochen. Was konnte Brigitte dafür, wenn stinkfaule Kerle einfach nur unlustig dasaßen und den Lehrstoff, den sie engagiert und kompetent vermittelte, in schlechte Zensuren verwandelten?

Auf dem Weg zum Parkplatz hatte sie dann noch erfahren, dass ihr Lieblingskollege Riedmüller wohl ernsthaft an der Prostata erkrankt war und für Monate ausfallen würde. Nun hatte sie dessen Geschichtskurse auch noch an der Backe.

Immerhin, gleich war sie da. Sie würde sich auf die Couch legen und ganz bestimmt runter kommen.

Das eher unscheinbare Reihenhaus lag in einer kurzen Straße. Das Viertel war ausgesprochen angenehm und, abgesehen von Automotoren und Autotüren, vollkommen frei von Emissionen jeder Art. Es war ein Biotop der Gutbürgerlichkeit, tendenziell eher spießig und langweilig, aber dafür galten die Tugenden der Rücksichtnahme hier immerhin noch. Hier türmte sich kein Müll auf den Bürgersteigen herum.

Sie hatten das Haus nebst ganz passablem Grundstück vor gut fünfundzwanzig Jahren preisgünstig erworben.

Das lange Bausparen hatte sich ausgezahlt. Jetzt waren Gebäude und Grundstück gut eine dreiviertel Million Euro wert. Patricks frühkindliches Spiel- und Auslaufterrain hatte sich ohne sein Dazutun in eine solide Wertanlage verwandelt. Das hätte er sich so gewiss nicht träumen lassen.

Tatsächlich waren sie früher einmal so etwas wie eine glückliche Familie gewesen. Hubert war damals sogar in Vaterschaft gegangen, um ihr den Rücken freizuhalten. Aber das war alles schon sehr lange her.

Spätestens als Patrick in das Labyrinth der Pubertät eintrat, begann er ihr immer mehr zu entgleiten. Er baute Mauern um sich, schottete sich ab, richtete sich in einer Welt ein, in der Brigitte sich nicht mehr auskannte und nicht auskennen wollte. Vor allem der Zweite Weltkrieg war seine Welt, sein Leben geworden. Doch anstatt sich mit den Ursachen und Folgen zu befassen, widmete Patrick sich nur dessen fataler Ästhetik, baute Panzer und Flugzeuge zusammen. Stundenlang feierte er an seinem Schreibtisch unter der Dachschräge wahre Bastel- und Klebeorgien, einzig und allein, um eine grauenhafte Zeit in Miniaturgröße wieder erstehen zu lassen, während andere Jungs in seinem Alter sich für Mädchen interessierten und flirteten. Er wurde dick, begann körperlich und emotional zu verpickeln.

Gestern Abend war es zu einem neuen Eklat gekommen. Natürlich hatte es zwischen ihm und der jungen türkischen Kollegin keinerlei Annäherungen ergeben, wovon Brigitte, und sei es nur aus einer emotionalen Spiellaune heraus, immerhin tröpfchenweise geträumt hatte. Im Gegenteil, die Situation hatte sich anscheinend radikal zugespitzt. Es begann damit, dass die Türkin wohl mit einem Kopftuch auf der Arbeit erschienen war, und das ausgerechnet in der Auftragsannahme, wo es viele Kundenkontakte gab. Es kamen auch Kunden aus dem Westberliner Umland, was der Stadtrandlage des Autohauses geschuldet war. Der Chef hatte sie wohl per E-Mail gebeten, auf das Tragen des Kopftuchs zu verzichten, zumindest wenn sie mit Kunden zu tun habe. Immerhin könne der Chef sich vorstellen, sie nach der Ausbildung zu übernehmen, denn in Sachen Fleiß und Engagement passe es ja.

Daraufhin habe die Türkin den Chef wegen Verstoßes gegen das Antidiskriminierungsgesetz angezeigt, weil er ihre Weiterbeschäftigung vom Tragen eines Kultursymbols abhängig gemacht habe. Die Werkstatt habe nun ein Verfahren und die Presse am Hals. Schon bald hätten sich auf dem Werksgelände allerlei Heinis von Funk und Fernsehen herumgetrieben, mit einem Mikrofon in der Hand und einem Toleranzfurz im Kopf. Er, Patrick, habe eigenhändig ein paar von denen rausgeschmissen und eine Anzeige wegen Hausfriedensbruch angedroht. Das sei aber noch nicht alles. Die Türkin wolle die Anzeige erst zurückziehen, wenn auch er, Patrick, wegen angeblicher rassistischer Sprüche eine Abmahnung bekäme.

„Zieh doch dein Kopftuch aus, dann hörst du bestimmt besser", hatte er ihr im Vorbeigehen zugerufen, nachdem sie eine Kundendienstsache regelrecht verbummelt hatte.

„Das war nicht gerade schlau von deinem Chef, dem Mädchen seine Einstellung per E-Mail gleich frei Haus zu liefern. Und du hast anscheinend auch ein paar gute Gelegenheiten verpasst, den Mund zu halten."

Diese von Brigitte sorgfältig und passgenau eingestreute Bemerkung hatte das Fass dann endgültig zum Überlaufen gebracht. Patrick trat eine wahre Schimpforgie los. Ob man es denn nur noch mit vielfaltsbesoffenen Idioten und Zeitgeistkastraten zu tun habe? Sie, Brigitte und ihre Grünen, täten immer wer weiß wie der Zukunft zugewandt, dabei seien wir alle doch längst auf dem Weg zurück. In Parkanlagen wimmele es geradezu vor waschechten Zigeunern und Straßenräubern. Längst totgeglaubte Krankheiten wie Krätze und Syphilis seien zurückgekehrt und der Wolf sei auch wieder da. Mit den vielen Arabern würde im Übrigen ein mittelalterlicher Antisemitismus wieder heimisch werden. Was sie denn dazu sage?

Das alles hatte er mit so viel Wut vorgebracht, dass Brigitte Angst und Bange geworden war. Noch nie hatte sie ihren Jungen so hasserfüllt erlebt. Am meisten aber hatte ihr das mit dem Antisemitismus zugesetzt, worauf sie nichts erwidern konnte. Der Kampf gegen Antisemitismus war doch ein wichtiges Fundament ihres schulischen Wirkens, und da hatte ihr Junge tatsächlich einen wunden Punkt getroffen. Damit hatte er ihr den Teppich unter den Füßen weggezogen.

„Ihr seid noch viel schlimmer als unsere muslimischen Mitbürger. Die glauben wenigstens noch an irgendwas. Die glauben an ihren Gott, aber das Einzige, woran ihr glaubt, sind eure Feindbilder."

Zu diesem rhetorischen Rückzugsgefecht hatte es gerade noch gereicht. Von Hubert war, abgesehen von einem gelegentlichen „Na jaa", nicht viel gekommen.

Patrick hatte seine Serviette auf den Tisch geknallt, und das anschließende Knallen der Zimmer- und der Haustür war das Letzte gewesen, was sie von ihrem Sohn gehört hatte.

Brigitte bog in ihre Straße ein. Eine Parklücke war schnell gefunden. Zum Glück gab es dort, wo sie wohnten, noch keinen Mangel an freien Parkplätzen, war doch die Parkraumbewirtschaftung bislang noch nicht zu ihrem Kiez vorgedrungen. Die Mülltonnen standen noch immer zur Entleerung auf den Bürgersteigen. Es waren die Außentoiletten der Konsumverdauung, wie Patrick es einmal formuliert hatte.

Brigitte war überrascht, Hubert schon anzutreffen. Er lag auf der Couch, auf der Brigitte eigentlich runter kommen wollte, und war in die Lektüre der taz vertieft. Er hatte die Zeitung weit aufgeklappt, sein Gesicht war kaum noch zu sehen. Die Behördenleitung hatte ihm eine weitere Bürgersprechstunde aufgebrummt, und zum Ausgleich hatte er sich heute früher frei genommen.

Sein Tonfall und wie er so auf der Couch lag, irritierte sie. Er stand nicht auf, um sie mit einem Kuss zu begrüßen, sein Gesicht schien nur wenig Lust zu haben, hinter der Markise aus Papier hervorzukommen. Bürgersprechstunde, das bedeutete, wieder einmal den Prügelknaben für aufgestauten Bürgerfrust zu machen. Vielleicht lag es ja daran, dass auch seine Laune nicht die allerbeste war.

„Und, was gibt es Neues?"

„In der *taz*? Nichts Besonderes." Hubert untermalte seine Antwort mit einem Rascheln des Zeitungspapiers. Es klang wie ein papiernes Räuspern.

167

„Aber in der Online-Ausgabe der taz hab ich was Spannendes entdeckt, eine kleine Aufforderung zur Gewalt."

„Wie bitte?"

„Hier, ein Kommentar von einem Ralf Sotschek, Großbritannien- und Irlandkorrespondent."

Es ging um das Thema „Mit Rechten reden". Hubert las mit einem Unterton an Erstauntheit vor, dass, so der Kommentator, es wenig Sinn mache, Rechte überhaupt noch in Talkshows einzuladen, weil sie sowieso nicht bekehrbar seien. Die Taktik der „Gruppe 43", einer Vereinigung englischer Antifaschisten, sei da schon wirkungsvoller gewesen. Die hätten sich im England der Nachkriegszeit wackere Straßenschlachten mit der Faschistengruppe des Edward Mosley geliefert und diese so schon nach kurzer Zeit von öffentlichen Plätzen vertrieben.

„Na, was sagt man dazu, was sagst du dazu?"

„Was soll ich dazu sagen?" Brigitte setzte sich ihm gegenüber an die andere Seite des Couchtisches.

„Wenn du nicht weißt, was du sagen sollst, dann schreib doch was, einen Leserbrief zum Beispiel." Wie zur Bekräftigung seines genialen Vorschlags raschelte Hubert wieder mit der Zeitung herum.

„Ach, ich weiß nicht mehr, was ich überhaupt sagen, geschweige denn schreiben soll. Was von dem Jungen gehört?"

„Nein."

„Tja, was haben wir an dem bloß verbrochen?"

Hubert stieß einen Brummton aus. Es war ein in allen Sprachen der Welt verständliches Signal. „Nichts haben wir verbrochen, gar nichts. Warum sollen wir, die Eltern, eigentlich immer an allem schuld sein?"

Er stand auf und faltete die Zeitung auf einmal betont vorsichtig zusammen. Auch Brigitte wollte sie noch lesen, und Hubert zeigte auf diese Weise, wie rücksichtsvoll er im Grunde seines Herzens doch war.

„Meinungen und Einstellungen richten sich nicht immer nur nach dem Lehrplan, politische schon gar nicht. Gedanken kommen und gehen. Manchmal liegen sie einfach nur auf der Straße herum, werden aufgehoben und später wieder weggeworfen, das gehört nun mal zum ganz normalen Menschsein dazu. Der wird schon von allein wieder zur Vernunft kommen, früher oder später, da bin ich ganz sicher."

Nach diesen Worten schlüpfte Hubert in seine Hausschuhe, die vor der Couch in Paarformation geduldig gewartet hatten.

Als sie allein war, sah Brigitte sich im Wohnzimmer um.

Ihr Blick fiel auf das Bild über der Couch, es zeigte eine Ruine, ein Kloster oder ein Schloss in heller, grüner Landschaft. Sie hatten es bei einer Agentur, die Werke von unbekannten Künstlern an Hotels, Arzt- und Anwaltspraxen vermittelte, preisgünstig erworben. Das Bild, der Fernseher, die Pflanzenkübel, das über Eck laufende Bücherregal, alles war so, wie es immer war, und doch hatte sich alles geändert. Ihr Sohn war im Streit fort, und ihr Mann war ihr keine Stütze mehr.

Sie sah wieder auf das Bücherregal, wie jemand, der in Seenot auf ein fernes Land blickt. Dort standen sie doch, die Bücher, die kluge und helfende Gedanken bargen, gleichsam Schutzschilder gegen Ignoranz und Menschenverachtung.

Die *Männerphantasien* von Klaus Theweleit zeigten doch klar, wie eng Faschismus und Sexualfeindlichkeit miteinander verwoben waren. *Einig gegen Recht und Freiheit* von Bernt Engelmann, *Preußen ohne Legende* von Sebastian Haffner, lauter anregende Lektüren, Vitamine für das spirituelle Immunsystem. Zum Greifen nahe standen sie im Regal und waren doch unendlich weit weg, weil sie in ihrem Haus nichts mehr galten. Vorurteile waren stärker als der gesunde Menschenverstand geworden, die Verbohrtheit hatte über die Lust am Verstehen gesiegt, auch hier in diesen Räumen, in ihrem Leben.

Sie brauchte dringend jemanden zum Reden.

26.

Lars, Tobias, Ingeborg und Georg saßen in einer Reihe und applaudierten. Das Theaterstück *Unter Eis* von Falk Richter war gerade zu Ende gegangen. Der Applaus war nicht übermäßig stark, aber doch der Qualität des Dramas angemessen. Um Consulting, Wirtschaftsberater und eine erkaltete Gesellschaft war es in den vergangenen zwei Stunden gegangen. Alles hatte sich an einem angedunkelten Konferenztisch abgespielt und namhafte Schauspieler hatten allerlei druckreife Gedanken zum Besten gegeben, wie denn der Produktionsfaktor Mensch optimal zu bewirtschaften sei.

„Risiko akzeptieren", „Möglichkeiten schaffen", „die Chancen, die der Markt bietet, zu Kapital machen", gehörten da noch zum gängigen Repertoire. Zum Schluss erschien ein kleiner Junge im Business-Anzug und schaute in seine ganz persönliche Zukunft. „Mein Weg ist schon verplant. Mich erwartet nichts mehr. Ich habe kein eigenes Leben mehr vor mir. Das Leben, das vor mir liegt, wurde schon tausendmal gelebt." Dann fiel der Vorhang.

Lars hatte das Stück nicht besonders angesprochen. Die Hohepriester der Effizienz sollten aufs Korn genommen werden, dabei war das Ganze selbst sehr hohepriesterlich geraten. Düster war die Szenerie, hölzern und öde wirkten die Dialoge, die sich nur wenig von Thema lösten. Erst dem kleinen Jungen am Schluss, dem Kindersoldaten der Globalisierung, war es gelungen, Lars wieder in den

Zuschauersaal zurückzuholen. Bis dahin hatte er immer wieder an sein eigenes Berufsleben denken müssen, an das, was bei ihm schiefgelaufen war. Er hatte sich eindeutig zu früh ausgeklinkt, das wusste und bereute er jetzt. Auch wenn genügend Geld vorhanden war beziehungsweise in Bälde wieder vorhanden sein würde, stand er dennoch einsam und nutzlos auf weiter Flur. Tobias´ Vorschläge für etwaige Schreibthemen sollten sich als untauglich erweisen. „Ach, wissen Sie, da können Sie doch jede Oma mit Schoßhündchen interviewen", hatte die Antwort eines Redakteurs, auf das Thema „Tiere als Therapeuten" gelautet. Dabei hatte Lars früher für ihn gearbeitet, allerdings vor sehr langer Zeit. Über die anderen Themen war es mit den Redakteuren gar nicht erst zu einer inhaltlichen Diskussion gekommen. „Wir nehmen leider keine Beiträge von Freien mehr", lautete die Standardantwort, „Sparzwang."

Er hatte seine Kontakte zu lange schleifen lassen, jetzt war er draußen.

Schon kurz nachdem der Applaus geendet hatte, waren alle vier bereits auf dem Bürgersteig und trotteten wortkarg nebeneinander her. Lars war sich auf einmal nicht mehr so sicher, ob es wirklich so ein kluger Gedanke war, Tobias mit Ingeborg und Georg zusammenzubringen.

„Jetzt geht's zum Feuilleton mit Ausschank", womit Lars einen nahegelegenen Biergarten meinte.

Die Hugenotten hätten die Biergärten im 17. Jahrhundert aus Frankreich mitgebracht, fing Tobias den Ball auf. Bis dahin sei die Open-Air-Gastronomie in Berlin unbekannt gewesen. Tobias liebte es nun einmal zu dozieren, auch als sie den Biergarten betraten.

„Tatsächlich, was du nicht sagst." Georg hielt angestrengt nach einem freien Tisch Ausschau, das Lokal war sehr gut besucht. „Und, was haben sie sonst noch so alles einge-führt?"

„Uhrmacherhandwerk, Hut- und Perückenmacher und noch so manches mehr."

„Nicht zu vergessen: Patisserien" fügte Lars hinzu. Gerade entdeckte er am anderen Ende einen Tisch, an dem die Leute gerade zahlten.

„Na, dann scheinen sie ja ganz tüchtig gewesen zu sein, die Hugenotten. Von den Hugenotten haben sich übrigens die Hugenutten abgespalten, wusstet ihr das? Die sind dann auf dem Kudamm und der Oranien-burger Straße gelandet. Von denen gehen auch allerlei Wachstumsimpulse aus, bei Männern." Dafür fing sich Georg ein tadelndes Kopfschütteln von Ingeborg ein, während Lars ein vermittelnder Kurzlacher gelang.

Am Tisch verlief die Runde zunächst eher schweigsam. Erst als die Getränke serviert wurden, lockerte sich die Stimmung allmählich auf.

„Also, ich fand das Stück ganz ordentlich." Georg genehmigte sich einen kräftigen Schluck von seinem Weizenbier und setzte das Glas mit kehligem Ächzen, einem nonverbalen Genussbeweis, wieder ab.

Gott sei Dank sei er kein Kaufmann, sondern Maschinenbauingenieur gewesen in seinem Arbeitsleben. Da habe er es mehr mit dem Aufbauen von Anlagen als mit dem Abbau von Personal zu tun gehabt. Er habe um diese Schaumschläger und Tintenpisser einen großen Bogen machen dürfen, dafür sei er heute noch dankbar.

„Ich denke, das Stück schärft schon die Empathie für Menschen, die dem Chef mit dessen eigenen Phrasen in den Arsch kriechen müssen. Diesen Anspruch löst es ganz gut ein."

Nach Lars' Kommentar sah sich nun auch Tobias an der Reihe. Diese Phrasendreschmaschinen seien sich noch wer weiß wie modern und fortschrittlich vorgekommen. Eben genau dieses bigotte Selbstbild jage der Autor des Stückes genüsslich in die Luft. Aber letzten Endes gehe es doch immer wieder um das Spannungsverhältnis zwischen Profit und Menschlichkeit. Also er, Tobias, begreife ein Stück wie dieses als Anregung, auch mal über Alternativen und Visionen nachzudenken. Er nahm einen Zwischenschluck Frankenwein.

„Was meinst du damit, was meinst du mit Alternativen und Visionen? Willst du die Systemfrage stellen?" Auf Ingeborgs Miene hatte sich jetzt inquisitorische Bedenklichkeit eingeschlichen.

„Um Gottes Willen, keine platte Kapitalismuskritik jetzt. In einer sozialistischen Planwirtschaft gedeihen Anpassung und Arschkriecherei mindestens genauso gut, wenn nicht noch besser", sprang Georg seiner Frau bei.

„Richtig, nur dass weniger dabei heraus kommt."

„Es geht doch in dem Stück gar nicht um links oder rechts. Es geht um den nachhaltigen Umgang mit dem Produktionsfaktor Mensch, und dafür gibt es ein schönes Zauberwort und das heißt Wertschätzung, den Menschen wertzuschätzen und ihn nicht nur seine Austauschbarkeit spüren zu lassen."

Ingeborg schaute in ihren Wein, Georg in sein Bier. Lars schaute abwechselnd von einem zum anderen.

„Ich denke, wir sollten einfach zwischen Input- und Outputseite trennen. Der Sozialismus oder vielmehr das, was bisher damit gemeint war, versagt auf der Outputseite, Mangelwirtschaft, das wissen wir, ganz klar. Was aber ist mit der Inputseite des Kapitalismus? Das ist doch die Frage, um die es in dem Stück geht, genau das ist doch die Kehrseite des Kapitalismus. Da braucht man sich bloß die Krankenstatistiken anzusehen, Depression, Burnout und so weiter und so fort", legte Tobias nach.

Georg sonderte einen skeptisch klingenden Brummton ab.

„Also ich weiß nicht, Burnout, das ist doch auch so ein typischer Modebegriff. Die Zahlen in den Kranken-statistiken sind auch deshalb gestiegen, weil heutzutage jeder Tinnef pathologisiert wird. Kein Benehmen nennt man heute ADHS, soziale Inkompetenz heißt heute Autismus und Faulheit heißt jetzt Prokrastination. Also mir kommt das irgendwie wie eine Riesen-ABM für Ärzte und Therapeuten vor. Phrasen und Worthülsen, genau das hatten wir doch vorhin so schön."

Er nahm einen weiteren, etwas energischeren Schluck Bier. „Also, nicht dass ich dem Kapitalismus unein-geschränkt das Wort reden will, aber wenn wir jetzt anfangen, die Systemfrage zu stellen, dann bohren wir ideologische Bretter. Das möchte ich nicht, das habe ich alles schon durch."

„Ich brauche das auch nicht unbedingt" pflichtete Inge-borg ihrem Mann bei, „und heute Abend schon gar nicht."

„Wann denn, wenn nicht heute Abend, nach so einem Stück?"

Tobias stand schleppend auf und ging zur Toilette.

Georg blickte ihm einen Augenblick lang hinterher.

„Sag mal, was hast du denn da für einen Vogel angeschleppt? Der ist ja rot bis auf die Knochen."

„Und …? Lass ihn doch. Ich finde, er hat nicht ganz Unrecht. Zumindest argumentiert er gut."

„Na ja, mag sein. Ich habe in meinem Leben auch schon Dümmeres gehört, muss ich zugeben, aber mal was anderes. Übermorgen ist doch die große AfnP-Demo hier in Berlin. Wir gehen auch hin. Hast du nicht Lust mitzukommen?"

„Hm, ich weiß nicht so recht. Irgendwie sind die mir nicht so ganz geheuer."

„Ach was, stell dir vor, da versammeln sich Menschen, die noch eine eigene Meinung haben und du gehst hin."

„Ja, und die auch noch die Unverfrorenheit besitzen, von ihrem Grundrecht auf Meinungsfreiheit Gebrauch zu machen." Ingeborg behielt die Toiletten sorgfältig im Blick, während sie sprach. „Also, was ist? Wir rechnen mit deinem Kommen." Zur Bekräftigung blickte Ingeborg Lars mit gespielter Strenge in die Augen. Georg stupste ihn mit dem Ellenbogen in die Seite.

„Hm, warum eigentlich nicht?"

Genau das war es. Warum eigentlich nicht? Da konnte er, Lars, sich selbst einen Eindruck verschaffen, ohne auf die Filter von Presse und Fernsehen angewiesen zu sein. Bisher hatte er über die Anhänger dieser Partei immer nur gehört und gelesen, wie schlecht und schlimm sie waren. Jetzt konnte er die Wählerschaft selbst einmal in Augenschein nehmen, und wenn es nur als Zuschauer war.

„Na prima, dann haben wir das doch schon geklärt. Sonst vergessen wir das nachher noch. Achtung, dein Freund kommt wieder." Ingeborg lächelte Tobias freundlich entgegen, als er sichtlich gut gelaunt von der Toilette zurückkam.

„Na, mir ist da was Passendes eingefallen, zum Thema meine ich. Habt ihr schon mal was vom Fordismus gehört?"

„Fordismus, was ist das? Hat das was mit der Automarke Ford zu tun? Heißt das, dass man sein Leben lang einen Ford fährt?"

„Nicht ganz, aber doch ein bisschen."

Tobias sah sich nun doch zu einem weiteren kleinen Vortrag motiviert. Das sei eine richtig spannende Sache gewesen, mit dem Fordismus, und der habe natürlich was mit *Ford*, genauer gesagt mit Henry Ford zu tun. Von dem stamme nämlich der Spruch „Autos kaufen keine Autos".

„Ich dachte, der stammt von Oskar Lafontaine" warf Ingeborg mit gespieltem Erstaunen ein.

Henry Ford sei es nicht nur um den Profit, sondern auch um das Wohl seiner Arbeiter gegangen, fuhr Tobias fort. Er habe seinen Arbeitern so viel bezahlt, dass diese sich schon nach drei Monaten einen Ford *Modell-T* hätten leisten können. So habe er, Tobias, das mit der Wertschätzung von Mitarbeitern gemeint, unter anderem. Schließlich habe Wertschätzung ja auch etwas mit Bewertung zu tun.

„Aber war Henry Ford nicht auch Antisemit?"

„Na jaa, wer war das nicht in dieser Zeit", wusste Lars Ingeborgs Einwand zu kontern. „Jedenfalls war Henry

Ford ein Pionier in Sachen Sozialpartnerschaft. Das ist sein Verdienst, seine historische Leistung.

„Na dann, auf Henry Ford und den Fordismus."

Es schien doch noch ein einigermaßen harmonischer Abend zu werden. Nicht nur an den benachbarten Tischen, auch in ihrer Runde war ein fairer Austausch von Meinungen ganz offensichtlich noch möglich.

27.

„Als du fortgingst, als du aufhörtest mich zu lieben, da bin ich ganz einfach geblieben.

Du, du wirst dein Glück nun woanders versuchen, um dann doch nur wie Holz auf fernen Gewässern zu treiben.

So war es immer mit dir, und so wird es immer sein.

Deine Liebe zu mir ist im Vergehen begriffen, aber meine Liebe zur Heimat ist immer noch porentief rein.

Ich spüre die Lücke, die du hinterlässt, aber ich bleibe nicht einsam.

Meine Stadt und ich wir verschmelzen neu und wachsen weiter, jeder für sich und doch gemeinsam."

Das *Café Mimose* an der Gitschiner Straße war zum Bersten voll. Gerade gab *Geraldine von Kornblumenblau* ihren allerneusten *Wörtermix* zum Besten.

Lara und Richard waren auf einem Poetry-Slam-Abend gelandet.

Poetry-Slam, das sei ein Dichterwettbewerb, eine Art Sängerkrieg. Kreative, oft sehr junge Menschen stellten Wortschöpfungen vor, bei denen selbst Goethe und Heine noch aufgehorcht hätten, so hatte Richard Lara den Abend doch noch schmackhaft gemacht.

Natürlich hatte ihre Skepsis angedauert, sich ohne Feuilletonfilter den kulturellen Niederungen einer Kneipenveranstaltung auszusetzen. Jetzt war sie froh, dass sie Richards Idee gefolgt war. Was sie bisher zu hören bekam, hatte sie wirklich überrascht. Es war einfach nur schön, wie junge Menschen mit der deutschen Sprache umgehen konnten. Es waren Worte, die das gesamte Publikum in ein einziges zuhörendes Wesen verwandelten und auch Lara wurde ein Teil davon. Die Luft im Café war stickig, aber das war nicht weiter schlimm. Die Texte waren die frische Luft.

„Und es hat sich für mich auch schon gelohnt,
    wie oft, wie lange haben wir beide doch nur der Routine gefront.
    Was wir einander waren und hatten, das war schon wichtig,
    aber dennoch, dein Gehen war an der Zeit und mehr als richtig."

Wieder brandete johlender Applaus auf. Bis zum nächsten Beitrag gab es eine längere Pause.

„Na, hab ich dir zu viel versprochen?" Nein, hatte er nicht, Lara fand es wunderschön. Besonders der letzte Beitrag hatte ihr sehr gut gefallen.

„Daran sieht man doch, dass das alles Quatsch ist, das ganze Genöle über die oberflächliche Jugend, die angeblich nur Smartphone und Konsum im Kopf hat. Ich glaube, mit so einer Jugend können wir ganz optimistisch sein, was die Zukunft angeht."

Richard ging zur Theke, um neuen Wein zu holen, für sich einen leichten Rueda und für Lara einen Merlot. Der heutige Abend ging auf Richard. Nachher könne man ja noch etwas essen gehen.

Lara war schon eine Viertelstunde vor Beginn des ersten Vortrags eingetroffen und hatte Richard einen Platz freigehalten. Obgleich sie mit einer Stonewashed-Jeans und einem legeren Jackett ihre Garderobe schon deutlich heruntergeschraubt hatte, kam sie sich dennoch auffällig erwachsen unter so vielen jungen Leuten vor, aber das hatte auch sein Gutes. Immerhin hatte sie Richards Platz nicht ein einziges Mal zu verteidigen brauchen. Ihre Aura schien Respekt einzufordern.

Sie hatte wieder einen aufreibenden Tag gehabt. Diese Art von Tagen häufte sich in letzter Zeit. Wie schon beim Schuhversand sollte sich ihr Techtelmechtel mit der AfnP nur von kurzer Dauer erweisen. Begonnen hatte das Zerwürfnis mit einer massiven Entgleisung des Bundesvorsitzenden Grauland. Die zwölf Jahre NS-Herrschaft seien doch ein „Vogelschiss" im Vergleich zu der so reichen und langen Geschichte Deutschlands gewesen. So war es in dürren Worten aus dem Frühstücksradio gekommen. Erste Reaktionen aus ihrem Privatleben ließen nicht lange auf sich warten. Noch am selben Nachmittag rief Milena an, um ihr erneut die Leviten zu lesen. Die Maske sei nun gefallen und es sei doch wohl endgültig klar, womit und mit wem man es da zu tun habe.

„Und für so einen Verein arbeitest du."

Anders als bei den vorangegangenen Meinungsverschiedenheiten hatte Lara nun doch klein beigegeben.

Zwar waren ihr Lenas moralische Standpaukenattitüden noch mehr als beim letzten Mal auf die Nerven gegangen, aber es schien ihr in der Tat geboten, die Zelte abzubrechen. Wer weiß, was man von den Repräsentanten dieser Partei noch alles zu hören bekam. Am Ende würde Laras Ruf noch darunter leiden, das Risiko wurde immer größer.

Passend zur Radiomeldung hatte Sven Ottweiler angerufen und mit keinen guten Neuigkeiten aufgewartet. Es sei wohl erneut zu sexistischen Eklats gekommen, und Maren Bialas, die große Nachwuchshoffnung, sei daraufhin aus der Partei ausgetreten. Nun wolle sie über das was sie dort erlebt habe ein Buch schreiben.

Ärgerlich war natürlich, dass Lara sich schon allerlei Gedanken gemacht hatte. Gerade die Weltgeschichte lieferte anschauliche Beispiele dafür, wie sehr doch regelrechte Berge versetzt werden konnten, wenn von einer Idee durchdrungene Menschen an ein und demselben Strang zogen. Sie hatte auch schon überlegt, Lars in seiner Eigenschaft als Historiker um Rat zu fragen, obgleich sie ihm gegenüber nur ungern als Bittstellerin erscheinen wollte, wo er doch so sehr am liebsten mit sich selbst beschäftigt zu sein schien.

So war sie über Ottweilers Absage dann auch nicht wirklich traurig. Immerhin hatte er ihr zugesagt, sie für die ersten drei Treffen zu honorieren und das war alles in allem fair.

„Wir sind nicht so schlimm, wie wir gemacht werden", hatte Ottweiler zum Abschied noch angemerkt.

Zu ihrem Glück war ein neuer Auftrag hereingekommen, über eine Weiterempfehlung. Möglicherweise hatte

Busen- und Shoppingfreundin Milena etwas nachgeholfen.

Lara blickte zur Richard hinüber, der geduldig wie ein Lamm inmitten von jungen Menschen an der Theke wartete. Vorhin hatte er sie sehr nett begrüßt, sie zärtlich in den Arm gezwickt. Zumindest heute Abend hatte sie auf Meinungsverschiedenheiten jedweder Art keine Lust mehr, auf politische schon gar nicht. Im ganzen Raum regierte die Lust auf gemeinsame Freude. Das sollte auch für sie und Richard gelten. Stattdessen stellte sie sich vor, wohin Richard sie noch überall zwicken und kneifen könnte, und ihr wurde wohlig warm dabei.

Richard kam mit dem Wein zurück an ihren Tisch. Er wusste von den Literaturabenden, dass sie Merlot gerne mochte. Sie brachte ja auch immer welchen mit.

„Na, Rotwein passt gut zu deiner Website, da dominiert auch die Farbe Rot."

Lara schüttelte die Haare. Ja, das könne was miteinander zu tun haben, aber die Vorliebe für Rotwein habe sie schon von Jugend auf, schon lange vor der Website.

Ob sie Tellkamps *Eisvogel* schon gelesen habe?

Ja, hatte sie, aber sie war nicht so begeistert. By the way, das nächste Mal könne sie möglicherweise nicht mit dabei sein, denn sie müsse nach Hannover. Es gehe um einen neuen Auftrag für eine konfessionelle Organisation.

„Schade." Richard saß nun wieder neben ihr und kämpfte tapfer gegen die Enttäuschung an. „Konfessionelle Organisation, das hört sich verdächtig nach Kirche an."

„Ja, es ist die evangelische Kirche. Da gibt es Ärger im Landessynodalausschuss."

„Landessynodalausschuss, das klingt ja fast so aufregend wie Pontifikalamt."

„Das eine ist protestantisch, das andere ist katholisch."

„Von mir aus, das eine klingt so sexy wie das andere, das lässt sich wohl nicht verschieben?"

„Da wird wohl massiv gemobbt, und die Verantwortlichen merken es nicht einmal. Es geht um eine erste Bestandsaufnahme, eine Art Inventur der Konflikte."

„Aha, wo viel gepredigt wird, wird auch gerne gemobbt, da haben wir es mal wieder."

Laras beruflicher Trip nach Hannover schmälerte Richards Vorfreude auf den nächsten Lesekreisabend beträchtlich, das war nicht zu übersehen. Lara hingegen war dankbar, dass sie Richard diesen frisch eingegangenen Auftrag, diese Wendung zum Besseren auftischen konnte, gerade jetzt, in diesem Augenblick.

Sie mochte sein waches Gesicht immer mehr, vor allem die Selbstsicherheit, die es ausstrahlte. Sie mochte seine noch lange nicht erschlafften Muskelpartien unter dem Hemdkragen und unterhalb der Taille, soweit sich das unter seiner Kleidung einschätzen ließ. Zum ersten Mal stellte sie sich vor, wie es wohl wäre, wenn sie beide zusammenlebten und was sie dafür auszuhalten hätte. Über das Nadelöhr einer gemeinsamen Badbenutzung hinaus fiel ihr auf die Schnelle nichts ein. Wenn da nur seine Gesinnung nicht wäre. Auch die leiseste ideologische Komplizenschaft mit dem, was sie am eigenen Leib erlebt hatte, war ihr unerträglich. Aber vielleicht gab es ja trotzdem Schnittstellen, die ein gedeihliches Auskommen ermöglichten. Demarkationslinien für Einstellungen und

Argumente, die man stehen lassen konnte, weil man sie dem anderen einfach zugestand, auch wenn man sie nicht teilte. Sie war ja Mediatorin und Kommunikationstrainerin, von daher sollte dies eigentlich eine leichte Übung sein, aber natürlich hatten ihre beruflichen Skills irgendwann auch mal Feierabend und machten der Lust auf Klartext den Weg frei.

Sie stellte ihr Weinglas unter den Stuhl. „Na ja, vielleicht schaffe ich es bis zum Abend ja noch. Ich werde mir Mühe geben. Hannover ist ja nicht Stuttgart, und wenn ihr mir was zum Essen übrig lasst …"

„Mensch, das wäre ja super, wirklich." Richards Miene hellte sich auf, um sich gleich wieder zu versachlichen.

„Aber sag mal, was gefällt dir denn an Tellkamps Eisvogel nicht?"

Sie fände das Buch reichlich überladen, da würden zu viele Themen vermischt und es sei ihr doch ein bisschen sehr schwarzweiß. Außerdem gehe' ihr die ganze künstliche Aufgeregtheit um das Thema Rechtspopulismus allmählich schon ein bisschen auf die Nerven.

„Künstliche Aufgeregtheit? Was meinst du damit? Das sind doch wichtige Themen, rechte Seilschaften, das ist doch hochaktuell. Das ist alles andere als künstlich, leider."

„Klar sind das wichtige Themen, aber die Debatte ist mir etwas zu oberflächlich, zu einseitig."

Richards Blick verärgerte sie. Da war er wieder, der Meinungs-TÜV eines linken Gutmenschen.

„Die AfnP-Wähler", fuhr sie fort, „das sind doch keine Nazi aliens von einem anderen Stern. Sie kommen von den anderen Parteien, besonders von der CDU. Die ganze Entwicklung beruht doch in erster Linie auf einem Kommunikationsproblem."

„Kommunikationsproblem? Was soll das für ein Kommunikationsproblem sein?"

„Für mich besteht das Gros der AfnP-Wähler nicht aus Rechtsradikalen mit einem geschlossenen Weltbild. Sie sind eher wie bockige Kinder, man erzieht zu viel an ihnen herum. Zumindest kommt es bei ihnen so rüber. Die anderen Parteien sollten Strategien entwickeln, wie man sie wieder zurückgewinnen könnte. Das ist natürlich anstrengender als zu moralisieren und auf Wähler zu schimpfen, gerade bei den Grünen und bei der CDU."

„Und was soll man sich deiner Meinung nach einfallen lassen?"

„Eine neue Streitkultur, nichts weniger als das."

„Streitkultur, soso, also für meinen Teil ist die Streitkultur schon ziemlich gut entwickelt, in unserer Gesellschaft, in unserem Land."

„Finde ich nicht."

„Finde ich doch, gerade AfnP-ler dürfen doch alles sagen, in Talk-Shows, auf Veranstaltungen und sonst wo. Nur sie müssen halt andere Meinungen und unbequeme Wahrheiten vertragen."

„Ich glaube eher, die gesamte politische Landschaft muss unangenehme Wahrheiten vertragen."

„Was meinst du damit?"

„Ach vergiss es." Lara holte sich ihren Wein wieder unter dem Stuhl hervor, während sie Richards Blick überall an sich spürte.

„Schon mal was von Streitlaboren gehört?"

„Streitlabore, was soll das sein?"

„Man lernt konstruktives Streiten. Man soll versuchen, das Gegenüber zu verstehen, worum es ihm im Kern geht, aktiv zuhören, den Standpunkt des Gegenübers selbst rekapitulieren. Versuchen, Gemeinsamkeiten auszuloten und seien sie noch so klein. Den eigenen Standpunkt begründen und sein Gegenüber wohlwollend interpretieren, ohne zu belehren, all das."

Richard nahm einen kleinen Schluck Wein, während Lara unbekümmert fortfuhr.

„Einfach mal versuchen, die Welt durch die Augen des Gegenübers zu sehen, versuchen zu begreifen, warum vielleicht nicht jeder so eine Riesenlust auf Gender und Multikulti hat."

„Also ehrlich gesagt habe ich keine allzu große Lust, Dinge aus der Sicht eines Rechten zu sehen. Ich möchte mich einfach nicht in diejenigen hineinversetzen, die aus Ignoranz und Verbohrtheit all das gefährden, was mir wichtig ist, woran ich glaube."

„Das nennt man *kognitive Dissonanzen*, ein Kernbegriff aus der Psychologie."

„Den Begriff kenne ich. Nenne es wie du meinst. Das hatte ich in meiner Kindheit und Jugend schon zur Genüge. Ich habe einfach keine Lust, mich mit Menschen auseinanderzusetzen, die schon von Jugend an vergreist sind. Dafür ist mir meine Energie zu schade."

„Ja doch, vielleicht hast du recht." Lara war verunsichert. Lehnte sie sich in dieser Annäherungsphase nicht zu weit aus dem Fenster und gefährdete sie diese womöglich dadurch?

„Weißt du, was, ich glaube, das diskutieren wir lieber ein anderes Mal aus. Es geht weiter im Programm." Er zupfte sie wieder blitzschnell am Arm, und beide rückten ihre Stühle zurecht.

„Wo die Liebe hinfällt, da bleibt sie nicht einfach kleben",

so begann der Beitrag von Juliane Weber.

„Ich verlieb mich jeden Tag.
am laufenden Band und am laufenden Meter.
Weil ich den Rest der Welt nun einmal mag
funkt es früher oder später.
Ob im Bus, beim Einkaufen oder beim Italiener,
mein Herz schlägt schön und schöner.
Ich bin, so wie ich bin,
und ist der Tag auch trüb und trüber,
voller Liebe bin ich, bis oben hin,
und die schwappt zuweilen über."

Wieder berührten die Worte und die Satzmelodie Laras Herz wie ein edles Parfüm. Wenn Richard die Absicht hatte, ihr zu zeigen, dass er nicht nur ein Besserwisser war, sondern auch Gefühle zeigen konnte, dann war es ihm hiermit gelungen. Nicht er sprach zu ihr, sondern er ließ einfach andere für sich sprechen. Er delegierte schöne Worte einfach an andere, die es ausgefeilter und schöner konnten. Er ließ seine Gedanken durch Künstler verwalten und kommunizieren und das fand Lara sehr schön.

28.

Lars hatte den Einstieg in die AfnP-Demo leicht gefunden. Der Sammelpunkt befand sich an der Ecke Karl-Liebknecht- und Spandauer Straße. Die Anzahl der Teilnehmer war schon jetzt beträchtlich und nahm aus allen Himmelsrichtungen im Minutentakt zu. Ingeborg und Georg waren offenbar noch nicht eingetroffen. Lars hatte mehrmals versucht, sie zu erreichen. Er fühlte sich unsicher und allein, und fragte sich immer wieder, warum er hierhergekommen war, was ihn mit den Menschen, die sich hier versammelten, eigentlich verband.

Es hatte wohl auch viel mit seiner eigenen Stimmungslage zu tun. Vorgestern war er auf dem Fahrrad von einem jungen Araber aus dem Auto heraus massiv beschimpft worden, angeblich, weil er beim Abbiegen nicht deutlich genug Handzeichen gegeben hatte. Das stimmte aber nicht, der Typ war einfach nur auf Konfrontation aus gewesen. Eine regelrechte Hassfratze fuhr gut hundert Meter weit neben ihm her und pöbelte ihn durch das heruntergelassene Seitenfenster in Dauerschleife an.

Damit nicht genug, war er heute Vormittag ausgerechnet mit Charda aneinander geraten, und das, wegen eines auf dem Boden liegenden Stofffetzens. Nicht wissend, dass es sich um das Putztuch für Chardas Sonnenbrille handelte, hatte er sich damit mehr reflexhaft als überlegt die Schuhkappen poliert.

Ihr „He" und „Da kann man doch zumindest mal fragen" waren seiner Meinung nach um einige Grade zu energisch ausgefallen. Mona und Helga hatten ratlos zwischen ihm und Charda hin und her geblickt, ganz so, als wüssten sie nicht, für wen sie Partei ergreifen sollten.

Auf Charda war er erst einmal nicht mehr so gut zu sprechen. Kurz nach dem Streit hatte ihr Freund sie zur Mittagspause abgeholt. Durch das Schaufenster hatte Lars beobachten können, wie die beiden lachend und scherzend den Bürgersteig in Richtung der Falafelbuden davon gingen. Fast sah es so aus, als ob Charda gerade deshalb so gut gelaunt war, weil sie ihm kurz zuvor so resolut die Meinung gegeigt hatte. Ihr Freund hatte natürlich die gleiche angebräunte Hautfarbe wie sie. Warum durfte es zur Abwechslung nicht mal ein sogenannter Biodeutscher sein, wo sie doch sonst immer gerne mit Weltoffenheit und Toleranz kokettierte?

Zu allem Überfluss war noch zusätzlicher Ärger in Gestalt von Shop-Supervisor Janusz herein geplatzt. In der Grabbelkiste für Sonderangebote hatte Janusz das Buch *Verlorene Posten* von Richard Millet entdeckt. Es war durch Lars′ Hände gegangen, ihm sagten Titel und Autor überhaupt nichts. Laut Janusz handelte es sich um einen Autor der französischen neuen Rechten. Das Buch sei eine Nörgelfibel für alte und neue Ewiggestrige, ein einziger Rundumschlag gegen Modernität und Weltoffenheit. „Das verstößt ganz klar gegen die Leitlinien, so etwas hat bei uns im Regal keinen Platz."

Mit einem deutlichen Appell für mehr Wachsamkeit, gerade bei gespendeten Büchern – „Wir bekommen sonst nur unerwünschte Publicity" –, beendete Janusz das

Gespräch. Wie ein Personalchef in einem Feedbackgespräch blickte er Lars an, als dieser sich von seinem Stuhl erhob und fast über den Papierkorb stolperte.

Lars' Laune war auch jetzt noch nicht die allerbeste. Vielleicht war er aus genau diesem Grund hier. Nicht er, sondern seine Verstimmtheit suchte Gesellschaft, suchte Anschluss, das war es vermutlich.

Lars besah sich die Demoteilnehmer genauer. Hier war in der Tat der Groll der Nation versammelt. Einigen war es auf Anhieb anzusehen, bei anderen verbarg er sich hinter Brillen und klüger dreinblickenden Gesichtern. Auch zwei Fahnen, eine britische und eine französische, waren zu sehen. Da stellten sich einige wohl ein anderes Europa als das von Brüssel und Straßburg vor.

Verlorene Posten, warum Lars gerade jetzt an das Buch denken musste, war kein Zufall. Die Menschen, die sich hier versammelt hatten, waren der verlorene Posten. In ein paar Jahrzehnten würde die Geschichtsschreibung sie allenfalls noch als niederes Gestrüpp, als liegengebliebene Erniedrigte und Beleidigte auf dem Weg in eine neue und bessere Welt einordnen. Es würde eine Welt sein, in der die vielbeschworene Toleranz alles und Althergebrachtes nichts mehr gelten würde. Die Ewigmorgigen würden über die Ewiggestrigen endgültig gesiegt haben. Aus diesem Grunde war es gut, wenn man die Zeichen der Zeit erkannte und am besten schon heute mit Menschen von Gestern nichts mehr gemein hatte. Nichts von dem, was hier und heute zu hören sein würde, durfte auch nur die allergeringste Berechtigung haben, denn hier war der neue Abschaum der Nation versammelt.

Vielleicht war aber auch sein Vater mit daran schuld, dass er heute hier war, und sei es nur, um sich den neuen Bodensatz einmal aus der Nähe anzusehen. „Wenn du siehst, dass zehn Leute auf einen eindreschen, dann bist du nicht der Elfte", hatte Lars' Vater ihm immer wieder eingeschärft. „Dann schaust du genauer hin und fragst nach dem Warum." Vielleicht war er auch deswegen hier.

Immer mehr Transparente wurden entrollt. „Merkel hat fertig", „Merkel muss weg", „Heimatliebe ist kein Faschismus". „Unser Land – Unsere Werte – Unsere Regeln". Überall standen Polizeiwagen und Polizisten herum, die sich blitzschnell in Vollstrecker des Gewaltmonopols verwandeln konnten.

Lars' Blick blieb an zwei Frauen in Domina-Garderobe hängen. Sie trugen lange dunkle Mäntel und lange dunkle Haare. Fast königinnenhaft standen sie auf einem flachen Mauerstück und lächelten über die Menge hinweg. Was hatte eine Domina hier verloren? Waren sie hier auf Kundenfang aus, oder würden sie doch lieber Migrantenmännern mit überkommenen Macho-Ansichten den Arsch versohlen?

Ein paar Kamerateams waren zu sehen, auch aus dem Ausland. Zum Reinbeißen nah fuchtelten Reporter mit ihren Mikrophonen vor Nasen und Mündern herum. Dann ergriff die Hauptrednerin der AfnP, Beatrice von Reyher, das Wort.

„Lasst euch nicht provozieren, bleibt gewaltfrei, lasst euren Ärger nicht an Menschen, sondern in den Wahlkabinen aus. Gewalt liefert unseren Gegnern nur Steilvorlagen, Protest auf dem Wahlzettel tut ihnen wirklich weh."

Eine Beifallswoge brandete auf, auch die grimmig dreinblickenden Ordner klatschten eilfertig mit. Zum Ende der Demo sollte der Parteivorsitzende Grauland am Brandenburger Tor die Abschlussrede halten.

Lars hörte das SMS-Signal gerade noch. „Sorry, wir sitzen fest, der U-Bahnhof Mohrenstraße ist blockiert, es gibt immer noch zu viele Idioten, die nicht kapieren, dass Meinungsfreiheit auch für andere gilt. Pass auf dich auf, wir telefonieren. Georg und Ingrid." Hmmmh, wenn die beiden nicht kamen, würde er wohl auch nicht allzu lange bleiben. Was sollte er allein hier?

Der Zug setzte sich langsam in Bewegung, die Sehnsucht nach Heimat und Vaterland nahm Schritt auf. „Euer Hass auf Deutschland kotzt uns an" war auf weiteren Leinentüchern zu lesen.

Hinter der Schlossbrücke zwischen der alten Kommandantur und dem Spreekanal hatte sich das Gros der Gegendemonstranten versammelt. „Es gibt kein Recht auf Nazipropaganda", „Ganz Berlin hasst die AfnP" und „Nazis raus" schallte zu ihnen herüber. „Kein Bock auf Nazi-Goreng, auf Waffeln-SS und Dönitz-Kebap" dieses Transparent hüpfte regelrecht über Trauben aufgewühlter Gesichter herum.

Hier marschierte der Groll, drüben tobte die Wut darüber, dass dieser Groll sich zu zeigen wagte. Er fragte sich, ob er, Lars Rudorf, den Hass nicht ebenfalls verdient hatte. Vielleicht war es ja tatsächlich ganz übel, dass er hier mitging, vielleicht begann hier ja tatsächlich eine verhängnisvolle Entwicklung, die es wieder bis in die Geschichtsbücher schaffte. Er beschloss, nicht mehr weiter nachzudenken und nur noch zu beobachten. Rein formell war er ja noch Journalist, auch wenn er schon lange nichts mehr veröffentlicht hatte. Zur Not war er einfach Undercover hier. Seinen Presseausweis hatte er natürlich, wie so oft, zu Hause gelassen.

„Geht zur Schule", „Sucht euch Arbeit" war es aus dem Demonstrationszug heraus zu hören. „Allahu-Akbar" ertönte auf der Höhe der Schinkelwache aus einer Gruppe von Kopftuchträgerinnen heraus. „Allah in Nacktbar" schallte es zurück. Eine kleine Gruppe versuchte die Polizeimauer zu durchbrechen. Die Barriere aus Helmen und Schildern dehnte sich biegsam, hielt aber stand.

„Wer Deutschland nicht liebt, soll Deutschland verlassen" schallte es jetzt aus dem Demonstrationszug heraus. Der Spruch wurde im vorderen Teil des Demonstrationszuges in die Welt gesetzt und breitete sich mit hoher Geschwindigkeit aus.

„Wer Deutschland nicht liiieeebt, soll Deutschland verlassen." Bevor Lars über diese Aufforderung nachdenken konnte, kam es noch zu einem Minitumult. Ein Mann in einem bunten Harlekinkostüm war von einem Pulk wütender Demonstranten umringt und schaute gar nicht lustig drein. Später würde es in den Nachrichten heißen, das ZDF habe einen Kabarettisten als Politclown eingeschleust, was aber seitens der Demonstranten auf wenig Gegenliebe stoßen sollte. Ganz augenscheinlich waren hier grundverschiedene Spielarten von Humor unterwegs.

„Wer Deutschland nicht liebt, soll Deutschland verlassen." Irgendwie gefiel Lars der Spruch nicht, der jetzt auch um ihn herum von händchenhaltenden Paaren skandiert wurde. Was störte ihn daran? Konnte man jemandem vorschreiben, ein Land zu lieben, selbst wenn es das eigene war? Und ausgerechnet ihm, Lars Rudorf? Liebte er denn „sein" Land noch, ja liebte er überhaupt noch irgendwen und irgendwas? Und wenn er diesen mit einem Namen versehenen Flecken auf der Weltkarte nun nicht oder nicht mehr liebte, was dann? War er selbst dann auch gemeint, sollte auch er dann das Land dann verlassen?

Wertschätzung und Dankbarkeit dafür, dass er hier geboren und aufgewachsen war, das empfand er durchaus, aber Liebe? Wie sollte er achtzig Millionen Menschen auf einmal lieben können? Der letzte Liebesbeweis an die Nation war fast dreißig Jahre her, als er seinen Wehrdienst ableistete.

Damals hatte er sie noch beschützen wollen, die Nation. Damals hatte er an vieles geglaubt, auch an die Freiheit der Meinung und an eine halbwegs gerechte Einkommensverteilung. Vor allem aber gab es einmal ein letztes Maß an Urvertrauen, an gefühlter Geborgenheit, dass die Politiker die Dinge schon irgendwie auch in seinem Sinne regeln würden, ob sie nun rot, grün oder schwarz waren. Das hatte sich in den letzten Jahren aber geändert.

Er erspähte eine Lücke auf der Seite der Gegendemonstranten und scherte aus. Insgesamt war er nur ein paar hundert Meter mitgelaufen und das bedauerte er jetzt.

29.

Im Restaurant „Nobelmeyer und Degenhardt" wurden hauptsächlich Speisen mit Zutaten aus der brandenburgischen Umgebung angeboten. Obwohl es recht voll war, blieb die Akustik dank den Raumteilern aus Birkenstämmen angenehm erträglich. Die großen Jugendstilfenster ließen angenehme Helligkeit herein.

Richard war durch einen Bericht in der Abendschau auf das Lokal aufmerksam geworden. Die beiden Betreiber hatten verkündet, AfnP-Mitglieder nebst bekennenden Sympathisanten nicht zu bedienen. Die sollten ihren Appetit bitte woanders stillen. Ihre Anwesenheit sei unerwünscht. Es gelte, klare Signale zu setzen und eine Partei, deren prägendes Fundament die Ausgrenzung sei, selbst auszugrenzen. In der Verhaltenstherapie nenne man das Konfrontation durch Spiegelung. Richard hatte damit kein großes Problem. Im Gegenteil, es war gut zu wissen, dass man nicht im gleichen Takt mit neuen Rechten löffelte und kaute. Örtlichkeiten wie diese sollten zum Genießen da und keine Raststätten für Demokratiefeinde sein. Genauso stand es auch im Vorwort der Menükarte geschrieben. Der Heimat verbunden und der Weltoffenheit verpflichtet.

Brigitte hatte dies ebenfalls mit „Super" und „thumbs up" quittiert, das Menüangebot selbst aber mit merklicher Zurückhaltung unter die Lupe genommen. Nachdem Richard sie offiziell für eingeladen erklärt hatte, war die Anspannung aus ihrem Gesicht wieder gewichen. Dennoch war ihre Laune nicht die allerbeste.

Sie las ein paar von den Gerichten laut vor. Beide entschieden sich für gebratenen Havelzander auf geschmorten Gurken und in Pilzkruste. Der Wein war schnell eingeschenkt, und auch der Havelzander ließ nicht allzu lange auf sich warten. Die Servietten wurden gefaltet, und die Augen kosteten erst einmal vor, bevor Gabel und Fischmesser in Aktion traten.

„Am Freitag ist ja wieder Literaturabend. Und, hast du den *Eisvogel* schon gelesen?"

„Ja, bin vorgestern fertig geworden. Und du?" Brigitte kaute ihren Mund nicht vollständig leer, sodass ihre Worte ein wenig verspachtelt klangen. Richard fand, dass es sich ganz lustig anhörte.

„Noch nicht ganz. Es sind ja noch ein paar Tage hin, hatte die letzte Zeit einfach zu viel mit trockenem Paragraphenkram zu tun."

„Das Buch ist überraschend antifaschistisch." Jetzt, wo ihr Mund komplett leer war, redete Brigitte Klartext. „Wenn man bedenkt, wo Tellkamp selbst gelandet ist."

Richard setzte zu einem Schluck aus dem Glas an und bescheinigte dem Wein, noch bevor er Brigitte antwortete, eine angenehme Leichtigkeit. „Ich weiß auch nicht, möglicherweise ist dem der Erfolg von seinem Turm zu Kopf gestiegen. Erfolg macht halt arrogant."

Beide widmeten sich wieder dem Zander. Als sich der Fisch auf dem Teller dem Ende zuneigte, schien Brigitte der Zeitpunkt gekommen, mit ihrem traurigen Innenleben herauszurücken. Ihr Leben sei eine einzige Krise zurzeit.

Ihr Beruf mache keinen Spaß mehr, ihre Ehe sei zu einem einzigen langweiligen Fernsehabend verkommen. Ihr Mann schlafe regelmäßig vor dem Fernseher ein.

„Und, vibriert er wenigstens wenn er schnarcht?"

Anstelle einer Antwort schaute Brigitte Richard für einen kurzen Moment irritiert an. Damit nicht genug habe sie sich auch noch mit ihrem Sohn überworfen, fuhr sie fort. Der sei im Streit ausgezogen, nachdem er allerlei rassistisches Zeug herausposaunt habe. Er könne doch unmöglich von allein auf seine kaputte Gedankenwelt gekommen sein, da müssten doch andere nachgeholfen haben. Unter seinen Arbeitskollegen in der Autowerkstatt, da tummelten sich anscheinend auch allerlei Dumpfbacken und geistige Brandstifter herum, allen voran wohl der Chef.

„Und dein Mann?"

„Der hält sich aus allem raus. ,Wird schon wieder', viel mehr hat er zurzeit nicht drauf, wenn er überhaupt jemals mehr drauf hatte."

„Vielleicht hat er ja Recht, dein Mann." Richard ließ die Weingläser laut miteinander kollidieren. „Die Zeit heilt manchmal gründlicher, als man glaubt. Für seelische Beschwerden, wie wir sie alle einmal haben, ist die Zeit *die* Hausapotheke. Sag mal, hast du noch Geschwister?"

Brigitte stieß einen leicht resignativen Seufzer aus. Sie trug heute zur Abwechslung ein wenig Make-up. Es verfeinerte ihre Gesichtszüge leicht und bot sogar dem Weltschmerz ein bisschen Paroli.

„Ja, einen älteren Bruder. Aber wir haben nur wenig Kontakt. Seine Kinder sind wichtige Stützen der Leistungsgesellschaft geworden. Sie ist Ärztin, er ist Architekt.

Darauf ist der mächtig stolz, aber die Welt versteht er auch nicht mehr. Sag mal, findest du den Wein wirklich so gut? Ich hätte eher Lust auf was Fruchtigeres."

Richard nickte verständnisvoll und orderte noch einmal die Getränkekarte. Für Brigitte war dies der willkommene Anlass, das Thema zu wechseln. Wie denn Richards Jugend, vor allem wie denn seine Studentenzeit gewesen sei?

Richard überlegte kurz, wie er seine Vita auf die Schnelle präsentieren sollte. Die braune Vergangenheit seines Vaters überging er einfach. Nach dem Abitur habe er sich kurzerhand aus dem Staub gemacht, aus dem Staub eines spießigen und piefigen Elternhauses mitten in den Hexenkessel Berlin hinein, natürlich auch der Bundeswehr wegen. So lautete seine Schnellversion. Brigitte schien sie zu genügen, und sogar ein wenig zu gefallen. Ob er auch in K-Gruppen aktiv gewesen sei, Maoisten, Kommunistischer Bund Westdeutschlands?

Nein, das sei für ihn, Richard, keine wirkliche Alternative gewesen. Er habe sich auf die Bewältigung der jüngsten Vergangenheit konzentriert, ohne dabei zugleich neue ideologische Fahnen zu schwenken. Ob sie, Brigitte, das Lied „Bevor ich mit den Wölfen heule" von Reinhard Mey kenne?

„Ja, das ist sehr schön, aber trotzdem bist du ja bei den Linken."

„Ich bin nicht *bei* den Linken, ich wähle sie als das kleinste parteipolitische Übel."

Die Kellnerin brachte neuen Wein, einen fruchtigen Riesling.

„Und, wie ging es weiter in Berlin?"

„Wir haben Ausstellungen organisiert über die NS-Vergangenheit von Juristen, die damals schon wieder in Amt und Würden waren, Rehse, Globke und Konsorten …"

„Ach, lass uns doch mal über was anderes reden. Ich habe das Thema so was von satt."

„Einverstanden, gerne."

„Und sonst?"

„Was sonst?"

„So wie du heute noch aussiehst, hast du doch damals bestimmt nicht viel anbrennen lassen, oder?"

Das konnte Richard schon von sich sagen, es gab ja allerlei, wie er sich ausdrückte *sexuell befreite Affären* und natürlich auch längere Beziehungen. Es sei eine lange, aber auch abwechslungsreiche Versuchsreihe gewesen, bis es dann mit Kathrin geklappt habe. So gesehen sei jede Beziehung ein Try-and-Error-Experiment, bis die Richtige kam.

„Und, ist sie immer noch die Richtige?"

„Für mich schon, aber warum es umgekehrt nicht mehr so ist, das müsstest du sie fragen."

Richard grinste betont säuerlich.

„Und, wie war es bei dir?"

Brigitte legte eine kurze Pause ein. Ihre Vita sei in der Hinsicht eher unaufgeregt verlaufen. Ihr jetziger Mann sei der zweite.

„Der zweite Versuch oder der zweite Mann?"

Brigitte warf einen Blick auf die neuste Ausgabe des *Spiegel*. Sie lag einsam und verlassen auf dem Nachbartisch.

„Weißt du was, ich glaube, dass das ein Mythos ist, dieses ganze Gequatsche von wegen sexuelle Befreiung, ein ziemlich alberner noch dazu."

„Warum?"

„Das war doch eigentlich nur ein Freifahrtschein für sexuelle Protzerei. Ich habe mich jedenfalls nicht besonders befreit gefühlt, nur weil an den Kiosken plötzlich massenweise Busen und Frauenhintern herumhingen."

„Jaa, gut", hakte Richard elastisch ein. „In Sachen Liebe und Erotik gibt es nun mal keine Verteilungsgerechtigkeit. Das ist leider wahr. Aber immerhin wurde von da an offener mit dem Thema umgegangen. Es gibt viel weniger Tabus seitdem. Die Menschen haben gelernt, darüber zu reden, was sie bewegt, auch in der Beziehung. Wenn ich da an meine Eltern oder an meine Schulzeit denke, überhaupt kein Vergleich. Da hat sich schon viel getan."

„Ach so, ja klar, es gibt beim Thema Sex keine Tabus mehr, außer einem, und das ist riesengroß."

„Und das wäre? Jetzt machst du mich aber neugierig."

„Dass man keinen hat."

„Also, du bist wirklich nicht gut drauf heute Abend."

Brigitte ging mit einem „Stimmt wohl" zur Toilette. Ihr schmal gestreiftes leichtes Sommerkleid passte nicht schlecht, wurde aber durch ihren leichten Watschelgang konterkariert. Erst jetzt fiel Richard ihr Watschelgang auf. Als sie sich wieder hinsetzte, begann sich der Abstand zwischen ihren und Richards Händen erkennbar zu verkleinern.

„Weißt du, was?", fuhr sie um eine Spur aufgeheiterter fort.

„Ich glaube, dass es bald eine neue Wiedervereinigung geben wird."

„So? Na dann, wäre ja auch mal wieder an der Zeit, die letzte ist ja erst knapp dreißig Jahre her."

„Ja, die Grünen und die Linken sollten sich wiedervereinigen. Die Grünen sind doch Fleisch vom Fleische der Linken, oder ist es umgekehrt? Ich weiß auch nicht mehr so genau. Beide treten doch für die gleichen Ziele und Werte ein. Das sieht man doch auch an uns beiden. Du bist links, ich bin grün, und wir beide ziehen am gleichen Strang."

Brigittes Gesicht versuchte zu lächeln, und ihren Lippen gelang es ansatzweise sogar. Ihre Hand lag jetzt noch näher an Richards teurer Armbanduhr, ganz so als hätte sie sich von ganz allein im Zeitlupentempo auf den Weg gemacht.

„Hab ich dir eigentlich schon mal ein Bild von meiner Freundin gezeigt?" Schon lag ein Foto von Patrizia auf dem Tisch. Es zeigte sie mit lässig übereinandergeschlagenen Beinen auf einem Bürostuhl sitzend, während sie sich mit dem Oberkörper gleichzeitig zärtlich an eine nackte Schaufensterpuppe lehnte.

Obwohl sie ja nun getrennt waren, hatte er das Foto immer bei sich. Warum er es gerade jetzt wie eine Trumpfkarte auf den Tisch geworfen hatte, hätte er auf Anhieb gar nicht so richtig zu sagen gewusst. Verdient hatte Brigitte es eigentlich nicht. Es war wohl ein unüberlegter Macho-Reflex, der ihm sofort leid tat. Auch Brigitte tat ihm leid. Richard ärgerte sich immer mehr über sich selbst, aber da lag es nun einmal, das Bild, mitten zwischen den beiden Weingläsern, die Brigitte bis gerade womöglich noch für Pokale der Hoffnung gehalten hatte.

Brigitte setzte sich wieder gerade hin. Richard rückte sich ebenfalls zurecht, und Brigitte blickte für geraume

Zeit im geschlossenen Raum in die Ferne. Ein Schluck Wein verschwand in einem nunmehr wieder restlos verhärmten Gesicht. „Weißt du, so sehr ich es auch versuche, ich komme einfach über eines nicht hinweg."

„Worüber denn?"

„Dass wieder Faschisten in deutschen Parlamenten sitzen. Ich mache mir auch selbst Vorwürfe deswegen."

„Aber da kannst du doch nichts für."

„Doch, kann ich. Ich habe selbst zu oft geschwiegen. Ich habe zu oft den Mund gehalten, anstatt ‚Halt den Mund' zu sagen, aber das wird jetzt anders."

30.

Die Weißweine harrten noch ihrer Entkorkung, die Rotweine atmeten schon geraume Zeit. Es gab Ofenkürbis mit Blauschimmelkäse. Weil Michael die Handwerker im Haus hatte, fand das Treffen diesmal in Richards geräumiger Wohnküche statt. Der von dezentem Cremeweiß umgebene helle Holztisch war etwas kleiner als bei Michael, bot aber genug Platz.

Auch heute Abend hatte Michael gekocht und Richard hatte aufgetragen, womit auch er ein zeitgemäßes Verständnis der Männerrolle betonte. Michael schien sich in Richards Küche recht gut auszukennen, ganz offensichtlich war er schon öfters hier gewesen. Mit außergewöhnlich heller Stimme ließ er wissen, dass das Gericht gerade einmal aus vier Zutaten bestehe, Käse „Fourmet d'Ambert", Muskatkürbis, Crème fraîche und Walnussöl. Den Rest besorge garantiert und idiotensicher die Backofenhitze.

Hendrike wollte dieses Rezept unbedingt zugemailt bekommen. Demnächst käme ihre beste Freundin aus Münster zu Besuch.

„Kein Problem", Richard lächelte betont schelmisch, „bei der Zutatenliste ist die E-Mail schnell geschrieben." Sie waren heute Abend nur zu fünft. Lara käme eventuell später noch. Richard wusste da wohl Genaueres.

„Heute Abend werden dicke Bretter gebohrt, heute wird es POLLITTISCH!!" Damit trommelte Richard nach dem Essen sämtliche zerstreuten Aufmerksamkeiten wieder zusammen. Er schaute alle reihum an, nur an Lars blickte er vorbei. Dafür musterte Brigitte Lars umso dauerhafter. Wenn ihr Blick auch betont ausdruckslos wirkte, so war Lars dennoch beunruhigt. Ganz plötzlich mutierten die Weinflaschen zu Sinnbildern, zu Granathülsen, ja das Bild stimmte. Es waren Granathülsen für einen Schlagabtausch, der nicht mehr allein bei Sachargumenten bleiben würde.

Alle sollten erst einmal sagen, was sie von dem Roman *Der Eisvogel* hielten. Also, fing Michael an, er finde den Tellkamp durchaus lesenswert. Er packe ein heißes Eisen, das Aufkeimen von menschenverachtendem Gedankengut, gekonnt an. Er beleuchte auch die Hintergründe und Ursachen dafür. Glaubwürdige Charaktere rieben sich aneinander. Außerdem besteche das Werk durch eine originelle Sprache. Zur Untermalung las er ein paar Zeilen vor, die Lars aber nicht so richtig einordnen konnte. Überhaupt fiel es ihm schwer, sich zu konzentrieren. Er war ganz damit beschäftigt, seine eigenen Anmerkungen noch einmal sturmfest zu machen.

Hendrike hatte der *Eisvogel* nicht besonders gefallen. Mit der Hauptfigur Mirko Wigger habe sie nicht viel anfangen können. Es sei weder große Kunst noch große Literatur, einfach einen geistigen Halbstarken gegen den Rest der Welt anstinken zu lassen. Sie habe ihn einfach nur als einen Dauernörgler empfunden. Damit habe Tellkamp dem Werk keinen Gefallen getan. Wenn ihr jemand von vornherein schon unsympathisch sei, dann könne sie mit ihm nicht warm werden, und das gelte dann auch für das gesamte Buch. So sei es bei ihr nun Mal.

„Und, was ist mit dem Rest?", wollte Richard wissen.

„Welcher Rest, was meinst du damit?"

„Na ja, der ganze Kontext halt, die politischen Themen." In Richards Worten schwang eine gewisse Nachsicht für Hendrikes politische Unbedarftheit mit.

„Für Politik interessiere ich mich nicht so, das überlasse ich anderen. Aber auch für einen politischen Roman muss man positivere Figuren finden, sonst ist das doch für die Katz."

Sein eigenes Statement leitete Richard mit einem lauten Räuspern ein. Es war gewissermaßen eine schrille Fanfare für die Bedeutsamkeit seiner Worte. Lars schabte sich die letzten Gorgonzola-Reste vom Teller. Es kratzte und quietschte so laut, dass er sich einen leicht tadelnden Blick von Brigitte einfing.

Der Eisvogel, so Richard, sei Tellkamps Erstling, sei deutlich lesbarer als *Der Turm* und auch mutiger, gehe es doch um einen rechten Geheimbund, der von alten Eliten finanziert werde, um eine neue Elite an die Macht zu bringen. Das Verdienst von Tellkamp sei, dass er, wie von Michael bereits erwähnt, menschenverachtendes Gedankengut kraftvoll herausarbeite. Umso befremdlicher sei es allerdings, dass Tellkamp seit Neuestem selbst mit rechten Phrasen aufwarte, von wegen Flüchtlinge kämen nur, um in unser Sozialsystem einzuwandern und so weiter und so fort. Er klopfe also die gleichen Sprüche wie diejenigen, die er im *Eisvogel* anprangere, und das nur, weil es gerade in sei, weil ein neuer rechter Wind wehe. Damit oute Tellkamp sich selbst als Umfaller und Wendehals.

Damit beschloss Richard sein Statement fürs erste. Michael schaute perplex drein. „Das ist ja ein Ding. Davon hab ich gar nichts gewusst."

„Ach, die blöde Politik schon wieder", seufzte Hendrike gelangweilt.

„Aber hören wir nun, was unser Freund Lars zu dem Werk zu sagen hat." Richard zeigte mit einer weit ausladenden Armbewegung in Richtung Lars und warf gleich noch einen Dartpfeil hinterher: „Wie läuft es denn überhaupt bei Carity so?"

Lars war verwirrt, was sollte das jetzt bedeuten?

„Einfach nur mal so gefragt."

„Gut läuft es. Es kommt Geld rein und das geht dann auch wieder raus, nach Afrika, unter anderem."

„Aha, und was geht sonst noch so?"

„Ich verstehe die Frage nicht, wir tragen damit dazu bei, dass die Menschen dort bleiben können. Wenn du so willst, bekämpfen wir Fluchtursachen."

„Abzüglich der kleinen Boutiquen und Secondhand-Läden, die ihr durch eure Dumping-Angebote ruiniert."

„Ich dachte, das Thema hätten wir schon durch."

„Ist leider immer noch aktuell."

Lars hielt es für besser, es bei einem inneren Achselzucken zu belassen, und sich ausschließlich auf seinen literarischen Beitrag zu konzentrieren. Das Werk, so Lars, habe zweifelsfrei seine Stärken, etwa die scharfen Beobachtungen, was passieren konnte, wenn ein labiler junger Mann wie Wiggo nach Führung suchte und in seinem Freund

Mauritz auf Verführung traf. Dass Menschen mit besonderem Charisma mitunter auch eine ganz besondere Verführungskraft besäßen, sei aber literarisch nun wirklich nichts Neues.

Außerdem sei der Verweis auf ominöse Hintergrund-Eliten, die immer wieder gerne als Geldhahn für rechte Kreise herhalten müssten, doch etwas in die Jahre gekommen. Das sei heute eindeutig nicht mehr so. Es gebe kein nationales und chauvinistisches Großkapital mehr. Wirtschaft und Kapital seien von vornherein auf Vernetzung aus. Der Kapitalismus errichte keine Grenzen, im Gegenteil, er wolle sie überwinden, weltweit. Schon allein deshalb habe er auch mit einer überkommenen Heimat- und Schollenideologie nicht mehr viel zu schaffen.

„Und was sagst du dazu, dass Tellkamp jetzt selbst rechte Phrasen widerkäut?" Nicht nur Brigittes Frage, sondern auch ihr Blick verlangte eine Antwort. Sie kantete ihre Augen direkt in Lars' Sichtachse hinein.

Dass es über Tellkamps Äußerungen zu Sturmböen in den Feuilletons gekommen war, hatte Lars am Rande mitbekommen. „Prediger des Hasses", die Überschrift hatte in einer Berliner Tageszeitung gestanden.

„Keine Ahnung, was soll ich dazu sagen? Da hat jemand von seinem Recht auf Meinungsäußerung Gebrauch gemacht und Dinge gesagt, die nicht jedem gefallen. So was kommt in einer Demokratie vor. Das sind so die Kollateralschäden der Meinungsvielfalt."

„Ach was ... gegen Minderheiten Stimmung machen, das fällt also unter Meinungsvielfalt, interessant."

„Und was meinst du überhaupt damit, es gebe keine rechten Finanzeliten mehr", mischte Richard sich ein. „Schau sie dir doch an, die von Reyhers, die von Wartensteins, alter Adel, der schon mit den Nazis gekungelt hat. Das ist doch Realität."

„Ach Quatsch, komm mir nicht mit altem Adel. Fakt ist doch, dass es eine wirtschaftliche Einheitsfront gegen die AfnP längst gibt. Sogar Industrielle und Verbandshäuptlinge beklagen sich doch über Fremdenfeindlichkeit. Die Wirtschaft braucht Zuwanderung, damit der Niedriglohnsektor brummt, und so ganz nebenbei explodieren die Immobilienpreise noch ein bisschen. Den Linken geht es darum, ein Proletariat ins Land zu holen, mit dem sich eines Tages doch noch die Weltrevolution in Gang setzen lässt. Den Grünen hingegen kann es von vornherein nicht kunterbunt genug zugehen. Alle ziehen an ein und demselben Strang und merken es anscheinend nicht einmal."

„Ja und, was ist dagegen zu sagen?" Brigittes Blick blieb geradezu magnetisch an Lars kleben. So sehr, dass sie nicht mehr dazu kam, sich von ihrem selbst mitgebrachten Wein nachzuschenken. Richard erledigte das für sie. Diesmal schien es ein besserer Tropfen zu sein, Lars hatte ihn aber noch nicht probiert.

„Da siehst du es doch, die Ablehnung dieser üblen Partei geht durch alle gesellschaftlichen Schichten, und das ist auch gut so", fuhr Richard fort. Er öffnete mit unwirschem Gesicht das Fenster.

Lars nutzte die kurze Pause, um von Weißwein auf Rosé umzusteigen. „Also mit dem Thema Zuwanderung tue ich mich auch schwer, muss ich ehrlich sagen."

„Das habe ich mir beinahe schon gedacht. Aber was hast ausgerechnet *du* für ein Problem damit, wenn fremde Menschen aus armen Ländern zu uns kommen", löste Brigitte Richard wieder ab.

„Vielen Menschen ist das Tempo einfach zu schnell. Die haben nun mal ein Problem damit, wenn sich ihr eigener Kiez verändert, weil Jahr für Jahr eine arabische Großstadt in unser Land einwandert. Und wenn man dann noch um die Ohren gehauen bekommt, wie fremdenfeindlich und rassistisch man doch ist, welches Wahlverhalten erwartet man denn dann? Da braucht man sich über den Erfolg einer neuen rechten Partei nun wirklich nicht mehr zu wundern".

„Sag mal geht's noch?" Richard beachtete sein Essen nicht, es wurde kalt. Michael und Hendrike aßen in schweigsamer Disziplin vor sich hin.

„Du redest wirklich wie ein AfnP-ler".

„Ich bin kein Mitglied bei denen."

„Auf dem Papier vielleicht nicht, aber wahrscheinlich warst du doch schon bei denen, lange bevor es die überhaupt gab."

„Unser Land, arabische Großstadt, wenn ich das schon höre. Ihr Rechten erklärt einfach einen Fleck auf der Europakarte zu eurer ganz persönlichen Wagenburg, zum Tummelplatz für irgendeine bescheuerte Deutschtümelei. Das Schicksal von armen Menschen, die ihre Heimat verlassen mussten, geht euch am Arsch vorbei", ließ sich Brigitte wieder vernehmen.

„Deutschtümelei, am Arsch vorbei, das reimt sich sogar."

„Ich glaube, heute Abend reimt sich so allerlei zusammen", rundete Richard Michaels vorübergehende Lust am Kalauern ab.

„Man kann es drehen und wenden, wie man will. Ich kann schon verstehen, dass so mancher mit immer mehr Kopftuchfrauen in unserem Kiez so seine Probleme hat", nahm Lars den Faden wieder auf.

„So, und warum?"

„Weil das schon was von einer schleichenden Inbesitznahme hat. Bei vielen kommt das nun einmal so an, und wenn es nur unterschwellig ist."

„Auch Quatsch, schleichende Inbesitznahme, soo viele sind das doch gar nicht. Das ist doch nur kleinkarierte Panikmache. Da kommen noch mehr, am besten du gewöhnst dich schon mal dran. Aus Richards Gesicht sprach jetzt pure Empörung. Für andere Regungen boten Lippen und Augen keinen Platz mehr.

„Du nennst es Panikmache, ich nenne es Empathie mit den schon länger hier Lebenden", legte Lars nach.

„Ach, solche Phrasen und Klischees schon wieder." Richard hatte schon auffallend lange nicht mehr auf seine Uhr geschaut. „Geh doch einfach mal auf fremde Kulturen zu. Das bildet."

„Ich weiß nicht, ob Frauen die Hijab tragen so scharf darauf sind, dass ein Ungläubiger auf sie zugeht."

„So ein Quatsch, dann lässt du's eben. Man kann niemanden zu seiner Horizonterweiterung zwingen."

„Und was ist mit dem politischen Islam?"

„Politischer Islam? Was ist das nun schon wieder für ein Schlagwort? Hast du jetzt auch noch ein Problem damit, wenn Menschen anders beten?"

„Von mir aus können die gerne beim Beten mit dem Hintern nach oben gucken. Das stört mich überhaupt nicht."

„So, was stört dich denn dann?"

„Mich stört beispielsweise, dass viele der Moscheege-
meinden bei uns Erdogan-Fanclubs sind. Mich stört es ganz
erheblich, wenn Hunderttausende, wenn nicht Millionen auf
jemanden abfahren, der hier bei uns islamistische Vereine
sponsert und ihn noch dafür bejubeln, dass er uns Deutsche
in einem fort beleidigt und beschimpft."

„Ja und? Viele von denen denken halt patriotischer als
wir, ist halt so."

„Ach so, die dürfen das, aber als Deutscher darf ich
das nicht?"

„Die überwiegende Mehrheit der hier lebenden
Muslime ist super integriert und friedlich, da kannst du
hier herumagitieren so viel du willst."

„Ach, immer die harmlosen Mehrheiten. Schweigen-
de Mehrheiten sind für mich absolut uninteressant. Rein
rechnerisch war die Mehrheit der Deutschen im Zweiten
Weltkrieg auch harmlos und friedlich."

„Jetzt reicht es aber wirklich." Richard hatte sich eine
regelrechte Zornesmiene übergestülpt und auch Brigitte hatte den wohl letztmöglichen Grad an Empörung
erreicht.

„Nur Ressentiments und null Mitgefühl, total unfähig,
sich zu öffnen, wirklich. Wagenburgen bilden und keinen
mehr reinlassen, das ist eure ganze Weisheit. Ich könnte
einfach nur kotzen."

Es herrschte eine ausgedehnte Stille im Raum. Für
Brigittes flammende Gefühlsäußerung tätschelte Richard
fürsorglich ihre Schulter, die nun das gleiche mit seiner
Hand tat.

„Wisst ihr, was? Lasst uns doch mal den Theweleit lesen, *Männerphantasien*, da steht alles drin über rechte Männer, wie sie ticken, wie sie denken", schlug Brigitte vor.

„Auch, wie sie lieben? Steht das da auch drin?", grätschte Hendrike mit bemühtem Witz dazwischen.

„Klar steht das da drin. Die Liebe zum Kampf ist ihnen wichtiger als die Liebe zur Frau. Wie friedlich, wie schön könnte die Welt sein, wenn es sie ganz einfach nicht gäbe."

Richard stand auf, um Spülwasser in das Edelstahlbecken zu lassen. Sein Smartphone begann zu trällern. Er sah aufmerksam auf den brieftaschengroßen Bildschirm und verließ den Raum.

„Vielleicht ist es ja Lara. Ich glaube, wir brauchen jetzt ganz dringend eine gute Kommunikationstrainerin."

Obwohl Michaels Witz gut platziert war, war er dennoch dazu verurteilt, allein zu bleiben. Keiner wollte mitlachen, keiner ging auf ihn ein.

„Ich glaube, der Kommunikation tut es am besten, wenn ich jetzt gehe." Lars packte sein Buch und seine Notizen zusammen. Er trank mit resolutem Schwung sein Glas Wein aus.

„Oh, Mann, Scheißpolitik, ich wusste es." Hendrikes Worte waren das Letzte, was Lars noch hörte, als die Wohnungstür von außen ins Schloss fiel.

31.

Den Empfang im Carity-Laden empfand Lars als ausgesprochen kühl. Allen drei Kolleginnen rief er der Reihe nach ein betont dynamisches „Hallo" zu, aber es kam immer nur ein saft- und kraftloses Echo zurück, selbst von Helga, mit der er beim letzten Mal noch gemeinsam ausgiebig schöne Porzellanfiguren bewundert hatte. Sie waren von einem Altenheim gespendet worden.

Es kam Lars vor, als ob ein nur knappes Budget an Freundlichkeit der sorgfältigen Rationierung bedurfte. Allein Charda hatte ihn nett angelächelt, trotz des Eklats vom letzten Mal.

Lars sichtete die Bücherspenden und sortierte sie ein. „Essen und Trinken", „Tiere", „Länder und Abenteuer", für fast jedes Interessensgebiet war etwas dabei. Auch viele Romane waren wieder darunter, aktuelle Neuerscheinungen und auch solche, die er selbst schon gelesen hatte. Es waren viele alte Preisetiketten zu entfernen, wofür es ein spezielles Lösungsmittel gab, wenn es nicht sowieso mit dem Fingernagel ging.

Seit Neuestem steckte er guten Romanen ein kleines Kärtchen mit dem Vermerk „gut" oder „sehr gut" zwischen die Seiten und zwar so, dass das Kärtchen oben herausschaute. Dazu gab es noch einen Zweizeiler, warum das Buch lesenswert sei. Das hatte sich bereits als verkaufsfördernd erwiesen. Gelegentlich ergaben sich sogar kleine Gespräche, wenn Kunden gerade diese Bücher dann besonders gründlich in Augenschein nahmen. Schon, dass er Neugier auf die Bücher entfacht hatte, empfand Lars als Erfolgserlebnis.

Es klopfte. Die Tür öffnete sich einen Spalt breit und Helgas Dauerfreundlichkeit wehte herein. Sie solle ihm ausrichten, dass Janusz ihn nachher noch sprechen wolle. Er käme in etwa einer Stunde vorbei. Bis dahin könne er, Lars, ja noch Kasse machen. Die Charda müsse vorübergehend weg.

Was konnte Janusz, der Shop-Supervisor, nur von ihm wollen? Erst neulich hatte er sich wegen des Millet-Buches mit Regularien und Leitlinien wichtig gemacht. Spätestens bei dem Gespräch war Lars auch klar geworden, was ihm an Janusz noch mehr als die Hipster-Gelfrisur auf die Nerven ging: seine penetrant knautschige Stimme. Bei jedem Satzende bog sie wie ein Aufschwung am Reck steil nach oben ab. Das tat Janusz umso intensiver, je mehr Leute ihm zuhörten.

Es kamen nicht viele Kunden, es lag wie so oft am schmutziggrauen Wetter. Bald würde es wohl anfangen zu regnen, aber immerhin, ein paar Kaufentscheidungen fanden doch noch den Weg zur Kasse.

Eine Mitbewohnerin aus Lars' Haus, Corinna Altmann, kam mit besonders energischem Schwung herein geschneit. Sie arbeitete in der Filmbranche, was genau, wusste Lars aber nicht. Da er sie noch nie vor der Kamera gesehen hatte, vermutete Lars sie also dahinter, Regie- oder Kameraassistenz, Scriptsupervisor, irgendwas in der Art. Die Abspanne nach den Filmen waren ja voll mit Tätigkeiten, unter denen man sich wenig bis gar nichts vorstellen konnte. Sie wohnte im Seitenflügel, der Kontakt war gut nachbarschaftlich, ging aber selten über die üblichen Grußfloskeln hinaus. Sie brachte gerne und regelmäßig Spenden vorbei. Manchmal waren es Bratpfannen und Zwiebelschneider, manchmal aber auch Blusen und Jeans. Jetzt ließ sie mit lautem *Hi* eine Designervase hier. Sie erinnerte Lars an eine amerikanische Schauspielerin, die häufig in albernen Beziehungskomödien zu sehen war, und deren possierliche Lustigkeit ihm ziemlich auf die Nerven ging. Im Frühjahr hatte Lars ihr einen Fahrradreifen geflickt und sich dafür eine Tafel Schokolade nebst einem Paar schöne Augen eingehandelt.

Er rief sich den vorgestrigen Abend noch einmal ins Gedächtnis zurück. Das Treffen war total entgleist, so viel war klar. Schon in den vergangenen Treffen hatte etwas in der Luft gelegen, aber vorgestern hatte ein regelrechter Wolkenbruch stattgefunden. Es war ein Gewitter, aber kein reinigendes, es hatten vielmehr Blitze eingeschlagen. Dabei hatte Lars sich nicht wirklich etwas vorzuwerfen. Er war auch in der Hitze des Wortgefechts immer sachlich geblieben, hatte sich durch Brigittes Ausbrüche und Richards Attacken nicht provozieren lassen. Er hatte auch keine Reklame für die AfnP machen wollen. Es war ihm einzig und allein daran gelegen, verständlich zu machen, warum die Partei von immer mehr Menschen gewählt wurde und dass es mit Wählerbeschimpfung allein eben nicht getan war. Er hatte sich zunehmend in die rechte Ecke gedrängt gefühlt und irgendwann nicht mehr genug zwischen sich und seinen Argumenten unterschieden.

216

Darauf hätte er zugegebenermaßen mehr achten sollen. Wie sollte es nun weitergehen? Er hatte keine Ahnung. Sollte er eine Aussprache suchen, oder eine Zeit lang einfach fernbleiben, eine reinigende Auszeit sozusagen? Der Lesekreis war ihm wichtig, er war sein Werk und er würde ihm wichtig bleiben, schon allein um des Austauschs und der Anregungen wegen. Das war das Einzige, was ihm im Moment klar und sicher war.

Die Ladentür ging auf, und schon wenige Augenblicke später schüttelte Janusz Lars mit gebremstem Lächeln und einem einstudiert melodiösen „Halloho" die Hand. Das Halloho war diesmal nicht am Ende, sondern in der mittleren Silbe nach oben gehüpft. Aber das war nicht die einzige Veränderung, die Lars auffiel. Janusz hatte sich eine neue Frisur zugelegt. Nicht nur Kinn und Wangen waren kurz geschoren, nahezu der gesamte Kopf hatte sich in einen Dreitagebart verwandelt. Nur über der Stirn waren die Haare noch so lang, dass sie Schwerkraft besaßen. Ein paar Minuten später saßen sie in der Bücherei einander gegenüber.

„Also, Lars wie geht es dir?"

„Ganz gut soweit. Die Arbeit macht mir Spaß."

„Das sehe ich, und das hat sich auch schon herumgesprochen. Allein die Idee mit den Empfehlungskärtchen in den Büchern ist super."

Na das freue Lars doch. Ob Janusz extra gekommen sei, um es ihm persönlich zu sagen?

Janusz schickte seinen nächsten Worten ein Räuspern voraus. Es war nicht beiläufig, sondern es klang vielmehr dienstlich und kündigte Bedeutsames, um nicht zu sagen

Schwerwiegendes an. Ein Feedback-Gespräch der beunruhigenden Art hatte begonnen, es war regelrecht zu fühlen.

„Es gibt da noch was anderes. Sieh mal, wir sind ja, wenn du so willst, ein Weltkonzern. Zwar non-profit, aber mit einer sehr starken internationalen Ausrichtung."

„Klar, d'accord".

„Gut, und international sollte natürlich auch weltoffen bedeuten, auch einverstanden?"

„Klar."

„Klar, aber wenn Mitarbeiter von uns bei rechten Demonstrationen mitlaufen, wie passt das dazu, wie passt das zusammen?"

Lars spürte eine Beklommenheit in sich aufsteigen. Er kam sich regelrecht nackt vor.

„Eine Kollegin hat am Samstag an einer AfnP-Gegendemo teilgenommen. Sie hat dich erkannt und weigert sich jetzt, weiterhin mit dir zusammenzuarbeiten."

„So, wer denn?"

„Das tut nichts zur Sache."

„Meine Güte, ich war mal Journalist, ich wollte eine Reportage schreiben. Deshalb war ich da." Das war seine Rettung. Lars hatte nur ganz kurze Zeit für diesen Rettungsanker gebraucht, ein paar Sekunden, und er war so erleichtert.

„Ich habe sogar einen Presseausweis."

„Presseausweis, na dann. Du sollst auch rassistische und fremdenfeindliche Parolen mitskandiert haben, von wegen, wem es bei uns nicht gefällt, der soll unser Land verlassen, ob nun mit oder ohne Presseausweis, das ist doch wohl ziemlich egal."

„Das ist doch Blödsinn, das habe ich nie gesagt, nicht einmal gedacht, geschweige denn skandiert."

„Die Kollegin behauptet aber felsenfest, dass du da lauthals mitgebrüllt hast."

Janusz gewährte dem Gespräch eine kurze Pause.

„Das spricht sich irgendwann unter den Mitarbeitern herum und das bleibt auch nicht in der Filiale. Das dringt garantiert nach außen. Wer weiß, am Ende wurdest du noch fotografiert und landest in irgendwelchen Netzwerken. Dass wir uns so ein Theater nicht leisten können, das muss ich dir bestimmt nicht erklären. Wir stehen für Toleranz, für Vielfalt."

„Ja klar, das Ganze ist doch ein Riesenmissverständnis."

„Und nun?"

Janusz lehnte sich zurück. Sein Blick blieb an Lars haften. Es war keine Neugier, es war Gewissheit.

„Schade, wenn man bedenkt, was du hier für einen guten Job machst."

32.

Lars war gegangen, ohne sich von den drei Kolleginnen zu verabschieden. Jede von ihnen hätte die Informandin für Janusz sein können. Dass es jemand aus einer anderen Schicht war, war eher unwahrscheinlich. Dann wäre er vermutlich auf der Demo gar nicht erst erkannt worden.

„Nimm dir heute frei, es sind ja noch genug Leute da. Vielleicht überlegst du dir, wie du den Schlamassel wieder geradebiegen kannst."

Damit hatte Janusz ihn verabschiedet. Was konnte er tun? In die Offensive gehen, eine Erklärung an das schwarze Brett hängen oder eine Rundmail schreiben, dass er nur zu investigativen Zwecken an der AfnP-Demo teilgenommen und niemals fremdenfeindliche Parolen gegrölt habe? Er verwarf den Gedanken gleich wieder. Er würde hier keine dauerhafte Bleibe mehr haben, soviel war klar. Selbst wenn man ihm die Wahrheit noch glaubte, es bliebe dennoch zu viel an ihm hängen. Er würde von jetzt an jeden Standpunkt, jede Meinung mit geradezu seismografischer Sorgfalt abwägen müssen, um nicht noch tiefer in unerwünschtes Fahrwasser zu geraten. Argumente wie er sie beim letzten Lesekreistreffen vertreten hatte, wären auch hier von nun an tabu. Es wäre ein Dasein mit Maulkorb, und das würde er niemals schaffen, selbst wenn er sich noch so sehr darum bemühte. Menschen wie er waren für salomonische Ausgewogenheiten nicht geeignet. Dazu war er einfach zu geradlinig, zu meinungsstark, einfach zu sehr er selbst.

Lars radelte gemächlich und in Gedanken die Straße entlang, weil es keinen Radweg gab. Wo es die Fußgängerdichte zuließ, nahm er den Bürgersteig. Obwohl er Schritttempo fuhr, blieben vereinzelte Verbalrempeleien nicht aus. Um seiner eigenen Sicherheit willen nahm er das in Kauf.

Wie sollte es weitergehen? Immerhin war Carity für ihn ein Hafen gewesen, ein Ort der Begegnung, des konkurrenzfreien Miteinanders. Es gab natürlich noch andere ehrenamtliche Tätigkeiten. Jedenfalls galt es möglichst bald eine neue dauerhafte Bleibe zu finden. Die Woche durchzustrukturieren um nicht nur von den eigenen vier Wänden umgeben zu sein, das war im Augenblick das Wichtigste.

Gott sei Dank gab es ja noch den Lesekreis. Klar, der Abend hatte möglicherweise Irritationen verursacht und würde Spuren hinterlassen, aber vielleicht ließ sich das auf Dauer wieder bereinigen. Am besten, er würde sich mal mit Dr. Michael verabreden. Dessen sachliche und zurückhaltende Art lag ihm eigentlich am meisten. Sobald er zuhause war, würde er ihm eine E-Mail schreiben. Bei ihm würde er ansetzen, um sich selbst zu erklären. Er würde klarstellen, dass das, was er gesagt hatte, eigentlich gar nicht seine eigene Meinung war. Er hatte nur die Gemengelage an aufeinander prallenden Standpunkten und Einstellungen abbilden, sozusagen den aktuellen Verlauf der Diskursfronten abbilden wollen. Michael würde ihm das bestimmt glauben.

Ein Hund, eine Art Promenadenpudel schoss klaffend aus der geparkten Autoreihe hervor. Die Lautstärke stand in geradezu monströsem Gegensatz zur Größe des Kläff-Knäuels und hätte Lars um ein Haar vom Fahrrad gerissen. Der Köter gehörte zu einem dürren Mann, der ein paar Satzfetzen heraus lallte. Auf Anhieb war gar nicht so richtig auszumachen, wer von den beiden tatsächlich der Angeleinte war. Jedenfalls waren alle beide ein asoziales Gespann, das dazu ausersehen war, andere aus wichtigen Gedankenwelten herauszureißen.

Zu Hause angekommen, fuhr er gleich den Computer hoch, der Kühlschrank konnte noch warten. Nur ein paar eingegangene E-Mails waren zu sichten. Eine Mitteilung von eBay, eine Einladung zu irgendeiner Ausstellungseröffnung, es war wohl noch seinem einstigen Journalistendasein geschuldet, und dann sah er ihn auch schon, den Absender *Richard Klausen*, und den Betreff *vorgestern Abend*.

Lieber Lars,

wir haben, nachdem Du gegangen warst, noch beieinander gesessen, und wir sind zu dem Entschluss gekommen, dass wir mit Dir nicht mehr gemeinsam Literatur besprechen wollen. Wer rechtes Gedankengut vertritt, der sollte auch bei uns keinen Platz haben. Es ist schon schlimm genug, dass jetzt neue und alte Rechte überall die öffentliche Meinung aufmischen, da möchten wir uns in unserer Freizeit nicht auch noch damit befassen, ganz besonders dann nicht, wenn es um so etwas Edles und Wertvolles wie Literatur geht.

Es ist natürlich schade, weil Du uns ja quasi aus der Taufe gehoben hast, aber auch das gibt Dir keinen Freibrief.

Wir wünschen Dir alles Gute.

Es standen vier Namen darunter, nur Laras Name fehlte, vielleicht deshalb, weil sie ihm von der Einstellung her noch am nächsten kam. Vielleicht lag es aber auch nur daran, dass sie bei der Auseinandersetzung gar nicht zugegen gewesen war.

Auch Hendrike hatte in Arial unterschrieben. Dies versetzte ihm einen betäubenden Schlag. Der gesamte Vorgang war ja für sich gesehen erklärbar, aber dass auch sie sich gegen ihn stellte, das konnte er nicht begreifen. Vermutlich war sie nach seinem Abgang umgefallen wie ein Dominostein.

Nachdem sich eine kurze Schockstarre gelegt hatte, empfand Lars keine Traurigkeit, sondern vielmehr Leere und Erschöpfung. Er blickte abwesend in seinem Arbeitszimmer umher, und die vielen Bücher und Bilder kamen ihm auf einmal merkwürdig neu vor, als sähe er sie in seinem Leben zum ersten Mal, zugleich erschienen sie ihm unendlich weit weg.

33.

Ihre Waden ragten senkrecht nach oben, vielleicht ragten sie sogar mitten in den Himmel hinein? Oder stemmte Lara gar die komplette Erdkugel auf ihren Fußsohlen? Sie war sich nicht sicher. Sie war sich überhaupt nichts mehr sicher. Sicher war nur, dass sie gerade traumhaft guten Sex hatte. Ausgiebig lange war Richards Zungenspitze an und in ihr unterwegs gewesen, hatte sich absolut zielsicher zu den Epizentren der Stimulierbarkeit vorgearbeitet. Ihr war, als würde sie ihren Körper gerade ganz neu kennenlernen.

Jetzt füllte sein elastischer Schwanz sie angenehm aus. Das rhythmische Reiben pumpte ihre Lust regelrecht auf, bis diese in einem gewaltigen Höhepunkt explodieren würde, und der war nicht mehr fern.

Es war alles ganz schnell gegangen. Der Termin in Hannover hatte nicht so lange gedauert. Bis zum späten Nachmittag gelang es ihr, den Synodalausschuss zu überzeugen, dass die Pflege des Betriebsklimas bei ihr in guten Händen sei.

So hatte Richard denn auch ihren Anruf aus dem ICE mit viel Vorfreude quittiert. Es gab jedoch auch noch eine unangenehme Aufgabe zu erfüllen. Mitten durch die vielen noch halbvollen Weinflaschen hindurch informierte Richard Lara über den Krach, den es gegeben hatte, und dass er zum Überbringer der Trennungsbotschaft an Lars auserkoren worden war.

„Äußerst unangenehm, das Ganze." Mit diesen Worten rangierte Richard eine noch drittelvolle Rotweinflasche hin und her wie ein Schachspieler, der sich seines Zuges noch nicht ganz sicher wähnt. Er goss ihnen Wein nach und lehnte sich entspannt zurück. Lara berührte Lars' Weggang nicht sonderlich, im Moment jedenfalls. Menschen fanden zueinander und trennten sich wieder, in welcher Konstellation auch immer, so war das Leben. Natürlich war so ein Rauswurf immer eine traurige Sache. Andererseits war Lars reif genug, um zu wissen, dass man gerade in ideologisch aufgeladenen Zeiten mit Themen und Meinungen möglichst kompatibel umging. Wer weiß, was er vorhin so alles rausgehauen hatte. Zumindest für den Augenblick war Lara geneigt, Richards Darstellung der Dinge zu glauben. So stülpte sie sich seine Sichtweise einfach über.

Als Richard die Konversation nach unterhalb des Tisches verlagerte und sein Fuß zärtlich ihre Waden berührte, erwiderte sie die Geste, als sei es ein Gebot der Höflichkeit. Danach ging alles ganz schnell. Ihre Zungen wurden zu Kontaktsteckern für ungeduldige Körper. Dann schob Richard mit den Worten „Keine Widerrede mehr, das war jetzt eine verbindliche Willenserklärung" ihren Hintern die Maisonette-Treppe hinauf.

Jetzt spürte sie seinen angenehm riechenden Kussatem, aus dem sich noch das leckere Abendessen herausschmecken ließ, und fühlte seine für sein Alter noch erstaunlich wohlgeformten Hinterbacken. Nach Herzenslust durfte sie zugreifen, sich mit den Nägeln in ihnen verkrallen wie eine Katze in ihren Baum. Morgen würde sie sich die Spuren in aller Ruhe anschauen.

34.

Richard ging es gut. Seine Lenden hatten die Regie über das Geschehen übernommen. Sie bewegten sich rhythmisch hin und her. Wie ein fleischgewordenes Cello breitete sich Laras Rücken unter ihm aus. Der schöne, von allen Spangen und Wickelungen befreite Haarschopf passte sich gehorsam dem Rhythmus an. Es war der Rhythmus des Glücks und des Triumphs, ja, es war noch mehr als das. Es war ihm zu guter Letzt doch noch gelungen, Laras Dünkel, ihre halsstarrige Verweigerung in körperliche Empfangsbereitschaft zu verwandeln. Zum ersten Mal in seinem Leben hatte er eine wirkliche Eroberung geschafft, eine ideologische Widersacherin bezwungen. Insgeheim hatte er immer nach ihnen geschielt, den elegant gekleideten Ladies, den Verfechterinnen gutbürgerlicher Werte und Prinzipien. Dies in Gestalt von Lara wie eine Burgmauer zum Einsturz gebracht zu haben, das war es, das war das letzte Stück, das in seinem bunten Beziehungs- und Affärenmosaik noch gefehlt hatte. Lara würde von nun an für ihn ein feuchtwarmes Zuhause sein, aber nicht nur das. So, wie er sie sexuell auf Trab gebracht hatte, würde er auch ihre Gehirnwindungen kräftig durchpusten. Der ganze Wust aus spießigen Verklemmtheiten und konservativen Gesinnungsresten war doch jetzt schon im Verschwinden begriffen. Richard vögelte es schlicht und einfach weg.

Für einen kurzen Moment empfand er sogar für Lars einen Hauch von Dankbarkeit. Schließlich hatte er ihm

Lara beschafft. Letzten Endes war es diesem neurechten Vollpfosten doch überhaupt zu verdanken, dass er sie im Hier und Jetzt ficken durfte. Aber das war nur recht und billig. Es war ein gerechter Ausgleich dafür, dass Lars in Richards privatem Umfeld einen ankotzenden Zeitgeist vertreten hatte und ihm mit rechten Phrasen so gewaltig auf den Geist gegangen war. Lars war jetzt fort, von ihm würden nur noch schwindende Erinnerungen übrig bleiben, und die vögelte Richard am besten gleich mit weg.

35.

Lars saß am Computer und studierte die Außenwelt, genauer gesagt, was sie an Beschäftigung und Zeitvertreib noch so alles bereithielt. Zu Carity würde er wohl nicht mehr zurückkehren. Dies sei in Anbetracht des Betriebsklimas wohl das Beste. Gestern hatte er diese Nachricht von Shop-Supervisor Janusz bekommen. Nach einem halben Jahr könne man sich ja noch einmal zusammensetzen.

Zunächst hatte er sich aus eher unterbewussten Suchreflexen auf Jobportalen für Akademiker umgesehen, bis er sich wieder ins Gedächtnis zurückrief, dass er eigentlich doch nicht in sein ehemaliges Metier zurück wollte. Dafür war er schon zu lange draußen, und er brauchte es um des Geldes und des Status willen ja auch nicht mehr.

Auch wenn die Umstände seines Abgangs natürlich traurig waren, so blickte er dennoch ohne Groll auf die Zeit bei Carity zurück. Ihm war dort viel kollegiales Miteinander ohne Leistungs- und Konkurrenzdruck begegnet, und genau das wollte er wiederhaben, vielleicht sogar mehr, als er sich eingestehen wollte. Und wenn das Ganze dann noch in ein kleines bisschen Einkommen umgewandelt werden konnte, dann umso besser.

Er beschloss, seine Suche einfach etwas tiefer zu hängen: Verkäufer in einem Zoofachhandel, das klang doch nicht schlecht. Da konnte er, gewissermaßen als Kollateralnutzen, anregende Gespräche mit der zumeist weiblichen

Kundschaft führen. Zählerableser, das klang nach Selbstbestimmtheit und Chef-Ferne, aber da hatte er es nur mit Zahlen zu tun. Servicekraft bei politischen Veranstaltungen, das fehlte noch. Von politischen Zusammenkünften, ob groß oder klein, ob öffentlich oder privat, hatte er erst einmal die Nase voll. Hier, ein Spielzeugladen für Männer suchte eine Teilzeitkraft, da konnte er den ganzen Tag herumspielen, solange keine Kunden kamen, oder er spielte ihnen im wahrsten Sinne des Wortes einfach etwas vor. Vielleicht wäre das ja was. Für einen kurzen Moment stellte er sich vor, wie er so die Kunden neugierig machte. Die Vorstellung gefiel ihm.

Der Biomüll musste heruntergebracht werden. Die kleine Tonne auf seinem Balkon hatte einen Riesenappetit, so schnell, wie sie immer voll war. Danach standen ein paar kleinere Fahrradreparaturen an. Das Hinterrad eierte leicht. Seitenschläge auswuchten, das konnte er gut. Dazu musste er Speichen nachspannen, und das war eine angenehme Tätigkeit. Beim Nachspannen entspannen, das hatte doch was, und beim Spannen von Fahrradspeichen konnte er entspannen. Allerdings wunderte er sich darüber, dass seine Wartungs- und Reparaturtätigkeiten im Innenhof kaum noch Beachtung fanden. Waren sie sonst immer wieder gerne Aufhänger für gut nachbarschaftliches Geplauder gewesen, so lockte das Fetten der Kette oder das Nachstellen der Bremsen kaum noch Reaktionen hervor.

Lars hatte die Biotonne gerade ausgeleert und sein Fahrrad kopfüber gewendet, als die Nachbarin vom Film, Corinna Altmann mit allerlei großen und kleinen

Umschlägen vom Briefkasten kam. Lars grüßte freundlich, blickte aber in ein vorbeischauendes Gesicht. Mit resoluten Schritten war die Nachbarin in der Tür zum Seitenflügel verschwunden.

Was hatte das nun wieder zu bedeuten? Das letzte Mal hatte er sie am Tag seines Rauswurfs bei Carity gesehen. Anlass für ein solches Verhalten hatte er ihr, soweit er sich entsinnen konnte, nicht gegeben. Aber dieser wenig nachbarschaftliche Auftritt war nicht der einzige seiner Art. Seit Tagen wurde er auch von anderen Mitbewohnern entweder gar nicht oder nur flüchtig gegrüßt. Vermutlich waren es nur irgendwelche Launen, interaktive Fehlzündungen von Mensch zu Mensch, oder steckte am Ende doch mehr dahinter?

Lars stellte das Fahrrad wieder an den Stahlbügel zurück. Ihm fehlte im Augenblick die Ruhe für kontemplative Schrauberei. Zurück in der Wohnung legte er sich auf die Couch und versuchte es mit Mahlers siebter Sinfonie. Dieses wunderbare Werk brauchte er jetzt, wunderbare Musik wie diese verstand ihn. Sie holte ihn ganz einfach ab, nahm ihn mit, egal, in welcher Lage er sich befand, wo er gerade war. Aber auch sie funktionierte nicht so, wie sie hätte funktionieren sollen. Die melancholischen Streicherpartituren nahmen ihn nicht so liebevoll an die Hand wie sonst, entführten ihn nicht in die Bilder von Viscontis *Tod in Venedig*.

Natürlich dachte er immer wieder darüber nach, was geschehen, was ihm widerfahren war. Zwei wichtige Nervenstränge zur Außenwelt waren gekappt worden. Er hatte sich bei Carity sehr wohl gefühlt, wenn Oberhäuptling

Janusz sich nicht gerade mit Hipsterfrisur und Regularien wichtigmachte. Ebenso oft dachte er natürlich auch an den Lesekreis zurück. Was hatte er dort gesucht und nicht gefunden? Bücher waren seine besten Freunde und würden es auch bleiben. Als nächstes würde er sich umfangreicher als bisher dem so großartigen Joseph Roth widmen, dessen Sprache ihn immer mehr beeindruckte. Die Sprache war so empathisch, als ob Stefan Zweig naturalistische Romane geschrieben hätte. Schnörkellos und wahrhaftig erklärte sie die Welt.

Dass aber aus der gemeinsamen Beschäftigung mit Büchern auch Freundschaften erwachsen würden, diese Hoffnung hatte sich wohl als Illusion erwiesen. Selbstverständlich hatte er auch gehofft, eine Frau kennenzulernen, wenn auch nur ein wenig. Hendrike hatte ihm gut gefallen, aber sie lief ja nicht mehr herrenlos herum. Außerdem hatte sie seinen Rauswurf mit besiegelt, was ihm nach wie vor unerklärlich war.

Lars überlegte, wann er sich das letzte Mal so richtig ausgegrenzt gefühlt hatte. War es in der Schulzeit, als seine Freunde auf ihre ersten Feuerstühle umsteigen durften, um mit erhöhter Geschwindigkeit neuen Abenteuern entgegen zu fahren, während er weiterhin mit einem lahmen Mofa herumzuknattern verurteilt war? Oder war es im Handballverein, als er nicht mehr für die Mannschaft nominiert wurde, weil andere bessere Leistungen brachten und an ihm vorbeizogen? Nichts von dem war auf seine jetzige Lage anwendbar, noch nie war er so ganzheitlich abgelehnt worden.

Er verspürte eine steigende Unruhe, sein Gedankenkarussell beschleunigte sich leicht. Hatte er Vereinsamungsängste?

Seine Gefühle und Gedanken durften nicht allein bleiben. Gefühle, die nicht ausgesprochen wurden, begannen zu faulen und zu modern.

Er hatte auch schon mit Tobias telefoniert. „Zieh doch einfach was Neues auf, du wirst das schon schaffen. Trage es mit Fassung und lasse deine Begeisterung für Literatur auch weiterhin leuchten. Sei einfach eine Glühbirne." Tobias würde demnächst in seine fränkische Heimat reisen und für die nächsten Wochen erst einmal dort bleiben. Seine Eltern lebten ja noch.

Lars hatte sich auch überlegt, Britta, seine Ex, anzurufen, aber die hatte für seine nichtgrünen Ansichten noch nie viel Verständnis aufgebracht. Wie sollte er ihr erklären, dass er, obwohl er sich eigentlich gar nicht groß verändert hatte, auf einmal zu einem neurechten Dissidenten geworden war? Die ewig gleichen Debatten würden wieder aufflammen, auf die er schon lange keine Lust mehr hatte.

Warum kam er mit der Gegenwart nicht mehr klar, was stimmte nicht mit ihm? Warum stand er nicht über den Dingen, warum war er nicht so tolerant, so weltoffen wie es sich gehörte?

Nahm die Toleranz mit dem Älterwerden nicht automatisch ab? Hatte auch er die besten Möglichkeiten des Menschseins nicht schon hinter sich? Blieb ihm vielleicht gar nichts anderes mehr übrig, als nur noch die Kehrseiten von hochverdichteten Lebenswelten zu sehen: Massenschlägereien in öffentlichen Schwimmbädern, überfüllte U-Bahnen, die Endloswarteschlangen vor so ziemlich allem, was interessant und zugleich noch erschwinglich war? Dass es aber auch in ihm noch Lust auf Neues gab, das hatte er doch durch „seinen" Lesekreis bewiesen, nur dass es jetzt nicht mehr seiner war.

Gestern war eine E-Mail von Charda eingegangen. Das Ganze täte ihr total leid. Sie sei es jedenfalls nicht gewesen, die sich für seinen Rauswurf bei Carity stark gemacht habe. Das solle Lars wissen, darauf lege sie ausdrücklichen Wert. Sie bedauere es sehr, dass er nicht mehr käme. Die E-Mail hatte gut getan. Ja, auch Charda würde ihm von nun an fehlen.

Wie wäre es, wenn er sich ein Haustier anschaffte? Ein Wellensittich oder eine Katze würde ihn so mögen wie er war, ohne nach seiner politischen Einstellung zu fragen.

Lars betrachtete seine alte Kamera, wie sie in ihrem Lederetui geduldig an einem Schubladengriff hing. Ganz plötzlich kam ihm eine Idee. Sie war so gut, dass er sich wunderte, warum sie ihm nicht schon früher gekommen war. Wie wäre es, wenn er in seiner Wohnung mal eine Vernissage machte, mit den schönen Bildern, die er zuletzt geschossen hatte. Ein Treffen nur für seine Nachbarn, einfach so? Ein kleines Fingerbüfett und zu jedem Bild eine kleine Geschichte, warum er gerade dieses Motiv und kein anderes gewählt hatte, und schon wäre das Event komplett. Über seine alte Kamera konnte er auch noch allerlei erzählen. Dadurch würde er seinen Nachbarn näherkommen. Sie würden ganz neue Seiten von ihm kennenlernen, und umgekehrt natürlich auch. Die Bilder brauchten praktisch nur noch gerahmt zu werden. Ja, das war doch mal eine gute Aktion. Damit konnte er immerhin in seinem Haus wieder aufholen, was ihm außerhalb an Kontakten verlorengegangen war.

Beruhigt und gestärkt warf Lars seinen Computer wieder an. Zwar war der E-Mail-Eingang leer, aber dafür entdeckte er in einem Informationsportal den Grund, warum die Nachbarn ihn kaum noch grüßten und weshalb es wohl auch mit der Vernissage nichts werden würde. In der deutschen Filmbranche war es zu einem Skandal gekommen. Ein Produzent von Fernsehkrimis und zugleich Mitglied einer Filmförderungskammer namens Sinzig hatte sich mit einem höheren AfnP-Funktionär zu einem Mittagessen getroffen. Es kursierten Fotos, auf denen beide sich den Raum über Tellern und Gläsern teilten. Die Reaktion ließ nicht lange auf sich warten. Von A bis Z forderten Filmschaffende den Filmmenschen Sinzig zum Rücktritt von allem nur Möglichen auf. Natürlich war Lars neugierig, welche Schauspieler und Regisseure sich dem *Kampf gegen Rechts* so alles verschrieben hatten, und da stand sie auch schon, ganz oben auf der alphabetischen Liste, „Altmann, Corinna, Berlin, Cutterin", seine seit neustem zu Grimm und Unfreundlichkeit mutierte Nachbarin. Offensichtlich hatte sie von seinem unrühmlichen Abgang bei Carity erfahren und es in Haus und Hof schon verbreitet. Lars löschte augenblicklich sein Profil auf „Neighbour-Hut.de", bevor sie ihn auch dort noch anschwärzen oder vielmehr anbräunen konnte.

Er sah sich in seiner Wohnung um. Die Möbel aus Kirschbaumholz, die impressionistische Nachtansicht des Brandenburger Tores gefielen ihm noch immer, fast noch mehr als bisher. Umso überfallartiger daher die Erkenntnis, dass seine Bleibe von nun an kein sicherer Hafen mehr war. Die selbsternannten Antifaschisten waren nicht zimperlich, das war im Kiez bekannt. Am Ende würde es noch zu Graffiti-Schmierereien an seiner Wohnungstür kommen. Er verriegelte unwillkürlich die Tür.

36.

Es war so leise, dass sogar die Kugelschreiberspitzen auf dem Papier zu hören waren. Es war Klassenarbeit und die Schülerinnen und Schüler ließen ihr aufgestautes Wissen auf die Fragen los. Einige wenige bekamen nichts auf die Reihe, das war deutlich zu sehen. Sie kannten das Ergebnis der Klassenarbeit vermutlich schon jetzt, aber das war nicht Brigittes Problem, es war nicht ihre Klasse. Nicht sie, sondern Biologielehrer Metzler war es, der die Halbwüchsigen mit Fragen zum Ökosystem See traktierte. Brigitte hatte nur die Vertretung der 7C übernommen, nachdem sich Kollege Metzler beim Aufstehen den Fuß verknackst hatte. Die Körpermotorik war anscheinend noch nicht wach gewesen.

„Ökosystem See" – solange es für ökologisches Problembewusstsein noch gute Schulnoten gab, brauchte es einem um den Umweltschutz nicht bange zu werden. Ob die jetzt Zwölf- bis Dreizehnjährigen später allerdings auch auf Flugreisen verzichten, also auf gut Deutsch mit dem eigenen Hintern daheim blieben, um dem Ökosystem Welt einen Gefallen zu erweisen, dass würde sich erst noch zeigen müssen. Aber das interessierte Brigitte erst einmal nicht mehr.

Die letzten Tage waren von Rückzug geprägt gewesen, Rückzug aus lärmenden Pausenhöfen, von Schulbankdrückern und ihrer eigenen Familie, wozu nun auch wieder wortkarge Abendessen mit Patrick gehörten.

An ihrer Niedergeschlagenheit hatte auch die aufkeimende Entspannung im Dauerkonflikt mit ihrem Sohn nichts ändern können. Gott sei Dank war ihr nun endlich klar geworden, was sie jetzt am dringendsten brauchte: eine Kur, eine Verschnaufpause vom Leben. Die würde sie beantragen und auch genehmigt bekommen. Es gab eine Fachklinik im Harz, sie war noch nie im Harz gewesen. *Musiktherapie, Gestaltungstherapie, konzentrative Bewegungstherapie, PMR, Qi Gong und Biofeedback*, irgendwas würde bei ihr schon anschlagen. Musiktherapie, da würde sie kräftig auf die Pauke hauen und wieder herauszufinden versuchen, warum sie vor fünfunddreißig Jahren diesen ihren Beruf ergriffen hatte, und sobald sie es herausgefunden hätte, würde sie versuchen, auch wieder so zu werden, wie sie damals gewesen war.

Bis dahin wollte sie nichts mehr von rechten Meinungen und Demonstrationen sehen und hören, keine Talkshows, keine Bundestagsdebatten, keine Nachrichten, nichts mehr.

Auch Hubert hielt das mit der Kur für eine gute Idee und würde sie darin unterstützen. Außerdem gab es weitere ermutigende Signale, was Patrick betraf. Er schien wohl doch zum Nachdenken gekommen zu sein. Er war auf der AfnP-Demo gewesen und da waren wie zu erwarten irgendwelche Ausländer-Raus-Parolen skandiert worden, die wohl auch bei ihm nicht sonderlich gut ankamen. So habe er es nun auch wieder nicht gemeint. An sich sollten Ausländer ja gar nicht wieder raus, es sollten halt nur weniger rein.

Immerhin, Patrick schien zur inneren Einkehr bereit, und Einkehr war nun einmal der Beginn von Umkehr. Von nun an wollte Hubert ihn wieder mehr unter seine Fittiche nehmen, aber ohne Moralisieren und Schulmeistern, von daher wäre ihre längere Abwesenheit gar nicht einmal so verkehrt. Brigitte hatte das genauso gesehen und deshalb Hubert diese Anzapfung verziehen.

Sie wollte einfach nur noch weg. Das gute Gefühl, mit Lars einen Neurechten erfolgreich ausgegrenzt und übles Gedankengut bei ihrem Sohn immerhin eingegrenzt zu haben, das würde sie einfach in die Kur mitnehmen. Widerstand konnte sich also lohnen, solange es dafür noch nicht zu spät war. Diese Erkenntnis würde sich als ein starkes Antidepressivum, als Energievorrat für eine immer bedrohlicher werdende Zukunft erweisen. Es würde Fundament für ihr seelisches Wiedergesunden sein.

37.

Seit Tagen war Lars in der Stadt unterwegs. Er fotografierte jetzt weniger in der freien Natur, dafür mehr in urbanen Kiezen: alte schmiedeeiserne Balkone, Stuckgiebel, Pilaster, Balkonatlanten, so ziemlich alles, was ihm spontan vor die Linse kam. Allerdings kaum Menschen. Ein junges Liebespaar aus Italien hatte er vor dem Schauspielhaus mit deren Smartphones abgelichtet. Supernett, geradezu angeberisch hatte ihn das Glück der beiden angestrahlt, hatte klar zum Ausdruck gebracht, was die beiden ihm voraushatten. Als noch analog fotografiert wurde, konnte man das Glück ob dessen ungerechter Verteilung wenigstens noch ein bisschen zurück ärgern, indem man die Gesichter horizontal abschnitt. Heutzutage ging das natürlich nicht mehr.

Die Ausstellung die *Kulturgeschichte der protestantischen Pfarrhäuser* im Deutschen Historischen Museum war nicht gerade der Renner, aber doch angenehm besucherarm gewesen. Die Begleittexte hatten sich nicht mehr wie sonst auf Gürtel- sondern auf Brusthöhe befunden, was immerhin schon mal ein Fortschritt war. Heute Abend stand ein Jazzkonzert im „Saarbrücker Hof" an. Jazz war eine Musik der Improvisationen und der Zwischentöne. Auch das konnte ablenken.

Das Smartphone trällerte durch seine Jackeninnentasche hindurch, Georg war dran. Was denn los sei, wo er denn stecke, sie seien doch nach der Demo noch verabredet gewesen, hätten aber seitdem nichts mehr von ihm gehört.

Was los gewesen sei? Er, Lars sei vorzeitig abgehauen.

„Warum denn, gab es Ärger?"

„Nicht wirklich, hab halt nur gemerkt, dass es doch nicht so ganz mein Ding ist."

„Nicht dein Ding? Was meinst du denn damit, was ist nicht dein Ding?"

„Der ganze Politikscheiß"

„Und warum?"

„Es ist ja doch immer dasselbe. Jeder meint und will was anderes, jeder kann seinen Standpunkt begründen und alle haben Recht und keiner versteht den anderen. Das ist mir einfach zu blöd."

Von Georg war ein irritiertes „Pfft" zu hören.

„Aha, und was ist denn dann dein Ding?"

„Das weiß ich selber nicht."

„Was soll das denn jetzt wieder heißen? Das ist doch wohl zu allen Zeiten so gewesen. Es geht doch darum, welche Standpunkte man selbst hat, wenn man denn überhaupt einen hat."

Lars sagte jetzt nichts mehr, was für Georg offenbar erst recht der Anlass war, von Irritation auf Verärgerung umzuschalten.

„Weißt du was? Seitdem ich dich kenne, seitdem wir dich kennen, hast du nicht ein einziges Mal politisch Stellung bezogen, nicht ein einziges Mal, eierst und lavierst immer nur herum. Dabei war es doch schon lange nicht mehr so einfach, sich eine klare Meinung zu bilden. Wenn du weißt, was du willst und was nicht, dann können wir uns gerne wieder mal treffen. Bis dahin sortiere dich erst einmal. Sei endlich mal was. Sei von mir aus links, aber sei einfach Mal irgendwas, und tschüss."

Der Anruf hallte laut in Lars nach. Vielleicht hatte Georg ja tatsächlich Recht. Was war er? War er denn überhaupt irgendwer oder irgendwas?

Aber eigentlich war er ja schon etwas, ja doch, er war tatsächlich was. Auf einmal wusste er genau was er war, er war ganz einfach Opfer. Die Opferrolle stand ihm zu und er nahm sie an. Was hatte er getan, womit hatte er es verdient, so gemieden zu werden? Er ging durchaus selbstkritisch mit sich ins Gericht. Sein kurzes Mitlaufen bei der Demo war in der Tat fahrlässig gewesen, aber wie hätte er sich sonst einen möglichst authentischen Eindruck verschaffen sollen? Vielleicht war er bei dem Streit mit Brigitte und Richard unter seinem Niveau geblieben, hatte zu viel Flanke geboten. Vielleicht hatte er nicht eindeutig genug zwischen seiner eigenen und anderer Leute Meinung getrennt, aber auch Meinungen waren seiner Ansicht nach mit Grundrechten versehen, nämlich sich mit Argumenten messen, sich an ihnen reiben zu dürfen. Genau das machte doch einen großen Teil des normal sterblichen Miteinanders aus.

Lars setzte sich auf eine der vielen Bänke, die den Landwehrkanal umsäumten, nicht um Touristen und Passanten zu beobachten. Er beobachtete vielmehr sich selbst, dachte über sich nach. War er ein Rechter? Vielleicht war er das tatsächlich, ohne es zu wissen. Er war das, was er immer gewesen war, war sich selbst treu geblieben, mitsamt seiner Skepsis und seinen Zweifeln. Aber die Welt um ihn herum hatte sich verändert, war zu einem Gottesdienst der Beliebigkeit geworden.

Im Nachhinein bedauerte er es regelrecht, dass Brigitte und Richard ihn nicht doch noch an seiner Historikerehre gepackt hatten, von wegen „Du solltest doch am besten wissen, dass die Geschichte zum großen Teil schon immer eine Abfolge von Migrationsbewegungen war" und so weiter und so fort. Das hätte er gut zu kontern gewusst. Gerade die Einwanderung der Hugenotten in der Zeit des Großen Kurfürsten am Ende des siebzehnten Jahrhunderts hatte in Berlin zu massiven Verwerfungen geführt. Die Wohnungsnot war wohl damals schon beträchtlich gewesen und hatte sich auch in aggressiver Stimmung und mehr entladen. Danach allerdings war die Integration vergleichsweise reibungslos verlaufen. Immerhin hatte die Verpartnerungsquote mit eingesessenen Brandenburgern und Berlinern in der dritten Generation schon bei rund sechzig Prozent gelegen. Davon träumten heutige Multi-kulti-Anbeter mitsamt ihren rotgrünen Wahlvereinen nur. Wirklich schade, dass vor allem Brigitte sich nicht auf ein solches Duell eingelassen hatte. „Viel Meinung, wenig Ahnung", dieses Lehrerklischee hätte er bei nur zu gerne entlarvt.

Lars überlegte, wie es wohl wäre, wenn er im Herbst bei der Bundestagswahl in der Wahlkabine von seinen Grundrechten Gebrauch machte und tatsächlich der AfnP seine Stimme gäbe? Jede einzelne Stimme für die AfnP wäre ein kleines Steinchen im Mosaik der Verärgerung für diejenigen, die ihn ausgegrenzt hatten und die so ziemlich alles tolerierten, nur keine abweichende Meinung.

Das Smartphone summte diesmal nur. Eine Whats-App-Nachricht von Hendrike war eingegangen, nachdem er in ein nahegelegenes Café gewechselt hatte. Seine alte Kamera lag auf dem Tisch. Zusammen mit Smartphone, Kuchenteller und der Cappuccinotasse bildete sie ein anmutiges Stillleben, wie er den Tag verbrachte. Immerhin warf die Bedienung bei der Bestellung einen interessierten Blick darauf.

Lieber Lars,

bestimmt wirst Du Dich wundern, dass Du eine WhatsApp von mir bekommst, wo ich doch zu den Mitunterzeichnern für getrennte Wege gehört habe. Ich möchte Dir sagen, dass ich mich im Nachhinein und zwar in aller Deutlichkeit davon distanziere. Ich entschuldige mich auch bei Dir dafür.

Nachdem Du gegangen warst, haben Richard und Brigitte ein Riesenfass aufgemacht, von wegen den Anfängen wehren und Signale setzen und 1933 darf sich nie mehr wiederholen, wer jetzt schweigt, macht sich mitschuldig, und so weiter und so fort. Ich konnte am Ende keinen klaren Gedanken mehr fassen. Als ich danach zu Hause war, habe ich mich richtig schlecht gefühlt. Ob Du jetzt unbedingt in allem Recht hast, weiß ich nicht. Ich interessiere mich nicht so sehr für Politik, wie Du weißt, und wenn, dann ist es für mich nicht so wichtig, welche Einstellung man hat, sondern vielmehr, wie man mit Einstellungen von anderen umgeht.

Ich werde da jetzt auch nicht mehr hingehen. So habe ich mir Diskussionen über Bücher nicht vorgestellt.

*Mach es gut und bleib so, wie Du bist. Ich mag
Menschen, die zu ihrer Meinung stehen.*

Hendrike

Ja, so war sie, die Hendrike, schöne Worte, seelische
Proteine für den Augenblick. Leider war kein Vorschlag für
eine Verabredung enthalten, aber das war wohl zu viel ver-
langt. Immerhin bestärkte Hendrike ihn in seinem Opfer-
dasein, so dass er sich jetzt erst recht darin wohlzufühlen
begann.

38.

Ganze zehn Tage lang hatte Lars sich in seiner Opferrolle behaglich eingerichtet. Er machte um sämtliche Tagesthemen einen großen Bogen. Er war ausgiebig auf YouTube unterwegs. Allerlei historische Mehrteiler waren in der letzten Zeit hochgeladen worden, *Wallenstein*, *Cagliostro* mit dem unvergleichlichen Jean Marais und Lars tauchte nach Herzenslust darin ein. Es waren wunderschöne Mehrteiler mit tollen Schauspielern. Er war den anonymen Hochladern sehr dankbar. Hinter oft skurrilen Namenskürzeln brachten anonyme Menschen ganz persönliche Erinnerungen zurück, an Fernsehabende mit seinen Eltern, aber auch mit Freunden. Vor allem aber wusste er heute wieder, warum er sich schon als Jugendlicher entschlossen hatte, Historiker zu werden. „le temps retrouve´- die wiedergefundene Vergangenheit", so nannte man das wohl.

Dann aber trudelte ein Brief ein, der die seelische Hängematte mit einem Ruck unter ihm fort riss. Mit dem Verkauf der Dresdner Gewerbeimmobilie gab es Probleme. Auf Lars' Schreibtisch lagen die Worte Komplikationen, Verzögerungen, Anfechtung und türmten sich zu einer existenziell bedrohlichen Barriere auf.

Nach einer schier endlosen Anzahl von Freizeichen meldete sich endlich sein Kundenbetreuer. Ganz offensichtlich hatte sich ein Teil der Anteilseigner konspirativ organisiert und den Verkauf der Immobilie an einen dänischen

Investor nachträglich angefochten. Der Beschluss hätte auf einer Vollversammlung der Anteilseigner eingeholt werden müssen. Dass genau dies nicht passiert und deren Zustimmung einzeln und schriftlich erfolgt war, machte den Verkauf, wie es schien, ungültig. An sich sei das eine reine Formalie und mit geringem Aufwand nachträglich noch zu reparieren oder heilbar, wie es sein Kundenbetreuer mit geliehenem juristischen Fachvokabeln ausdrückte. Weitaus problematischer sei aber, dass auch die Höhe des Verkaufspreises angefochten werden solle. Angeblich sei die Preisfindung total intransparent und die Gegner des Verkaufs würden den Rechtsweg voll ausschöpfen. Dies, so die Stimme aus dem Telefon, deren ruhiger Tonfall in einem beinahe provokanten Gegensatz zur Lage stand, könne noch Jahre dauern.

Lars wurde für einen Moment schwarz vor Augen. Zwar hatten andere Menschen schon beträchtlich an ihm herumgerissen und gezerrt, aber immerhin stand er noch. Jetzt zogen ihm anonyme Mächte regelrecht den Boden unter den Füßen weg.

Was gab es für Alternativen, was konnte ihm sein Betreuer raten?

„Es gibt Agenturen, die sich auf den Ankauf unsicherer Titel wie den Ihren spezialisiert haben. Da müssen Sie aber mit beträchtlichen Abstrichen von bis zu sechzig, siebzig Prozent Ihrer Nominaleinlage rechnen."

„Das bedeutet, ich kann wählen, ob ich jetzt gar nichts bekomme oder ob es später für das Alter nicht mehr ausreicht."

„Wenn Sie es so formulieren, kann ich Ihnen leider nicht widersprechen."

Lars beendete das Gespräch noch bevor der Kundenbetreuer sein „Wir informieren Sie umgehend, sobald es was Neues gibt" komplett loswerden konnte. In einem ersten Reflex scannte er erneut und diesmal deutlich angestrengter in Job-Portalen für Akademiker herum. „Wissenschaftliche/r Volontär/in im Museum für Kommunikation", „Lehrer/in an einer Waldorfschule", „Archäologisches Onlinemuseum-Zeitenwende", all diese Angebote glitten ebenso schnell wieder hinweg, wie er sie herbeigescrollt hatte.

Im verzweifelten Bemühen, einigermaßen überzeugend klingende Spachtelmassen für die Lücken der letzten Jahre zu finden, knöpfte er sich als Nächstes seinen Lebenslauf vor. „Kontemplatives Auftanken im Wechselspiel mit freien und journalistischen Projekten mit Schwerpunkt Literaturkritik", wie würde das klingen? Er würde auch seinen alten Lehrstuhl noch einmal kontaktieren. Vielleicht hatten die ja was für ihn. Sein Doktorvater war leider inzwischen gestorben.

„Sich bewerben heißt für sich werben". Für Lars wurden diese Worte zu einem Barcode für die nackte Verzweiflung. Was er in den vergangenen Jahren immer wieder mal –rein theoretisch- durchgespielt hatte, wenn er bei genügend guter Laune gewesen war, schien jetzt zur Gewissheit zu werden: mit Anfang fünfzig auf dem Arbeitsmarkt noch einmal den Passbildclown abgeben und mit jungdynamischen Mitbewerbern konkurrieren zu müssen.

Er verließ seine Wohnung, die schon seit längerem Vorratskammer für Verunsicherungen und Ängste geworden war. An seinem Fahrrad herumzuschrauben, dazu fehlte ihm die Ruhe. Außerdem verspürte er wenig Lust auf eine Nachbarschaft, die ihn sowieso auf dem Kieker hatte. Das Ehepaar aus dem ersten Stock hatte ihn gestern noch freundlich gegrüßt. Der Mann war irgendwas Höheres im Bundesfinanzministerium. Ganz offensichtlich hatte sich seine politische Entwicklung noch nicht vollständig im Haus herumgesprochen. Vielleicht sollte er die Flucht nach vorn antreten und einen Aushang am schwarzen Brett machen. Aber damit würde er womöglich noch letzte schlafende Hunde wecken.

Schon nach wenigen Kilometern war Lars aus seinem Kiez heraus geradelt. Er beschloss, im gerade neu erweiterten Park am Gleisdreieck eine Pause einzulegen, aber auch hier ließ ihn die neue Lage nicht in Ruhe, im Gegenteil, seine Beunruhigung lief zu Höchstform auf. Was wäre, wenn er es trotz seines nicht mehr jugendlichen Alters tatsächlich wieder in ein unbefristetes Arbeitsverhältnis schaffte? Er würde sich Figuren wie Janusz unterordnen müssen. Er sah sie im Geiste schon gegenüber am Schreibtisch sitzen, mit irgendeinem Feedbackgeschwafel, bei dem es dann vermutlich um seine Ecken und Kanten ging. Götzendiener der Reibungslosigkeit würden darauf achten, dass er einfach nur funktionierte, sonst konnte sich das Feedback schnell in ein Feetback verwandeln. „Feetback", das bedeutete um hundertachtzig Grad gewendete Füße, die dann wieder den Marsch nach draußen anzutreten hatten. In deutschen Unternehmen war es immer noch wichtiger, den lieben langen Tag mit einem netten Gesicht herumzulaufen, als gute Ideen zu haben.

So eine Art Boutique für Männer, wäre vielleicht tatsächlich was. Lars dachte erneut darüber nach. „The difference between men and boys is only the price for their toys", an dem Spruch war schon was dran. Es gab in der Bergmannstraße, in seinem Kiez, immerhin zwei davon, aber bei denen hatte er schon vor Längerem mal angefragt, da war nichts zu machen. Sie suchten zurzeit niemanden und wenn doch, dann hätte jeder, sofern er nur eine einigermaßen passable Verkäufer-Vita aufweisen konnte, ihm gegenüber die Nase vorn. Dass die Tätigkeit vermutlich doch nur darin bestehen würde, die Himmelsrichtungen von Regalen und Sortimenten zu verraten, änderte daran nichts.

Dann, als er unter den vielen Parkbänken endlich ein vakantes Exemplar gefunden hatte sah er ihn, den Aufkleber. Er prangte neben ihm auf der Rückenlehne. Es war eine Faust mit Stinkefinger, „Fuck AfnP" stand auf dem noch oben gereckten Mittelfinger geschrieben. Unter normalen Umständen hätte Lars den Aufkleber gar nicht wahrgenommen, aber jetzt war es irgendwie anders. Mit dem Aufkleber hatte es etwas Besonderes auf sich, gerade jetzt, in diesem Augenblick, auch wenn Lars seine Bedeutung erst mit leichter Zeitverzögerung erfasste. Der nach oben gereckte Mittelfinger war kein Stinke- sondern ein Zeigefinger, ja er war ein Zaunpfahl und der Aufkleber war ein regelrechter Wink mit dem Zaunpfahl.

Wie wäre es, wenn er sich bei denen um eine Mitarbeit bewarb? Ja, das war es, das konnte zumindest für den Augenblick ein Rettungsanker sein. Zwar stimmte er nur sehr bedingt mit deren Kerninhalten überein, aber das brauchte jetzt keine große Rolle mehr zu spielen. Lars kramte das erlesene Designerfeuerzeug hervor, das er einmal von Britta zum Geburtstag geschenkt bekommen hatte und steckte sich eine Zigarette an. Die Zigarette entspannte ihn. Zugleich bestärkte sie ihn in seiner Eingebung, rundete die Augenblicksintuition geschmacklich ab.

Wenn er für seine Umgebung sowieso ein Rechtsradikaler war, warum konnte er dann nicht die Flucht nach vorn antreten und diese Rolle auch annehmen, als abstiegsbedrohter Bildungsbürger, der er ja nun war? Was hatte er noch zu verlieren? Sein Ruf im Haus war sowieso ruiniert, und wenn man die Dinge realistisch sah, war es vermutlich für ihn die einzige Möglichkeit, überhaupt noch einmal festen Boden unter den Füßen zu bekommen.

Er hatte längst erfahren, dass die Partei händeringend Personal suchte. Nur wenige Akademiker waren dazu bereit, weil sie Angst hatten, sich mit braunen Flecken ihren Lebenslauf zu verderben. „Das sieht dann für jeden Personalchef so aus, als hätte man sich den Hintern damit abgewischt." Diese weise Metapher hatte ihm Tobias einmal verraten.

Ja, das war es, diesen Weg würde er gehen, schon allein deshalb, weil ihm nichts anderes mehr übrig blieb. Vielleicht ging er tatsächlich einen faustischen Pakt mit dem Teufel ein. Vielleicht hatte er aber auch Glück und es stellten sich ihm Aufgaben, bei denen er sich seine Finger nicht allzu schmutzig zu machen brauchte und sein Gewissen glimpflich davonkam. Freilich konnte ihn das die Freundschaft mit Tobias kosten, aber das würde man noch sehen.

Er würde sich gleich zu Hause mal auf deren Webseite umschauen. Außerdem, dieser Gedanke kam ihm, als er schon wieder im Sattel saß, konnte auch er am Ende noch mit dazu beitragen, dass die moderaten Kräfte in der Partei gestärkt wurden und ein Hurra-Nationalismus von Vorgestern nicht allzu sehr ins Kraut schoss.

Lars radelte deutlich zuversichtlicher zu seiner Wohnung zurück, als er losgefahren war.

39.

Lars wurde von einem Mann namens Rüdiger Graeff über Treppen und Flure geführt. In der Bundeszentrale der *Alternative für eine neue Politik* schien ein eher moderater Betrieb zu herrschen. Es war Sommerpause, der Wahlkampf war noch nicht in seine heiße Phase getreten, gelegentlich gab eine Bürotür einen Schlips- oder Jeansträger, etwas seltener auch mal eine Frau frei. Das eine oder andere Gesicht glaubte Lars sogar schon einmal im Fernsehen gesehen zu haben. Die Aufbruchsstimmung war deutlich zu spüren, die zurückliegenden Landtagswahlen und die aktuellen Umfragewerte hatten die Parteizentrale regelrecht in ein Treibhaus der Zuversicht verwandelt.

Graeff gab sich betont locker. Aus dem Anzugsjackett ragte ein runder Kopf mit leichtem Haarkranz hervor, der auf dem Korridor salopp umher grüßte. Der dunkelblaue Stoff streichelte die Körperpartien bei jedem federnden Schritt. Überhaupt war die Kleiderfarbe Blau auffallend häufig vertreten.

Das Haus wirkte von außen durchaus modern, besaß aber eine ganz eigene Geschichte. Es sei das ehemalige Gewerkschaftshaus, wie Rüdiger Graeff Lars mit merklicher Lust am Dozieren verriet. Wegen Missmanagement habe sich der Deutsche Gewerkschaftsbund von allerlei Objekten trennen müssen, auch von diesem. Aber die *AfnP* würde die Tradition dieses Hauses in Ehren halten, schließlich seien ja auch Gewerkschaftsmitglieder unter ihren Wählern. Zur Bekräftigung rempelte Graeff Lars weich am Ellenbogen. Es war ein körperliches Augenzwinkern, elegant platziert.

„Sie wirken ein bisschen nervös, aber das brauchen Sie nicht zu sein. Wir freuen uns über jeden, der in friedlicher Absicht den Weg zu uns findet."

Lars schaute sich kurz in Graeffs Büro um, während der seinen Laptop hochfuhr. Schreibtisch und Regale waren in Manhattan-Grau gehalten, was dem Raum eine moderne, aber auch leicht sterile Patina verlieh. Ein Gemälde zeigte eine Straßenszene aus den Zwanzigerjahren. Viele Menschen tummelten sich vor einem Kaufhausgebäude. Sie blickten den Betrachter ein wenig traurig an, ganz so, als wollten sie ihn um einen kleinen Geldbetrag bitten, um damit im Kaufhaus einkaufen zu können.

Graeff blätterte per Tastatur in Lars' Bewerbungsunterlagen herum. Sein Blick pendelte regelmäßig zwischen dem Monitor und Lars hin und her. Der kulturpolitische Sprecher der AfnP war etwa in Lars' Alter und von Hause aus Ingenieur. Lars hatte sich über ihn im Netz schlau gemacht. Er gehörte zu den Mitorganisatoren von „Was Rechte so lesen". Es war eine Veranstaltungsreihe im Netz, in der AfnP-ler nebst anderen Halb- und Viertelprominenten, die den Mut dazu hatten, über ihren literarischen Geschmack plauderten. Darunter waren auch Journalisten, die früher zum Teil für renommierte Blätter geschrieben hatten, jetzt aber als neurechts galten und deshalb in Ungnade gefallen waren. Ein umstrittenes Verlagshaus aus Dresden machte auch mit.

„Wissen Sie, was, Herr Rudorf, bevor wir, was Ihre Tätigkeit für uns betrifft, ins Detail gehen, lassen Sie mich noch ein paar Worte über die Perspektive verlieren. Wenn wir, wie erwartet, im September in den Bundestag einziehen werden, dann wird diese Stelle von einer Assistenten- in eine Referentenstelle umgewandelt, mit allerlei Annehmlichkeiten, natürlich auch was die Gratifikation betrifft. Das sollten Sie vorab wissen."

Graeff lächelte Lars aufmunternd an. „Aber Sie können sich natürlich gerne auch noch auf dem Bild umschauen. Eine Freundin von mir hat es gemalt. Gefällt es Ihnen?"

„Ja, doch, es ist in der Tradition von Hans Baluschek."

„Bravo, Sie haben ja richtig Ahnung."

„Vielen Dank, ich bemühe mich."

In den vergangenen Tagen waren Lars immer wieder Bedenken gekommen. Würde er sich nicht doch auf einen Weg ohne Wiederkehr begeben? Würden ihm nach diesem Schritt nicht so ziemlich alle anderen Türen verschlossen bleiben? Natürlich hatte sich dieses Gefühl auf der kurzen Wegstrecke zwischen dem Eingang und Graeffs Büro noch einmal drastisch verschärft. Fast bei jedem Schritt, hinter jeder Ecke waren die Sirenengesänge zur Umkehr zu hören. Vorgestern hatte Tobias angerufen, einfach nur, um zu fragen, wie es ihm ging. Aus einer Augenblickslaune heraus, einer Mischung aus Frust und Augen zu und durch, hatte Lars Tacheles geredet und seinem besten Freund reinen Wein eingeschenkt. Dessen Reaktion fiel erwartungsgemäß aus. „Bist du noch zu retten? Welcher Teufel reitet dich denn jetzt schon wieder? Ich dachte, du wählst die aus kindlichem Trotz, weil du böse auf die Welt bist. Dass du dich jetzt bei denen auch noch engagieren willst geht mir entschieden zu weit."

„Ich sehe für mich keine andere Möglichkeit mehr. Wenn du eine bessere Idee hast, kannst du dich ja wieder melden."

„Kann sogar sein, dass ich das mache, aber dann nicht wegen dir. Dich sollte man allmählich zum Teufel gehen lassen. Wenn dann allein deshalb, um zu verhindern, dass dem Verein gute Leute zufließen." Tobias hatte noch einen kurzen Moment auf Lars Antwort gewartet und mit „bei dir muss man wirklich ständig hinterher sein, du kommst anscheinend nur noch auf schwachsinnige Gedanken in letzter Zeit", das Gespräch beendet.

„Haben Sie sich Ihr Engagement für uns auch wirklich gut überlegt?" Die Frage war so passgenau, als hätte Graeff in seinen Gedanken gelesen. „Denken Sie daran, Sie bleiben sitzen."

„Wie bitte?"

„Ja, Sie werden sitzen bleiben, auf der Anklagebank nämlich. Sie werden immer wieder darauf zurückkehren. Sie werden aus der Rechtfertigungsschleife gar nicht mehr herauskommen. Freundschaften werden in die Brüche gehen."

„Ich habe die Entscheidung, mich bei Ihnen um eine Mitarbeit zu bewerben, sorgfältig abgewogen und getroffen."

„Das klingt ja schön, aber sehr überzeugt wirken Sie nicht gerade, wenn ich das mal so sagen darf. Aber kommen Sie mal, ich will Ihnen etwas zeigen."

Graeff stand auf. Er drehte Lars den Rücken zu, um einen Blick aus dem Fenster zu werfen.

Lars umrundete den Schreibtisch. Sein Blick fiel kurz auf ein Gruppenbild mit Kindern, dann stand er neben Graeff und sah eine Baustelle. Ein kleineres Bürogebäude wurde errichtet. Zwischen Kränen und Gerüsten agierten allerlei Menschen. Durch das nunmehr gekippte Fenster waren vor allem osteuropäische Satzfetzen und die Kommandos deutscher Poliere und Bauleiter zu hören. Balken bewegten sich spielerisch leicht fast wie von allein in der Horizontale herum.

„Was sehen Sie da?"

„Fleißige und tüchtige Menschen."

„Richtig, fleißig sind sie, und tüchtig. Sie bauen gemeinsam etwas auf. Aber fehlt vielleicht nicht noch was? Was könnte bewirken, dass Menschen, die fleißig und tüchtig sind, die bei uns ein Haus bauen, sich bei uns auch zu Hause fühlen?"

Lars war leicht überrascht, eine solche Frage gerade aus dem Mund eines höheren AfnP-lers zu hören.

„Nun?"

„Ich bin neugierig. Verraten Sie es mir."

„Das will ich gerne tun, versuchen zu tun. Es geht um Zugehörigkeit. Ja, Sie haben richtig gehört, genau das ist das Stichwort. Es geht darum, zwischen Menschen unterschiedlicher Herkunft ein Gefühl der Zugehörigkeit zu schaffen. Damit meine ich etwas, was sie über ein rein schaffendes Dasein hinaushebt. Und dreimal dürfen Sie raten, was das wohl sein kann. Es ist das, was eigentlich immer da gewesen war. Es ist in den vergangenen Jahrzehnten nur unter einer Schutthalde aus Weltoffenheitsphantasien und Beliebigkeit begraben worden."

„Interessant, jetzt machen Sie mich richtig neugierig."

„Sehen Sie, ein kluger Mann wie Sie wird neugierig, das ist doch schon mal was. Da haben wir schon mal was richtig gemacht. Aber Scherz beiseite. Es geht um eine Wiedergeburt."

Lars antwortete nichts. Er entschloss sich hinter dem, was Graeff ihm jetzt an Wichtigkeit unterbreiten würde, einfach zu verstecken. Er rang sich eine interessierte Miene ab und machte sich innerlich klein.

„Es geht uns um nichts weniger, als um die Wiedergeburt einer Nation, unserer Deutschen Nation."

„Crescit animus, quotiens coepti magnitudinem attendit, es wächst der Mut mit jedem Blick auf des Unternehmens Größe."

„Ja, er ist und bleibt halt zeitlos, der gute alte Seneca, aber mag unser Vorhaben auch groß sein, es muss erst einmal klein anfangen, an vielen kleinen Orten, auch hier, in unserem kleinen Büro. Genau darum sind Sie ja auch hier."

„Ich als Wiedergeburtshelfer, überschätzen Sie meine Fähigkeiten nicht doch ein wenig?"

"Warten Sie's ab."

Nachdem sie sich wieder hingesetzt hatten, schob Graeff seinen Laptop zur Seite und beugte sich leicht vor, ganz so, als wollte er Lars seine Gedanken auch räumlich näherbringen. Er blickte ihn mit angemessener Ernsthaftigkeit an.

„Wir wollen den Nationengedanken wieder neu beleben, aber nicht einen von vorgestern, sondern wir wollen ihn quasi neu erfinden, ihn so rekultivieren, dass er ins Hier und Heute passt. Menschen, die zu uns kommen und sich bei uns positiv einbringen, sollen auch eine seelische Bleibe bekommen, denn sie haben Anspruch darauf. Diejenigen, die nur deshalb hier sind, weil sie möglichst anstrengungslos zu Geld kommen wollen, oder die Götter oder Gebete oder sonst was im Gepäck haben, was nicht zu unseren Werten passt, denen soll klarer als bisher vor Augen geführt werden, was *wir* unter Zuwanderung verstehen und nicht *sie*. Können Sie mir folgen?"

„Durchaus, aber Sie müssen schon präzisieren, welchen Nationenbegriff Sie meinen, Volksnation, Staatsnation, Kulturnation?"

„Sehen Sie, Herr Rudorf, nun kommen Sie ins Spiel. Sie sind der Historiker, sogar mit Journalismus-Erfahrung. Sagen Sie uns, wie der Gedanke der Nation wieder neu belebt und der Gegenwart angepasst werden kann. Durchforsten Sie die deutsche Kulturgeschichte auf Gegenwartstauglichkeit. Fühlen Sie sich in der Lage, aus dem, was große Geister von sich gegeben haben, und dem, was ein Nationengedanke auch heute noch leisten kann und leisten muss, eine Brücke zu bilden? Es ist uns wichtig, dass wir mehr als bisher unsere Rhetorik damit anreichern. Wir werden uns gegenüber den Linken, den Gaga-Grünen und den christdemokratischen Papiertigern noch schärfer profilieren müssen. Wir brauchen auch hier ein starkes Alleinstellungsmerkmal. Meinen Sie, Sie schaffen das?"

„Ich kann es versuchen."

„Das ist schön, versuchen Sie es. Skizzieren Sie einfach mal ein erstes Konzept, wie sich das alles konkretisieren ließe. Begreifen Sie es als Teil des Bewerbungsverfahrens, als Auswahlkriterium für uns. Sie liegen übrigens ganz gut im Rennen."

Graeff erhob sich, um Lars mit einem unerwartet weichen Händedruck zu verabschieden.

40.

Der Pinsel glitt im gleichmäßigen Schwung über den Fensterrahmen. Obwohl Lars laut Mietvertrag nicht dazu verpflichtet war, hatte er sich dennoch zum Anstrich der Innenfenster entschlossen. Der Acryllack kostete nicht viel, und er beherrschte die Tätigkeit gut. Das Auf und Ab des Pinsels entfaltete zusammen mit dem ersten Cellokonzert von Haydn eine wohltuende Wirkung. Seit Tagen schon trieb er die Renovierung seiner Wohnung voran. Als nächstes kamen die Fugen in Bad und WC an die Reihe.

Seine Gedanken hatten in den vergangenen Tagen praktisch nur noch um seine ungewisse Situation und das Gespräch mit Graeff gekreist. Obwohl es nicht ausdrücklich angesprochen worden war, würde man bestimmt von ihm erwarten, dass er der Partei auch beitrat, wenn er schon für sie arbeitete. Diesen Punkt hatte er noch gar nicht bedacht. Graeff hatte ihn merkwürdigerweise auch nicht darauf angesprochen.

Parteimitgliedschaft, das bedeutete in die Pflicht genommen zu werden, von häufigen Spendenappellen, von Wahlkampfgetrommel auf der Straße, von regelmäßigen Treffen, Sitzungen und vielem anderen. Es war eine Vereinsmeierei mit Pflicht zur Gesinnungs- und Phrasentreue und das war ganz und gar nicht sein Ding.

Lars besah sich seine Arbeit. Es hatten sich Tropfennasen gebildet. Manche waren schon zu zentimeterlangen Rinnsalen erstarrt. Ihr Weg führte von oben nach unten, und das hatte für Lars durchaus etwas Sinnbildliches. Immerhin entdeckte er sie noch früh genug. Mit einem Pinselstrich wischte er die Nasen weg und packte anschließend seine Utensilien zusammen. Leider ließen sich die Fehlentwicklungen in seinem Leben und besonders in letzter Zeit nicht so ohne weiteres mit einem Pinselstrich beseitigen.

Was er auch versucht hatte, seine übrigen Bewerbungen waren bisher samt und sonders erfolglos geblieben. Von daher war es vielleicht doch besser, für die AfnP tätig zu werden, als gar nichts zu tun. Von ihm aus sollten Graeff und sein Verein die Infusion zur kulturellen Wiedergeburt bekommen. Er würde tatsächlich ein Konzept ausarbeiten. Am besten würde er es auf Honorarbasis anbieten statt Parteimitglied zu werden. Die Idee war gut. So konnte er als eine Art geheimer PR-Berater dazu beitragen, dass sich die AfnP nicht noch weiter als bisher in fragwürdigen Geschichtsbildern verirrte.

Am besten machte er sich noch heute an die Arbeit. Die Wohnungsrenovierung konnte zur Not noch warten. Erste Quellen sondieren, das konnte er schnell schaffen.

Nach dem Mittagessen fuhr Lars den Computer hoch, und sah sich zum ersten Mal das Parteiprogramm genauer an. Es war vom Grundsatz her vergleichsweise unverfänglich formuliert und berief sich ausdrücklich auf die Revolution von 1848. Es hielt an Deutschland als Nationalstaat fest. Demnach war der Nationalstaat ein nach wie vor taugliches Modell, damit Märkte und Ressourcen eine gängige Mindestgröße bekamen. Gleichzeitig bliebe er aber doch überschaubar genug, um die nationale und kulturelle Identität zu bewahren. Vor allem gehe es darum, sich gegen immer weitere Bevormundungen aus Brüssel und Straßburg und sonst woher zu wappnen.

Der Eingang von zwei Nachrichten wurde akustisch angezeigt. Es waren wieder Antworten auf seine Bewerbungen und beide waren mit dem Wort „leider" versehen. Lars sackte durch wie ein Flugzeug in einem Luftloch, fühlte sich aber bald wieder stark genug, um wie geplant weiter zu machen.

Am besten war es wohl, wenn er in den Gedanken- und Gefühlswelten der Revolutionäre von 1848 herumstöberte. Hier waren noch freiheitliche und aufklärerische Gedanken zu finden, bevor das Ideal einer vereinten Nation später in säbelrasselndes und schließlich in massenmörderisches Fahrwasser geraten war.

Seine Gedanken kamen wieder zum Stillstand. Lars spürte fast körperlich, dass er mit seinem Vorhaben nicht wirklich vom Fleck kommen würde. Das Thema Europäische Union zum Beispiel, wie sollte er es angehen? Waren die zum Teil erbitterten Auseinandersetzungen zwischen Befürwortern und Gegnern nicht schon längst Spiegelgefechte von vorgestern? Waren weitere Vereinigungen auf immer höherer Ebene in letzter Konsequenz nicht doch eine geschichtliche Notwendigkeit? Waren die heutigen Vorbehalte gegenüber der EU am Ende nicht mit dem seinerzeitigen Widerstand der Königreiche Bayern und Sachsen vergleichbar, in einem gesamtdeutschen Kaiserreich aufzugehen? War das Internet heute nicht genau der Vereinigungsbeschleuniger, wie es damals

Eisenbahn und Zollverein gewesen waren? Es kamen ihm immer mehr Zweifel an der Sinnhaftigkeit dessen, worüber er zudem noch so angestrengt in fremdem Auftrag nachdachte.

Sicher, es gab spannende Geister der Vergangenheit, die aber bei aller Genialität nicht frei von Schattenseiten waren. Fichte hatte eine frühe Spielart eines nationalen Sozialismus propagiert, bei Ernst Moritz Arndt schimmerte ein starker Antisemitismus durch, so schön sein Spruch „Ein Gott der Eisen wachsen lässt, will keine Knechte" auch war. Hölderlin stand mit seinen Gedichten für eine grenzwertige Verherrlichung von Kampf und Krieg. Was noch als gegenwartstauglich übrig bliebe, damit ließen sich in parteinahen Stiftungen und Bildungsstätten ein paar Wochenendseminare bestreiten, das war es dann womöglich auch schon.

Spannend war vielleicht noch Oswald Spengler mit seiner Synthese aus Preußentum und Sozialismus. Preußische Tugenden wie Korpsgeist und Opfersinn etwa standen per se schon für die vielbeschworene Solidarität und machten einen ideologischen Sozialismus à la Marx und Engels schlichtweg überflüssig. Aber reichte das? Mit positiven Bezügen zum Sozialismus brauchte man einem Verein wie der AfnP bestimmt nicht zu kommen.

Je angestrengter Lars nachdachte, desto mehr fühlte er, wie die Idee eines Konzepts, so wie Graeff es von ihm einforderte, wie ein Kartenhaus in sich zusammenstürzte. Er sah sie alle auf einem Karussell sitzen, Ulrich von Hutten mit „Ich hab's gewagt", Ernst Moritz Arndt, Fichte, Oswald Spengler. „Wir waren wichtig, wir hatten unsere

Zeit, aber wir sind nicht mehr das, was du brauchst, wir sind nicht das, was du suchst." Das Karussell drehte sich immer schneller, bis die Figuren nicht mehr zu erkennen waren und die Fliehkraft sie wie eine Luftschlange einfach fort schleuderte. Danach lief das Karussell aus und kam schließlich ganz zum Stillstand.

Lars fuhr den Computer wieder herunter, aber das Bild von dem leer vor sich hin rotierenden Karussell ging ihm nicht mehr aus dem Kopf. Er wollte auf einmal nur noch raus, ins Freie. Sein Kiez verwandelte sich zu dieser Jahreszeit immer wieder in einen großen Biergarten. Darin wollte er eintauchen. In einer Seitenstraße hatte erst kürzlich ein Inder mit ausschließlich vegetarischer und veganer Küche aufgemacht. Die Bewertungen im Internet waren gut. Den wollte er mal ausprobieren, dorthin würde er das finanzielle Budget des Abends bringen.

41.

Die Außentische des indischen Restaurants waren gut besetzt. Eine Frau las in einem Buch, allein in Gesellschaft von einem Glas Wein. Der benachbarte Tisch war noch frei. Die Speisekarte lag aufklappbereit auf dem Tisch und die georderten Babyauberginen waren schnell gebracht. Die Frau neben ihm unterbrach ihre Lektüre für einen halbneugierigen Blick auf seinen Teller, dann las sie weiter.

Nachdem er die Babyauberginen verspeist und noch ein wenig in der Speisekarte geblättert hatte, ließ Lars seinen Blick wieder frei schweifen, und da sah er auch schon den Super-gau des Monats auf sich zukommen. Seine Nachbarin Corinna Altmann kam den Bürgersteig entlang. Souverän trottete sie auf seinen Tisch zu. Natürlich war sie nicht allein, sondern in Begleitung eines attraktiven Mannes, vermutlich auch aus der Filmbranche, ein Kameramann, Regieassistent, vielleicht sogar ein Regisseur. Sie war auf Rammkurs, die Kollision war praktisch nicht mehr zu vermeiden, auch wenn Lars sich noch einmal in der Speisekarte versteckte. Sie musste ihn schon erkannt haben, denn ihr Blick war starr geradeaus gerichtet, als erblicke sie einen Skandal, eine verhängnisvolle Schlagzeile in weiter Ferne. Lars beschloss nun doch die Flucht nach vorn anzutreten und den Blickkontakt gezielt zu suchen, bekam ihn aber nicht. Ihr Blick schritt an dem seinen vorbei und wieder davon. Kurz vor der nächsten Straßenkreuzung schaute sich der Typ an ihrer Seite noch einmal nach ihm um, dann bogen beide ab.

Ob er noch einmal das Gespräch mit ihr suchen sollte? Er musste für sie zu einem Feind mutiert sein, so sehr hatte ihn ihr Blick verfehlt und dennoch getroffen. Er verging sich ja nicht nur an den Grundgesetzen der Weltoffenheit und der Toleranz, nein, er paktierte auch noch mit einer Partei, die dem öffentlich-rechtlichen Fernsehen den Geldhahn zurückdrehen wollte, was natürlich auch ihren Broterwerb betraf. Damit war er für sie wohl ein regelrechter Todfeind geworden. Von der Warte aus hatte Lars die Sache bislang noch gar nicht betrachtet.

Es hatte aber auch etwas für sich, so zielgerichtet gehasst zu werden. Wer gehasst wurde, der war wenigstens irgendwas und irgendwer. Jetzt verstand er auch, was Georg bei ihrem letzten Gespräch gemeint haben musste. Plötzlich kehrte wieder Energie in ihn zurück. Vielleicht war es ja doch schade, wenn es mit dem Engagement für die AfnP nicht klappen sollte. Vielleicht fiel ihm ja in den nächsten Tagen noch etwas anderes ein, wofür er mindestens ebenso sehr gehasst werden durfte.

Seine Tischnachbarin hatte der Altmann und ihrem Begleiter ebenfalls hinterhergeschaut. Anders als Lars hatte sie es aber nicht beim Schauen bewenden lassen, sondern sich ein paar Notizen in einem lederummantelten Schreibblock gemacht.

Lars entschloss sich, all seinen Mut zusammen zu nehmen und eben dieser geheimnisvollen Randnotiz auf den Grund zu gehen.

„Kann man denn ungestört lesen, wenn so viele Leute an einem vorbei ziehen? Lenkt das nicht ab?" Damit war

der Eröffnungszug auf dem Schachbrett der Annäherungs-
versuche getan.

Die Frau blickte ihn freundlich an. „Es geht so, man
muss sich schon etwas konzentrieren."

Sie blätterte um.

„Aber ich verrate Ihnen etwas, ich lese eigentlich gar
nicht. Jedenfalls nicht so richtig."

„So, was machen Sie dann?"

„Ich schaue mir die Menschen aufmerksam an. Ich halte
Ausschau nach markanten und spannenden Gesichtern."

„Ach was, und was machen Sie damit?"

„Ich benutze sie als Romanfiguren, schauen Sie."

Sie hielt Lars kurz den Umschlag hin. Bildmotiv und
Titel sagten ihm trotz seiner fortgeschrittenen Literatur-
kenntnisse nichts.

„Es ist ein Krimi aus dem grünalternativen Milieu."

„Interessant, wusste gar nicht, dass es dort kriminelle
Handlungen gibt."

„Aber wie, und ich besetze Rollen mit den Leuten, die
hier vorbei ziehen. Es ist eine Art Casting, wenn Sie so
wollen."

„Und das klappt?"

„Ja doch, schauen Sie, das ist ja ein grüner Krimi, und
der Kiez hier ist grün wie der Mai, das passt schon."

Ihr Lächeln blitzte noch einmal schelmisch auf, dann
blätterte sie weiter.

Lars hätte sie gerne noch über den Krimi ausgefragt,
aber sie hatte schon komplett umgeschaltet. Räumlich saß
sie noch neben ihm, eigentlich war sie aber schon wieder
weit weg.

Ihm wurde auf einmal übel. Ob etwas mit dem Essen nicht gestimmt hatte? Auf der Getränkekarte tauchten auch allerlei gut deutsche Obstbrände auf, und er bestellte einen.

Ein Mann in guter Garderobe und guter Laune hielt auf den Nachbartisch zu. Mit dem schönen Gesicht erhob sich neben ihm zugleich auch eine makellose Figur. Die beiden beküssten sich auf Französisch, die Frau legte einen Zwanzigeuroschein auf den Tisch und der Mann nahm den von vornherein aussichtlos gewesenen Flirtversuch mit.

In einer trotzigen Aufwallung bestellte Lars nun einen Obstbrand nach dem anderen, die komplette Getränkekarte durch. Die Schnäpse schmeckten durchaus unterschiedlich, aber gleich gut. Es war, als ginge die Übelkeit mit Hilfe der Brände vorüber. Vitamine taten immer gut, egal in welcher Form. Er lachte kurz über seinen eigenen Blödsinn und legte ebenfalls einen als ausreichend erachteten Geldbetrag auf den Tisch. Er versuchte ein paar Schritte. Der Tag ging ebenso langsam zur Neige, wie er sich auf dem Bürgersteig fortbewegte. So wie er sich gerade fühlte, hätte er kein Problem gehabt, zusammen mit dem Tageslicht gleich selbst zu verschwinden. Nicht er, sondern seine Einsamkeit hatte vorhin Anschluss gesucht, aber es gab keine Einsamkeit außer der seinen. Er schaffte es gerade noch bis zum Viktoriapark, dann schlugen die Schnäpse zu und die Speise des Abends landete im Gebüsch. Er lehnte sich an einen Baum. Als unmittelbares Resultat dieser spiegelverkehrten Verdauung sah Lars seine Situation wieder etwas klarer. Wieder einmal dachte er über seinen potentiellen Arbeitgeber nach. Konnten ihm die Wiederkehr der bekennenden Spießbürger und ihr Groll auf die Welt wirklich eine neue Orientierung, geschweige denn eine neue Heimat bieten? Wohl eher nicht. Am Ende bekäme er es mit derselben Gesinnungsschnüffelei zu tun, wie er sie zuletzt erlebt hatte, nur umgekehrt. Er würde zu jedem völkisch reaktionären Mumpitz stehen müssen, den Vertreter dieser Partei auch weiterhin von sich gaben. Es würde auch in Zukunft weitere Entgleisungen einschließlich passgenauer Empörungen im Schlepptau geben, das erschien ihm so gut wie sicher. Von daher schon würde ihn auf Schritt und Tritt ein permanentes Gebot zur Vorsicht begleiten. Egal, was er auch anpackte und machte, ob beruflich oder privat, sein politisches Engagement hätte Verschlusssache zu bleiben.

Es blieb wohl doch keine andere Wahl, als in den sauren Apfel zu beißen und seinen Immobilienanteil weit unter Wert an einen finanziellen Abdecker zu verscherbeln. Ein erstes Angebot von einer „Transfinanz GmbH" war schon eingegangen. Sie boten ihm fünfunddreißig Prozent an. Damit würde er wenigstens die nächsten Jahre noch über die Runden kommen und vor allem in der Wohnung bleiben können, an der er so hing, und die er so geschmackvoll eingerichtet hatte. Immer wieder waren mit der Zeit schöne Sachen dazu gekommen, Bilder an den Wänden, Reiseandenken in den Regalen und natürlich die so zahlreich gewordenen Bücherrücken. Die Vorstellung, aus dieser Gegend wegziehen zu müssen und womöglich in einem der Betonschließfächer am Stadtrand zu landen, bereitete ihm erneut Übelkeit und Angst. Mit diesen Gedanken schaffte Lars es noch bis zur Wohnungstür, danach fiel seine Garderobe von ihm ab und er fiel ins Bett.

42.

Das Telefon klingelte ungewohnt früh. Es war wieder der Fondsbetreuer, der Hiobsbote der zerstobenen Hoffnung auf einen abgesicherten Lebensabend. Lars hatte sich seinen Namen schon beim letzten Mal nicht merken können und jetzt im Nebel des Halbschlafs gelang es schon gar nicht.

„Guten Morgen Herr Rudorf, wie geht es Ihnen?"

Lars ging auf die Höflichkeitsfloskel mit einem kurzen Pusten ein. Es war ein akustisches Achselzucken, weiter nichts.

„Störe ich Sie gerade?"

„Wenn es neue schlechte Nachrichten gibt nein, die sind immer willkommen."

„Warum so pessimistisch? Hören sie, es gibt Grund zur Hoffnung, so wie es aussieht, haben Sie Glück gehabt."

Noch zerrten diese Worte eher vage an Lars' Schlaftrunkenheit herum. Möglicherweise waren sie gar nicht echt, oder er war einfach noch nicht anwesend genug, um sie an sich heranzulassen, geschweige denn, sie zu begreifen.

„Hallo, sind Sie noch da?"

„Ja, natürlich", quoll es jetzt eine Spur wacher aus Lars heraus.

„Sie haben doch bestimmt ein Schreiben von der Transfinanz GmbH bekommen."

Ja, hatte er.

„Ich hoffe, Sie sind noch nicht auf deren Angebot eingegangen."

Nein, war er nicht.

„Gut, also passen Sie auf. Es hat sich herausgestellt, dass es sich bei den Anteilseignern, die den Verkauf angefochten haben, um Strohmänner der Transfinanz handelt. Denen kam es nur darauf an, den Verkauf zu sabotieren, um dann den Eigentümern ihre Anteile zu einem Spottpreis abschwatzen zu können."

„Ach was, wie haben Sie das denn rausgefunden?" Lars hatte nun doch seine Müdigkeit abgestreift.

„Wir arbeiten mit einer renommierten Wirtschaftsprüfungsgesellschaft zusammen. Die wiederum hat eine ebenso renommierte Wirtschaftsdetektei beauftragt. Jetzt können wir die Haupträdelsführer wegen verbotener Insidergeschäfte drankriegen, es sei denn, sie verzichten auf ihren Widerspruch. Das ist der Deal. Damit dürfte der Weg zum Verkauf wie geplant frei sein, und Sie bekommen in Bälde Ihren nominellen Anteil in voller Höhe zurück."

„Ist das sicher?"

„Ja, ziemlich sicher. Sie können ruhig schlafen." Der Anrufer lachte.

„Gut, mache ich." Lars hatte fürs Erste genug gehört. Wenn das kein Traum war, würde er es nach einem Wiedererwachen schon noch früh genug merken. Er folgte der Empfehlung seines Betreuers und schlief mit einem Dankgebet an die Wirtschaftsdetektei wieder ein.

43.

Der Brief war vorgestern Morgen eingegangen. Ganz unscheinbar, fast schon ein wenig bescheiden hatte der Umschlag zusammen mit ein paar Werbeprospekten im Briefkasten gelegen. Die Bestätigung dessen, was der Kundenbetreuer am Telefon mit knappen Worten angekündigt hatte, war nunmehr auch schriftliche Wirklichkeit geworden. Die Gefahr eines verstopften Geldhahns war damit sozusagen auch offiziell gebannt.

Die Erleichterung darüber würde Lars in Großzügigkeit ummünzen. Er würde seiner Kirchengemeinde umgehend einen satten vierstelligen Geldbetrag zukommen lassen. Hatte er sich bislang weitgehend damit begnügt, ein protestantischer Karteichrist zu sein, so war es nun umso schöner, wenn die Gemeinde auf diese Weise von ihm hörte. Vielleicht würde er sich dort verstärkt engagieren. Lust dazu hatte er jedenfalls. „Am besten für Projekte gegen die Obdachlosigkeit in unserem Kiez", diese Zweckbindung hatte er sich für seine Spende ausbedungen. So durften auch andere schnell und unbürokratisch an seiner wundersamen Errettung teilhaben.

Als nächstes war er shoppen gegangen. Als Ergebnis standen ein Paar Lloyd-Schuhe neben der Wohnungstür und eine modische Sommerjacke aus hellem Leinen hing in seinem Kleiderschrank. Auch seine Lust auf Kultur, auf Literatur und Kino war zurückgekehrt. Am Wochenende würde er ihr ausgiebig frönen, aber mit wem? Die

Vitamine zum Weiterleben würden wieder fließen, aber an seiner gefühlten Einsamkeit hatte sich dadurch nicht viel geändert. Tobias war weit weg, und in seiner Nachbarschaft war Lars noch immer Persona non grata.

Am besten, er würde Ingeborg und Georg zum Essen einladen. Gestern Morgen war er seinem Nachbar Frieding beim Entsorgen des Biomülls über den Weg gelaufen. Frieding wohnte eine Etage über ihm und war Physiotherapeut an irgendeinem Klinikum, wo er an und mit irgendwelchen Körperteilen herumhantierte. Er drehte gerne nach Feierabend seine Anlage laut auf, um von anstrengenden Arbeitstagen runterzukommen. Dies hatte er Lars gegenüber bei dessen Einzug vor gut einem Jahr sogar unumwunden zugegeben. Zeitdauer und Lautstärke hielten sich aber dennoch in nachbarschaftsverträglichen Grenzen. Ihre Themen kreisten meist um die nicht funktionierende Mülltrennung und die geradezu wuchernde Anhäufung von Fahrradleichen im Hof. Doch seit kurzem schien auch er sich in den allgemeinen Grußboykott eingereiht zu haben. Dafür waren zu mitternächtlicher Stunde nun doch häufiger laute Musik und lautes Palaver zu hören.

Frieding war gerade dabei, einen sperrigen Karton in die Papiermülltonne zu quetschen und tat ungeheuer beschäftigt, als Lars ihn mit einem freundlichen „Guten Morgen" bedachte. Erst nachdem Lars seinen Gruß eine Spur zackiger erneuert hatte, presste sich eine säuerliche Verlegenheitsmiene eine Antwort ab.

Lars fragte sich, ob er nicht wegziehen sollte. Nicht in eine andere Stadt, aber doch in einen anderen Kiez. Zwar hatten sich seine Befürchtungen, zur Zielscheibe von anti-faschistischen Aktionen zu werden, gottlob nicht erfüllt, aber wie sollte es mit der Nachbarschaft weitergehen? Wie lange sollte er seinen Mitbewohnern noch aus dem Weg gehen müssen, wie lange sollte er für sie noch leibhaftiger Aussatz bleiben? Ganz plötzlich verspürte er den Drang, dieser antifaschistischen Solidargemeinschaft ein paar grundlegende Anstandsregeln beizubringen. Vielleicht verschaffte er sich dadurch wieder Respekt. Das wäre allein schon ein Grund zu bleiben. Auch mit der Dame vom Film würde er demnächst mal ein paar Takte zu reden haben.

Er wollte gerade nachzusehen, ob Post gekommen war, als der Laptop den Eingang von zwei neuen Nachrichten anzeigte.

Eine kam von Graeff persönlich. „Um den Frauenanteil bei uns zu erhöhen, haben wir die angebotene Position mit einer Mitbewerberin besetzt", lautete der Kerngehalt seiner Botschaft. Lars fand es drollig, dass ausgerechnet die AfnP zu gendern begann. Das war aber so ziemlich das Einzige, was ihn an der E-Mail noch interessierte.

Die E-Mail von Tobias schien dagegen schon deutlich spannender zu sein:

Hallo, du Knallkopf,

eigentlich verdienst Du es ja nicht, aber ich habe mir mal erlaubt, im Schaufenster der Möglichkeiten ein bisschen für Dich herumzustöbern. Die Regierung hat ein eigenes Programm für ehrenamtliche Tätigkeiten

im Ausland aufgelegt. Dabei scheint sie wohl auch an
Pappnasen wie Dich gedacht zu haben. Schau Dich
ruhig mal um, es sind interessante Sachen dabei. Ich
mach Dir einen Vorschlag: Wenn Du was für Dich
findest und Dich auf irgendeinem Flecken der Welt
nützlich machen kannst, dann enthältst Du Dich
deiner Stimme bei der Bundestagswahl. Damit dankst
Du mir dann. Na, wie wäre das?

Lars lachte. Das, was Tobias ihm anbot, war nichts anderes, als ein Aufruf zur Politikverdrossenheit. So war er, der
Tobias, immer zu galligen Scherzen aufgelegt. Er würde
wohl noch längere Zeit bei seinen Eltern bleiben müssen.
So stand es geschrieben. Lars war traurig darüber, aber das
mit den Auslandstätigkeiten klang interessant.

Das Programm „Hinaus in die Welt – hinein ins Abenteuer"
gab es tatsächlich seit gut einem Jahr. Es ging um ehrenamt-
liches Engagement im Ausland. Initiiert worden war es vom
Auswärtigen Amt und vom Bundesministerium für Arbeit
und Soziales, und es richtete sich in der Tat an über fünf-
zigjährige Menschen. Das Motto lautete: „Auch mit fünfzig
plus ist die Welt noch lange nicht entdeckt, und vielleicht
entdecken Sie an sich auch noch ganz neue Seiten."

Drei Schwerpunkte waren anklickbar:

„Sie arbeiten lieber mit Menschen."

„Sie arbeiten lieber mit Tieren."

„Sie arbeiten lieber mit Sachen."

Lars entschied sich für die Tiere, war ihr Dank doch
universell und nicht an eine politische Gesinnung gebunden.

Die verlinkten Organisationen kannte er zum Teil schon. Neu war, dass die Bundesregierung Zuschüsse zur Deckung der Reise- und Aufenthaltskosten anbot und dabei wohl nicht sparte. Voraussetzung war, dass man sich neben dem Mindestalter von fünfzig Jahren nach Möglichkeit nicht mehr in einem regulären Beschäftigungsverhältnis befand.

„Vergiss deine tägliche Routine, werde aktiv. Ob in den Wüsten, den Wäldern, den Ozeanen oder den Straßen, auf der ganzen Welt brauchen wilde Tiere deinen Schutz und deine Hilfe", so stand es weiter geschrieben. Lars' Blick glitt neugierig über die bunten Bilder. „Nutze deine Chance, auf Strandpatrouille zu gehen, um die Eier von Meeresschildkröten einzusammeln. Hilf später dabei, die geschlüpften Tiere wieder in den Ozean zu entlassen, wenn sie groß genug sind, um dort zu überleben." Oder hier: „Größere domestizierte Tiere wie Pferde, Ziegen oder Esel werden von ihren Besitzern misshandelt und vernachlässigt und leben in unwürdigen Verhältnissen." Das konnte doch auch was für ihn sein. Vor allem mit Eseln verband ihn eine herzliche Freundschaft. Da stimmte die Chemie einfach.

Ja, das war doch was, das klang alles schön und hoffnungsvoll, und ein kluger Schachzug der Regierung war es außerdem. Gerade ältere Menschen konnte man so aus ihren eingefahrenen Gleisen heraus reißen und auf andere Gedanken bringen. Vielleicht verirrten sich sogar ein paar AfnP-Wähler in die große weite Welt und sahen, dass es außer ihrem politischen Groll auch noch andere Probleme gab. Das wäre ausnahmsweise mal ein wirklich kluger

Schachzug im „Kampf gegen Rechts". So gesehen war dieses Programm sogar ausgesprochen politisch.

Um ein paar Lücken in seinem Kühlschrank zu schließen, musste er aber erst einmal einkaufen gehen. Als Lars seinen Einkaufswagen die Regale entlang schob, nahmen seine Überlegungen immer mehr Gestalt an. Die Bandbreite an Einsatzmöglichkeiten war wohl beträchtlich. Bei einem Projekt ging es sogar darum, den invasiven Rotfeuerfisch aus den Korallen zu vertreiben. Dazu musste ein Tauchkurs absolviert werden. Was immer es auch sein mochte, durch einen längeren Auslandsaufenthalt würde er bestimmt auf andere Gedanken kommen. Selbst wenn er aufgrund seiner Vermögensverhältnisse nicht bezuschusst werden würde, so schienen die Kosten für Flug, Unterbringung und Verpflegung doch vergleichsweise überschaubar zu sein. Sie wären für ihn auf jeden Fall zu stemmen, auch über längere Zeiträume hinweg. Zum ersten Mal seit Langem bestand das Leben für ihn nicht mehr nur aus Sackgassen und Einbahnstraßen, sondern wieder aus Alleen und Avenuen.

Dann kam ihm auf einmal der genialste Gedanke seit Langem. Wie wäre es, wenn er seine Reise in irgendeinen abgelegenen Winkel der Welt auch dazu nutzen würde, der Politik einfach vollständig zu entsagen, sich gewissermaßen in der Kunst der politischen Askese zu üben? Wie er sich nach einer Welt ohne politische Grabenkämpfe sehnte! „Die Reinigung der Seele von Streitthemen und Spaltpilzen", so in etwa würde sein ganz persönliches Reiseziel lauten, galt es doch nicht nur Korallenriffe von Plastikmüll, sondern auch das Seelenleben von allerlei

Müll zu befreien. Es war der ganze Politikmüll, der doch nur noch dazu diente, Menschen auseinander zu bringen, bevor man sich überhaupt erst richtig kennengelernt hatte. Politik bedeutete doch letzten Endes nichts anderes, als sich in anderer Leute Meinung einzumischen. Was ging es einen überhaupt an? Politische Einstellungen waren nun einmal irdische Glaubenssache und somit gegen jede Art von Infragestellung heilig. Letzten Endes machte man alle paar Jahre ein Kreuzchen auf einem Zettel, um die Auswirkungen davon in den Zeitungen zu lesen und in den Nachrichten zu hören. Die gefühlte Restzeit stritt man sich unversöhnlich herum. „I get all the news I need from the weather report", hieß es in einer Liedzeile von Simon and Garfunkel. Vielleicht sollte das von nun an auch sein ganz persönliches Credo werden. Die passende Gelegenheit dazu war jedenfalls da.

Mit ein bisschen Glück würde es in fernen Landen tatsächlich leichter sein, neue Freunde zu finden. Wenn man mit anderen gemeinsam etwas anpackte, um etwa die Umwelt zu schützen, dann würde es eben mehr auf Hilfsbereitschaft denn auf politisch parfümierte Streitlust ankommen. Gemeinsam mit anderen, an ein- und demselben Strang ziehen, das wäre eine Erfahrung, die in seinem jetzigen Leben nicht mehr möglich war. Vielleicht würde ihm ja dort noch einmal die Frau seines neuen Lebens über den Weg laufen, in einem Biotop der gleichgerichteten Hingabe, der überindividuellen Erfüllung.

Auf einmal machte sich in Lars eine Euphorie breit, wie er sie schon seit Langem nicht mehr gespürt hatte. Als er mit Tüten beladen in seine Wohnung zurückgekehrt war,

nachdem er zwischendurch noch einem ungläubig schau-
enden Bettler einen Fünfzig-Euro-Schein in den Hut hatte
segeln lassen, war wieder eine Mail eingegangen. Sie kam
von Hendrike.

Lieber Lars,

*wie geht es Dir? Was machst Du so, was liest Du so?
Das ist ja bei Dir fast ein und dasselbe.*

*Ich habe zuletzt Der Mann auf dem Hochrad
von Uwe Timm gelesen. Ein kurzer und anregender
Roman aus der Zeit, als die guten alten Hochräder
in Deutschland herumfuhren. Das wäre vielleicht
was für einen passionierten Radler wie Dich. Ich habe
mich auch an Ingeborg Bachmann versucht, war aber
nicht meins. Jedenfalls hat sich mein Geschmack schon
weiterentwickelt, ist gewachsen, und das liegt auch an
dem Lesekreis und damit auch an Dir.*

*Ich soll Dich auch ganz herzlich von Lara grüßen.
Was soll ich Dir sagen, es hat wohl eine ebenso stürmische wie kurze Affäre mit Richard gegeben. Dreimal darfst Du raten, weshalb das Ganze mit Pauken
und Trompeten wieder auseinandergeflogen ist. Nun,
woran hat es wohl gelegen? Wie sollte es in diesen
Tagen auch anders sein. Ich habe mich mit Lara eng
angefreundet, deshalb weiß ich Bescheid.*

*Also, weshalb ich Dir schreibe: Lara und ich würden
sehr gerne mit Dir weitermachen, und gemeinsam mit
Dir etwas Neues aufziehen. Wir könnten dann gleich
von Beginn an darauf achten, dass sich so etwas, wie es*

bei uns abgelaufen ist, nicht wiederholt. Das wäre doch
was, daraus lässt sich doch bestimmt was machen, Du,
ein toller Mann und wir, zwei tolle Frauen.

Was meinst Du?

Ganz liebe Grüße

Hendrike

Lars würde die Mail erst einmal für den Rest des Tages
auskosten. Und morgen würde er Hendrike eine mindestens ebenso nette Antwort schreiben.

ÜBER DEN AUTOR

 Michael Lösch, Dipl.-Kfm. hat viele Jahre lang Fahrradreisen in Mittel- und Osteuropa veranstaltet und als freier Journalist zu vielen Themen Artikel in bekannten Tageszeitungen veröffentlicht. Er lebt in Berlin.

DANKSAGUNG

Ich möchte mich ganz herzlich bei meiner Wiebke und bei Karin Schmidt für das geduldige Stil- und Inhaltscontrolling bedanken.